息壤之约

特色小镇与新经济邂逅纪实

敖丽红　杨利登　鲁企望　著

化学工业出版社

·北京·

内 容 简 介

本书梳理了息壤小镇中成长发展壮大起来的有代表性的27家中小企业，它们行业不同、技术不同、创新不同，却在小镇与新经济的碰撞中熠熠生辉，成为新经济"小而美"的典范、"科技+创新"的引领者。息壤小镇发展至今依赖企业坚定信念，自挖潜力，迅速调整，以变应变；依赖企业家的担当、坚忍、创新、无畏和搏击巨浪的气魄。以息壤小镇的中小企业科技创新自强发展的实例，增强中小企业克服困难的信心，引导全国特色小镇"特色"高质量发展，扎实推进共同富裕建设，是本书出版的意义所在。

本书可供乡镇基层干部、中小企业管理者参考。

图书在版编目（CIP）数据

息壤之约：特色小镇与新经济邂逅纪实 / 敖丽红，杨利登，鲁企望著． —北京：化学工业出版社，2023.10
ISBN 978-7-122-43791-4

Ⅰ.①息… Ⅱ.①敖… ②杨… ③鲁… Ⅲ.①城镇经济-经济发展-研究-宁波 Ⅳ.①F299.275.53

中国国家版本馆CIP数据核字（2023）第126386号

责任编辑：张　艳
责任校对：刘曦阳
装帧设计：溢思视觉设计／姚艺

出版发行：化学工业出版社
　　　　　（北京市东城区青年湖南街13号　邮政编码100011）
印　　装：涿州市般润文化传播有限公司
710mm×1000mm　1/16　印张15$\frac{1}{2}$　字数229千字
2023年11月北京第1版第1次印刷

购书咨询：010-64518888
售后服务：010-64518899
网　　址：http://www.cip.com.cn
凡购买本书，如有缺损质量问题，本社销售中心负责调换。

定　价：128.00元　　　　　　　　　版权所有　违者必究

作者简介

敖丽红，女，经济学博士（后），教授，硕士生导师，从事区域经济、海洋经济和农村发展方面研究。兼任中国农村发展研究会常务理事、科技部中国软科学协会常务理事、中国经济地理研究会理事、浙江省科技厅软科学基地首席专家、宁波市百名科技创新人才、宁波市第一批"三农"智库城乡融合组专家兼组长。主持和参与50多项国家、省、市级科研项目，发表论文30多篇，多项研究成果和创新平台成果获得省部级及以上奖励。

杨利登，男，北京大学MPA，公共管理的在职研究生，并曾在国外进修。经历县市基层多岗位、多年实践，对乡村振兴、互联网经济以及新经济、城市化推进等领域有独特的思考与见解，著有《团务营销》《田间点墨》。

鲁企望，男，长期从事新闻编采工作，曾任慈溪广播电视局广播电台记者、慈溪日报记者、融媒体中心记者。曾获宁波市优秀新闻工作者称号。"浒山700多个体工商户自费赴高校深造""外来户当田老板，当地人反成打工者""吴金茂七上杭城祭专家，众学者悉心回报传佳话"等多项作品获浙江省好新闻奖一、二等奖。

致谢

本书是作者多年来理论研究、实践工作和跟踪调研成果等的梳理总结，包含科技支撑共同富裕示范区美丽乡村建设研究（2022C25008）的部分成果。相关研究得到中国社会科学院中国农村发展学会、中共慈溪市委政策研究室、慈溪环杭州湾创新经济区、宁波大学科学技术学院、宁波工程学院、宁波市湾区发展研究基地、区域经济发展与共同富裕研究院等的帮助。

感谢慈溪市融媒体中心和宁波日报的记者、编辑们在本书撰写过程中的付出！罗建云、张金科、陆超群、杨昀、叶吟泠、鲁奕呈等在调研访谈方面提供了帮助，在此对他们的辛勤付出表示衷心的感谢！

感谢浙江省科技厅、宁波工程学院、宁波大学科学技术学院和宁波市应用经济学重点学科对本书出版的大力支持，感谢中国著名经济学家魏后凯教授的指导和鼓励！感谢团队成员的辛苦付出！感谢赵儒煜教授、陈群元研究员、刘冠宏教授、韩远副教授、张晓丹副研究员等帮助校核书稿中的遗漏与不足，感谢你们！

序

2018年6月,中国农村发展学会的前身即中国城郊经济研究会在宁波召开"乡村振兴战略与城郊发展新时代学术研讨会暨中国城郊经济研讨会2018年年会",我有机会到慈溪息壤小镇参观考察,以慈溪良好的小家电制造和创新创业文化为基础的息壤小镇"经济新、环境美、生态好",给我留下很深的印象。

1978年以来,在改革开放的大潮中,我国各地涌现出了一批各具特色、具有活力和竞争力的特色小镇,有力推动了地区经济高质量发展。这些特色小镇成为引领带动县域经济转型升级的重要引擎。浙江特色小镇建设一直走在全国前列,形式多样的特色小镇建设不仅在全国起到了示范、引领和标杆作用,而且对浙江的经济、社会发展起到了重要推动作用。目前,特色小镇正成为浙江促进高质量发展、建设共同富裕示范区的重要力量。

以浙江特色小镇的演变为蓝本,从总体上讲,中国特色小镇发展经历了三个阶段。第一代特色小镇(1.0版)以单纯的产业集聚为基本特征,早期的浙江块状经济和广东专业镇大多属于此类;第二代特色小镇(2.0版)是在产业集聚的基础上,注入文化基因和生态理念,形成产业、文化、生态三位一体的地域综合体;第三代特色小镇(3.0版)是顺应信息化的需要,将产业、文化、生态三位一体与智慧化有机结合起来，打造特色智慧小镇。

息壤小镇是改革开放以来中国涌现出的诸多特色小镇中的典型代表。与特色小镇1.0版和2.0版相比，息壤小镇目前已经进入3.0版发展阶段，不仅镇域特色产业、文化和生态有机融为一体，而且智能化正在改变镇域经济社会发展和人民生活。尤其是，息壤小镇以创客为载体，具有与小家电产业互联网有机结合的经济特色和生命力，具有3.0版产业互联网时代的特色气质，堪称中国制造2025的慈溪智造缩影！

当前，信息化的浪潮正在席卷全球。在新形势下，全面总结息壤特色小镇经验，将一批可复制、可推广的标志性成果以文字专著的形式推广，引导全国特色小镇高质量发展，扎实推进共同富裕示范区建设，正是本书出版的意义所在，我受邀为序，在书稿中又回访了4年前的息壤小镇。

《息壤之约：特色小镇与新经济的邂逅纪实》一书，以创新小镇的微观视角，深入调研和深度思考，梳理了从息壤小镇中成长发展壮大起来的有代表性的中小企业，行业不同、技术不同、创新不同，但它们个个鲜活生动，似曾相识，却又迥然异彩，让我眼前一亮，27家企业和它们的企业家给我留下深刻的印象。除此，书中还有很多可圈可点之处，这里我不一一列出，留待读者自己慢慢体会。

正如习近平总书记强调："中小企业能办大事"。在我们国内经济发展中，中小企业起着不可替代的重要作用。真诚希望慈溪息壤小镇的中小企业能抓住浙江建设共同富裕示范区和慈溪建设共同富裕先锋市的重大机遇，继续弘扬"息壤"精神，做优、做强、做高、做精，走向全国，走向世界！

魏后凯

2022年3月11日

于北京饭店

前言

息壤,在《山海经》神话版里,是永不耗减、不断生长的神土。

"围垦而成的慈溪大地,就是世上现实版的息壤。"位于慈溪环杭州湾创新中心区域的息壤小镇,是慈溪的窗口,也是慈溪发展的缩影。小镇所具有的持续优化的营商环境,使得一批批企业家在这片热土上充分发挥着"息壤"的创新精神,展现着高品质发展的慈溪企业家精神。

永不耗减,持续排名中国前十的百强县。

慈溪以"家电王国"出名,与青岛、顺德并称中国三大家电生产基地。在《2021中国县域经济百强研究》榜单中,慈溪位居中国百强县第6名。慈溪多次被列入全国百强县前十,作为浙江县域第一,慈溪2021年实现地区生产总值(GDP)2379.17亿元,比上年增长8.4%,发展势头强劲。在激烈的市场竞争中,一批土生土长的民营企业家群体从小到大、由弱到强,把既没有大型企业支撑,也不是国家重点投资的县域推进中国百强县前列,并持续保持前十,堪称县域经济发展奇迹。

不断创新的引擎之地,省级区域特色小镇。

"无特色,不小镇。"息壤小镇坚持政府引导、企业为主体、市场化运作;坚持产业立镇、科技强镇、文化兴镇,整合区域产业、生态、人文、配套等资源优势，以小家电产业互联网化为特色，积极开拓创新，大胆探索新经济特色小镇建设的新途径，努力使之朝着"市域高质量发展的新引擎、浙沪创新合作发展的排头兵"奋勇前进。2016年创建宁波特色小镇，2018年列入浙江省第四批特色小镇创建名单。

截至2021年底，小镇累计完成投资40余亿元，注册入驻企业3100家，带动就业2万余人，已投用楼宇入住率80%以上，累计产出160亿余元。

如今慈溪又在当前"大众创业、万众创新"的背景下提出"二次创业"，并举全市之力建设息壤小镇，这吹响了新常态下，实现新经济新发展的进军号角。息壤小镇，这个位于环杭州湾创新中心区域的特色小镇，既有息壤文化烙印，又承载了创新发展的使命，未来必然把创业、创新当作最大的财富来经营，着重塑造反映新时代发展的创客文化。

"息壤"以科技+创新书写一个个新经济的产业故事，正在铸造区域经济发展的脊梁！扎实推进共同富裕示范区建设！

著者

2022年3月

目录

上篇
息壤小镇的那些人和事　　　　　　　　　　　　　　　　　1

1. 胤瑞生物：肩负使命　引领"人类基因组计划"世界范　　2
2. 慈溪医工所：乘风破浪　做技术转化"拓荒者"　　　　　9
3. 东曜电器：自立自强　首创全国数字化全供应链　　　　15
4. 浙创科技：3D"智造"　产品设计到验证的无缝对接　　21
5. 慈吉教育集团：创新与使命　探索国际化教学模式　　　26
6. 祈禧电器：构建智能产品+数字制造+区块链应用新赛道　33
7. 前湾驿淘：跨界新领域　思维破疆土　　　　　　　　　39
8. 清控科创：补链强链延链　科技创新成果悄然落地　　　46
9. 暴风动漫：原创为魂　爱折腾的跨界创业　　　　　　　52
10. 爱琴海公园：社交站C位　舞出别样风景　　　　　　　58
11. 赫曼红云：智慧消防　开启消防云新时代　　　　　　　64
12. 众车联：为构建汽车产业新格局全面赋能　　　　　　　69
13. 酒逢商贸：创新转型　酒久堂高质量发展步入快车道　　74
14. 美佳网络：锚定新方位　奋楫新时代　　　　　　　　　81

15. 雅品进出口：善谋善变拓蓝海　在创业创新大潮中
踏浪前行　　　　　　　　　　　　　　　　84
16. 慈溪新娘会：以爱之名　高端礼服"追梦之旅"　89
17. 点吧科技：慈溪宝典　筚路蓝缕驱动企业转型　94
18. 银通集团：捕风新经济　奋进数字化　　　　98
19. 甬潮创投：上善若水　润物无声　　　　　　106
20. 慈溪进出口控股：惟实励新　奋起扬帆　　　112
21. 优肯时代信息科技：联通教育信息孤岛　大数据助力
学校智享　　　　　　　　　　　　　　　　117
22. 茱丽叶舞蹈国际：让"阳春白雪"飘入寻常百姓家　121
23. 人良斋：勇于创新　用心营造别样风景　　　126
24. 慈溪新华书店：重振老字号　为城市文化繁荣助力　131
25. 洲际管理：顺势而为　做无边界的创业企业　136
26. 跑跑小呢：与时俱进　拥抱电商市场的新风口　140
27. 凯诗捷智能：转换思路　用科技创新做与众不同的电商　144

下篇

息壤小镇的相关思考　　　　　　　　　149

息壤　浙江特色小镇　　　　　　　　　150
建设息壤小镇　迎接小家电产业互联网时代　　150
新经济发展下的浙江特色小镇建设回顾　　　154

息壤　新观点　　　　　　　　　　　　199
借势杭州湾　再造新宁波　　　　　　　　　199
打造慈溪"创新引擎"赋能宁波前湾新区　　201
激发地校互动"化学反应"　服务市域高质量发展　213

权威观点 223
共同富裕：科学合理的城镇化格局有利于共同富裕 223
共同富裕：走中国特色区域协调发展道路 227

附录 231

息壤促新"19条" 新经济新引擎再加速 232

参考文献 236

上篇
息壤小镇的那些人和事

1. 胤瑞生物：

肩负使命　引领"人类基因组计划"世界范

"人类基因组计划"因其对防治遗传疾病、破解人类遗传密码具有里程碑式的意义，与"曼哈顿（原子弹制造）计划""阿波罗（登月）计划"并称为20世纪人类自然科学史上三大科学计划。"人类基因组计划"的完成，极大地推动了分子生物学技术的进步，也给生命科学带来新的春天。新冠肺炎疫情（简称"新冠疫情"或"疫情"），事关国计民生，使世界各国如临大考，烈火真金各见分晓。核酸检测作为分子生物学技术的重要部分，毫无疑问站在疫情防控的"风口浪尖"。慈溪的宁波胤瑞生物医学仪器有限责任公司，凭借全球首创的核酸检测创新产品——手持式实时定量PCR（qPCR）检测仪一鸣惊人。

疫情暴发，硬核检测利器应运而生

于军博士是北京华大基因研究中心（华大基因）、中国科学院北京基因组研究所的主要创始人之一。主要从事基因组学、生物信息学和核酸测序仪等领域的研究,曾任科技部"973"计划首席科学家,他所提出的一系列基因组学的概念和系统理论为中国的基因组学起步和发展奠定了坚实的基础,也为国家培养了领域内一批中青年人才。于军博士在1984年到美国纽约大学医学院攻读学位时就十分关注"人类基因组计划"的筹备和进展,并于1993年在华盛顿大学(西雅图)直接参与了该计划的技术开发和早期实施。他于1999年与杨焕明、汪建等人在中国科学院遗传所创建了"人类基因组中心"(即北京基因组研究所的前身)和"华大基因",并促成中国成为"人类基因组计划"的6个发起国之一。虽然当时仅有能力承担1%的工作量,但是中国的基因组科学却从此走在了世界的前列。

  2018年6月,于军带领的团队利用最新科研成果在慈溪创建了宁波胤瑞生物医学仪器有限责任公司,把总部设在慈溪,建立制造基地和服务窗口,发挥慈溪先进制造业的产业链优势和长三角现代化重要节点城市的区位和市场辐射优势。"立足于国民经济主战场与基因组科学与信息学前沿研究,以生命健康前沿技术创新、实现生命科学前沿原创研发与转移的生产力转化为企业发展目标!"谈到当时的定位和产业化成果发展方向时,于军解释说,核酸(包括DNA和RNA)测序和检测技术主要包括三个仪器系列:测序仪、分型仪和PCR(聚合酶链式反应)仪。前者不言而喻,后两者是基于已知基因序列后的"部分测序"方案,以高效、价廉为优势。目前落地慈溪的基地是以PCR系列为主营业务,包括PCR的各种迭代产品(如PCR、qPCR、dPCR)和相对的使用型号(手持、台式、柜式、阵列等)。目前宁波胤瑞推出的两个PCR仪系列包括:台式dPCR仪(全称为全自动台式芯片式数字核酸扩增分析仪)和手持qPCR仪(全称为手持式全封闭自动实时定量核酸扩增仪),以及配套试剂和耗材的开发与生产。这些项目的不断落地,为基因组学等相关生命科学研究、数字医学、健康管理、食品安全、农林畜牧等应用领域的生产及检测提供了全新的仪器设备(包括试剂耗材)解决方案。

  当初,这个宏伟的学科技术研发生产计划,本来就是要分步实施的。先是第一代dPCR项目成果产业化后卖给科研院所、高校,待获得国家三类医疗设备注册证后,再应用于临床并计划在2019年底获得订单,同时进行厂房装修、设备安装。接着,再进行第二代现场级便携式qPCR检测设备成果产业化。

疫情就是命令。新冠肺炎疫情在全国范围内暴发后，该公司便携式qPCR检测设备——手持qPCR仪于1月23日被紧急纳入海关总署"新型冠状病毒口岸防控应急技术研究"项目序列，公司全员于1月26日（正月初二）返回工作岗位，公司的战略与资金计划从此改变。在服从国家大局的前提下，公司将有限的资源调整到手持qPCR仪研发工作中。但是，由于dPCR设备供求链中断，导致生产线建设进度严重滞后。

在北京海关向慈溪市新冠疫情防控领导小组致函后，慈溪市政府和有关部门十分重视并给予大力支持，加快了复工复产的进度，牵头与慈溪农商银行、中国银行联系，推动银行机构加大授信贷款，解决公司的资金困局。

胤瑞全体技术骨干力量通过在实验室加班加点，共同攻关技术难题，终于在2020年6月完成了手持qPCR仪的全部研发工作，于8月顺利通过海关总署科技司组织的项目验收。公司参加了海关总署于10月举办的"科技冬奥"重点专项项目阶段性成果应用推介会。10月末，本项目完成科技部应用技术类科技成果登记，处于制作工艺流程优化过程中，今年❶春节进入量产阶段。目前，胤瑞已推出6套"手持qPCR检测系统"样品，经模具开发等前期生产准备后，慈溪基地每月可生产240套检测系统、6万份以上检测芯片，首批产品将投放至国内口岸检疫现场。

这套全球领先的手持qPCR检测系统，相当于一个投资100万～200万元的PCR检测实验室，集PCR所有功能于一体。"与PCR实验室相比，操作更简单。PCR实验室专业人员需系统培训，持证上岗；而如今，简单培训就可操作完成原来PCR实验室专业人员进行的核酸检测复杂操作"；"原来检测过程从现场采样、运输、实验导入到检测完成需三四个小时，现在现场可操作，在40分钟内完成，提升了检测效率，丰富了应用场景。这个qPCR检测系统配有一款微流控芯片试剂盒，可联合应用于口岸等现场检疫，现场采样、现场检测、现场出结果，随时随地人人可检。"胤瑞首席执行官张雷列举了手持qPCR检测系统种种比较优势后表示，除新冠病毒外，这个系统还能定制检测各种病毒和其他病原体，还可应用于动植物疫病等检验和临床体外诊断。

---

❶ 本书所有文章均成稿于2021年，作者注。

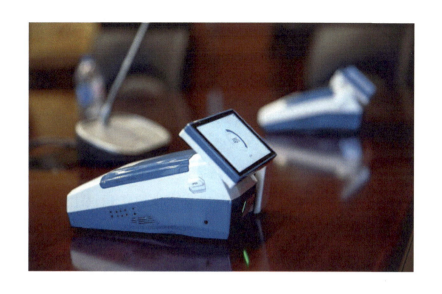

过关斩将,开创国内dPCR技术

基因测序技术的进步带来基因组测序效率的巨大提升。第一代DNA测序技术用了10亿美元完成了人类基因组测序的"0到1",第二代测序技术用了20年的时间把这个价格降低到一百万分之一!目前,我们进入到"全民基因组时代",也就是说,我们可以测定每一个人的基因组了。从每个人的基因组出发,不仅可以作为数字医疗的起点,也可以作为数字健康的起点,也就是"全民健保计划"的起点。这一计划的实施和预期成果将造就人类社会的数字化未来。虽然目前中国的"每基因组"测序的市场价格仍在数千元水平,但是降价的余地还是很大的。于军认为中国一定会赶在美英之前完成自己的"全民基因组计划",使这一计划的预期成果早日造福社会。

作为"人类基因组计划"全程的见证者、引领者和践行者,于军对此有深度理解:"工欲善其事,必先利其器。众多基因组基础研究归于技术、方法和工具的开发,其中最主要的是DNA测序仪和计算机。如果说,人的基因密码是一把锁,那么装备检测是打开这把锁的钥匙。"然而,中国当时还没有自己的测序仪,需全部进口,精通这一技术的于军耿耿于怀,立志创新突破!

自2008年开始,他带领的中国科学院北京基因组团队与半导体所俞育德团队强强联合,承担了中国科学院数个"重大仪器装备"项目,包括PCR系列和基因测序系列的不同设备。经历了十余年的不懈努力,这两个团队汇聚了基因组、微纳加工、微电子、微流控等领域的先进技术。他们仅用了3年时间,过关斩将,完成了国内第一款完全自主知识产权的dPCR仪器。

dPCR技术是一种基于单分子检测的核酸绝对定量基因检测技术,在基因组学研究、癌症的极早期筛查诊断和分子诊断等科技前沿领域有着不可替代的作用。此技术有独一无二的技术特点,可对每个微反应池进行实时核酸扩增检测,可保证每个反应单元单分子扩增的准确有效,也能够为广大科研人员利用本产品进行研究提供更多的可扩展空间。该项目入选2018年度宁波市"科技创新2025"重大专项生物医药与高性能医疗器械第一批专项支持,还入选2019年度宁波市"3315计划"C类创业团队,以及中国科学院慈溪应用技术研究与产业化中心资金与研发生产用场地支持。

扎根慈溪,致力核酸检测整体解决方案

胤瑞落户慈溪以来,坚持"扎根地方,广聚人才",以满足国家和人民需求为

目标，立足国民经济主战场，以实现生命科学前沿的生产力转化为基础，以现有手持qPCR产品及dPCR产品为引领。以核心技术研发为大脑，以高端制造和资本融合为心脏，以全产业布局互助为骨架，完整地打造改变未来人类健康、医疗、生活方式的基因生物技术产业DNA图谱。

目前，以中国科学院十余名科学家为骨干的交叉创新团队已经组建。团队由拥有丰富的分子生物学技术背景及开发经验的海内外一流高校院所毕业的高端人才组成，现有员工67名，其中博士7名、硕士11名、本科19名。已获得授权发明专利20项。在中国科学院上海分院慈溪应用技术研究与产业化中心拥有2700平方米的仪器设备及试剂洁净生产车间。

服务当地产业转型升级，引进人才，强链、补链、延链。了解到慈溪当地科研配套条件与营商环境，于军博士为慈溪市柔性引进了10余位业内专家，并获得了慈溪市"引才大使"的称号。慈溪市医疗器械制造行业多为牙齿制造、人工关节等传统医疗器械，胤瑞数字核酸扩增检测设备包括了微电子、微流控等领域核心技术，填补了慈溪医疗器械制造的空白。在产品工业化过程中，胤瑞陆续与慈溪十余家本地企业签订了生产配件原材料的采购合同，在产品的迭代研发过程中，还将在本地进行更多的委托生产和委外研发。

发挥核酸检测技术装备优势，搭建第三方公共卫生服务平台。今年春节后，胤瑞启动了第三方医学检验机构的审批注册工作，目前第三方医学检验机构所需的物理空间已经按照国家相关规定设计和装修完毕。该团队针对浙江省的第三方医学检验市场进行了大量的前期调研，将现有第三方医学检验实验室项目大致分为高端检验、常规检验、基础检验三类。2021年，慈溪市内部分医院将新冠病毒的核酸检测工作外包至宁波市某些第三方医学检验机构，该团队还会同慈溪市人民医院意向成立医学检验实验室，极大节省了物流、取样、分析等方面的误差，节省了报告出具的时间；同时，原来要到上海去做的肺癌核酸检测也可在此完成。新组建的第三方医学检验实验室暨慈溪市精准医学公共服务平台，还将联手慈溪本地的医疗机构共同为慈溪人民提供服务。

"面向生命科学大产业筹建五大产业转化平台，慈溪有这方面消费能力和体量，前景广阔。"于军博士对此充满信心。慈溪市精准医学公共服务平台将以第三方医学检验所为依托，以数字医学、健康保障和生物安全为导向，开发基因组学相关新技术、新方法，提供科研和临床检测服务，转化生产临床检测产品，搭建医学临床检测、健康保障、生物安全、知识产权交易、科技服务五大平台。

调研手记

从提出基因组学概念和系统理论，到推出全球首款核酸检测创新产品——手持dPCR仪，于军和他创办的胤瑞生物"不鸣则已，一鸣惊人"。短短三年多时间，公司就获授权发明专利20项，成为宁波医疗器械行业的一匹黑马。胤瑞生物的快速崛起，一是顺应了新冠肺炎疫情暴发对核酸检测的巨大需求，公司的创新产品有了用武之地。二是受益于慈溪优越的营商环境，当地政府积极帮助企业解决资金困局，让其一门心思搞研发。

未来，希望胤瑞生物坚守"扎根地方，实现生命科学前沿的生产力转化"的发展宗旨，发挥核心团队成员站在基因组科学前沿研究的技术领先优势，为全人类健康事业再立新功。

2. 慈溪医工所：

乘风破浪　做技术转化"拓荒者"

突如其来的新冠肺炎疫情是公共卫生领域的应急大考，但同时也为生命健康产业的发展提供了新的发展机遇。新药创制、疫苗研发、远程医疗……无论从新产业、新业态、新模式而言，还是从新科技带来原有产业的颠覆性变革来讲，生命健康产业的新增长点都呈现出"次第花开"的景象。2013年10月24日，中国科学院宁波材料技术与工程研究所（简称宁波材料所）和慈溪市人民政府签约，结合已有科研基础和当地健康产业的发展优势，共同建设慈溪生物医学工程研究所（简称慈溪医工所）。随着高层次人才不断引进，学术研究日新月异，所地合作不断扩展，一个现代化的生物医学工程究平台正在兴起。

核心技术买不来，自立自强靠自己。

慈溪医工所自正式落户慈溪两年来，以多样化产研合作机制开新局，通过成果发布、技术开发、技术转让等多种形式，实现研发—转让—研发的良性循环。

慈溪医工所拥有医用植介入材料浙江省工程研究中心、浙江省生物医学材料技术与应用国际科技合作基地等多个平台，并在2020年入选省首批新型研发机构。今年产研合作项目已近20个，助力慈溪医疗器械行业高质量创新发展。

在第85届中国国际医疗器械博览会（CMEF）举办之际，慈溪企业浙江蓝禾医疗有限公司发布了与中国科学院宁波材料所联合研发的成果——业界首款超透气医用外科口罩。

"这款新品口罩可从根源上解决口罩闷热以及长时间佩戴导致的呼吸急促、心跳加快等安全防护痛点。"公司总经理曹军介绍。经第三方检测报告显示，该款口罩细菌过滤效果超过99%，呼吸阻力只有11Pa左右，不但超过医用外科口罩标准YY 0469细菌过滤效率95%、呼吸阻力（压力差）49Pa，更超过最严儿童口罩国家标准GB 38880呼吸阻力（通气阻力）30Pa。

"这是宁波材料所携手企业协同创新的重大成果。经过两年技术攻克，率先在行业内研发出超级水驻极工艺熔喷布,突破了普通医用外科口罩病菌高效过滤和超透气两大难题!"

创新热土上伯乐与千里马共奔腾

生命健康产业关乎民生幸福、经济发展和社会和谐,具有知识密集、技术先进、前景广阔等特点。生命健康产业将在新常态下成为推动我国经济社会发展的新引擎。然而,与美国、日本等国相比,我国健康产业还处于起步阶段。我国健康产业沃土尚需进一步开垦和发掘。在此背景下,慈溪医工所应运而生。为聚集高层次人才,培育高新技术产业,推动科技与经济紧密结合,促进本地区生命健康产业发展,进一步提升区域科技创新能力,2013年10月24日,慈溪市人民政府与宁波材料所签约,共同组建慈溪医工所,有志于打造一个集科研、教育、产业开发于一体的生物医学工程研究平台。

所地合作,服务产业。2020年6月23日,在慈溪医工所召开的生物医药领域科

技成果推介会上，蓝禾医疗董事长曹军对王荣研究员团队的医用水凝胶材料相关成果产生兴趣，双方形成初步合作意向。经多次交流，双方于2020年10月签订《壳聚糖基液体抗菌敷料》技术开发协议。目前，蓝禾已成为医药市场医用口罩占有率全国前三位的品牌企业。双方的合作也不断深入，慈溪医工所与蓝禾医疗共建创面修复水凝胶材料技术工程中心，将进一步推进实验室科研成果的转化落地。

当初为何选择与慈溪共建医工所？医工所所长吴爱国说，这是基于地理位置、产业状况及经济基础作出的战略性考虑和统筹布局。作为宁波材料所与慈溪市共同建立的重要的科研机构，医工所的建立，得到了慈溪市各方面的大力支持。"首先，每年慈溪市稳定给予医工所一定数额的行政运行经费；其次，为了支持医工所长期可持续发展，慈溪市每年拨款支持医工所的生物医学平台建设；在人才政策和配套方面，也给予了政策倾斜或者专项支持。"他说。

吴爱国是从江西南昌农村走出来的"海归"博士后。1998年，本科从南昌大学化学系毕业后，他考入中国科学院长春应用化学研究所电分析化学国家重点实验室，师从汪尔康院士、李壮研究员，并于2003年顺利获得理学博士学位。随后，吴爱国出国继续深造，先后在德国马尔堡大学和美国加州理工学院做博士后。2006年开始，他在美国西北大学医学院担任助理研究员。

因为有志于回国从事生物医学领域的科研工作，在全国各地实地考察了6家大学和科研院所后，2009年6月，吴爱国最终选择了在宁波材料所做研究员。"当时宁波材料所处于创建初期，在生物医学方面的研究尚属空白。这对我来说，是一个难得的机遇，因为有广阔的自由发挥空间，也因为没有前人的基础和经验，一切都得从零开始，也是一个巨大的挑战。"他说，"考虑到浙赣地缘接近，又切身体会到材料所和崔平所长对人才的重视，让我坚定地选择了宁波材料所。"9年光阴科研硕果累累，吴爱国与宁波材料所共成长。

随着慈溪医工所的建立,自2019年初,吴爱国"挑大梁"担任所长一职,带领医工所一步步做大做强。医工所通过引进海外杰出人才和培养有学术潜力的青年人才,逐渐形成一支以青年科研人员为主,人员组成及结构合理的研究队伍。现有全职员工67人,高级科研人员27人,博士后9人,博士/硕士研究生130人,海外引进27人,来自美国、英国、德国、法国、澳大利亚、新加坡、韩国、日本、意大利等国家的知名院校及科研院所,先后组建8支不同细分研究领域与方向的科研团队。一位位科技人才来到慈溪,正在这里开花结果。

科研攻坚路漫漫志在巅峰不辞遥

2019年7月18日,慈溪医工所全体员工和学生正式入驻位于学林路99号的新园区,开启新的篇章。园区总占地面积30000余平方米,按照国际先进标准建成物理、化学、生物实验室及工程中心。现有的先进生物医学工程科研平台,包括1个公共测试平台和3个专业平台,配备价值7000余万元、种类齐全的先进科研仪器设备。宽敞的实验工作空间、办公管理空间、公用设施空间,为全体员工和学生创造一个安全、舒适、高效的工作环境,也为科研和生活提供有力支撑。

特别是近两年来,慈溪医工所围绕"诊断—治疗—康复"人口健康产业价值链，重点布局先进诊疗材料与技术、生物医用材料与器械、数字诊疗技术与装备三大领域，重点开展重大疾病先进诊疗材料与技术、智能医学影像分析技术、二代基因测序试剂与技术、内植入生物医用高分子材料、表面生物功能涂层技术、康复医疗器械与装备等研究，已承担国家重点研发计划、国家自然科学基金、浙江省重点研发计划、浙江省杰出青年基金、中国科学院重点部署项目和STS项目及宁波市2025专项等重要研究项目。

在国际合作、人才培养、产业化合作等领域，慈溪医工所也有不少"大动作"。据悉，医工所已与15个国家的32家科研机构和大型企业开展了国际合作。在基础研究方面，与瑞典皇家科学院现任院长Dan Larhammar院士，开展神经多肽分子在肿瘤靶向诊治方面的研究。在应用方面，医工所与包括世界上最大的医疗器械公司美敦力公司等在内的多家国际龙头企业开展国际合作与交流。至于人才培养方面，结合生物医学工程学科的特点，医工所则积极与当地及周边三甲医院合作，开展医工交叉融合的科研工作。"产业化合作方面，主要是基于三个层次进行考虑：成熟的技术，同等条件下，医工所的科研团队将以慈溪为基地创建公司，进行产业化；对企业的技术难题，医工所的科研团队通过建立工程中心等形式提供个性化的技术解决方案；针对企业的测试难题，医工所的公共测试平台提供技术和人员支撑，帮助企业解决相关问题。"吴所长介绍道。

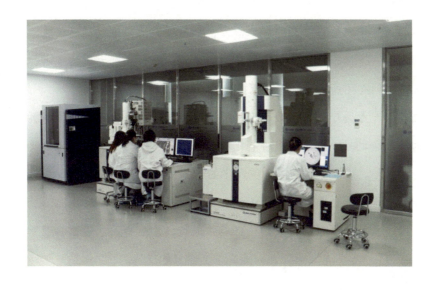

对于下一阶段的规划，吴所长说，未来5年，慈溪医工所主要围绕学科、人才和平台进行。"学科方面，针对新冠疫情，以及习近平总书记关于科研要面向人民健康的新需求，拟增加生物医学应急技术与装备这一领域，为后续国家应对重大突发公共事件，做好学科布局。人才方面，通过引进和培养相结合的手段，从国内外引进各类高端人才，加大自身的青年人才培养力度。"他透露，为了实现医工所的长期稳定性发展，在高端平台建设方面，拟建成2~3个包括省市重点实验室、工程中心和国际合作基地在内的高端科研平台。

科研不是一蹴而就的，对待科研不能急于求成，科研工作需要一个长期积淀的过程，在科研这条漫漫长路上下求索，要对所有的困难甘之如饴。"就比如我所负责的纳米生物材料研究组，其中一个研究方向是低毒高效MRI（磁共振成像）对比剂。相关研究工作从加入材料所之初便开始进行，目前已取得多项专利和技术创新成果，但是研究工作直到目前仍在持续进行中，要将这种对比剂实现量产并可投放市场，仍有不少难关要持续攻克。"吴所长说。科研之路，是勇毅者的"马拉松"，一路艰辛，一路汗水。吴爱国和慈溪医工所的其他科研人员，将不断攀登科学高峰，为把慈溪医工所打造成国内一流、国际知名的集基础研究、应用技术开发、工程化与技术转移于一体和高级人才培养基地的长远目标，而不懈奋斗。

调研手记

科技创新是宁波经济发展的一个短板，如何突破这个短板？慈溪医工所的实践为我们指明了一条捷径，就是把宁波发达的产业优势与大院大所的技术优势有机地结合起来，开创院（所）地合作新篇章。

生命健康产业是宁波246万千亿级产业集群的重要组成部分，而慈溪是生命健康产业的集聚区之一。慈溪医工所依托中国科学院宁波材料所的强大科研支撑，经过8年多的积累，基本搭建了一个现代化的生物医学工程研究平台，目前已面向当地医院和周边企业开展服务，助力慈溪生命健康产业化发展。慈溪医工所有一个好的领头人，所长吴爱国深明大义，与慈溪共成长，为生物医学领域的创新研究"志在巅峰不辞遥"，其事迹值得广大科研工作者学习和借鉴。

3. 东曜电器：

自立自强　首创全国数字化全供应链

新冠肺炎疫情下，东曜电器一款UV消毒机新产品，在跨境电商平台一年销售10万台，占网上同类产品30%的市场份额，成了新网红爆款。

"2020年春节刚过，受新冠肺炎疫情影响，企业被迫停工停产。此时，我一直琢磨着是否将现有家电产品升级为防疫用品，既为疫情防控做贡献，又在危机中捕捉商机。"2月1日（正月初八）上午10时，当劳高锋以敏锐的市场洞察力、高效的创新力，把研发UV消毒机的想法通过手板、3D打印转换为样品后，于当晚11时立即与国外品牌商、线上渠道沟通做了销售测评，反馈热烈。经过两个月精心准备，首批8000台货源于5月28日投放美国市场，马上销售一空。

在积极备货的同时，为产品植入自主研发的智能芯片，又在企业自主制造的"云"平台，赢得用户如潮的点赞："手机APP操控，进门前实现远程提前消毒，进门后持续杀毒，这样的'双杀机'，让家居环境更安全舒适！"这一智"植"，使产品附加值提升了35%。

疫情下健康类、宅家类家电产品热销，也推动国外消费习惯的改变，大幅提振了线上销售。2020年，东曜电器线下销售稳定增长20%以上，线上则暴增60%以上，是线下的3倍，今年订单已排到9月份。爆款产品迭出，自主品牌取暖器作为最大品类，东曜电器2018年美国亚马逊跨境电商平台共销售59款，其中有22款爆款，4款占据单品排名前10位；2019年美国亚马逊跨境电商平台共销售120款，其中有39款爆款，5款占据单品排名前10位；2020年美国亚马逊跨境电商平台共销售160款，其中有52款爆款，8款占据单品排名前10位。线上销售大显后发优势，2019年与线下比例持平后持续上升。目前，线上线下自主品牌占比九成以上。

12年磨一剑。从贴牌型传统外贸企业转型到品牌型的新外贸企业，再到数字化智能产业园平台。如今，东曜电器市场终端销售实现了线上线下一体化、产品实现了从中低端向智能化中高端、供应链从分散型到全产业链的智能园区化三大飞跃。

"这种转型飞跃,首位度是产品研发创新,核心竞争优势在于建立终端销售,三位一体智能园是行稳致远领先方向。"公司总经理劳高锋表示。

爆款迭出,源自产品创新链

2020年秋天,因受新冠肺炎疫情冲击,原来很受欢迎的大众聚会被迫改为自家庭院、凉台举行,生活圈子变小。看准这一机遇,通过对原取暖器产品外观、功能上迭代创新,东曜电器在行业内首创一系列户外用取暖器,当年10月一投放市场即成为新爆款,产品销售成倍上升。

"主要植入智能'芯',安全性好,具'美国风'的粗犷外观,一改对人单点加热为整体空间循环加热,快速取暖,加热效率高、空间大;还增加无线充电、蓝牙音响播放等语音功能,与线下同类产品相比,售价翻了一番。"劳高锋解开屡创爆款的密码,并总结产品创新链路径:首先,精准把握市场,深度了解消费者"喜好",在网上销售反馈的同时,每年10多次走进美国家庭做家访。同时,企业研发创新引导需求潮流"领跑"。"外观+结构+测试"三支队伍提前一年准备,完成产品研发、模具、认证、检测,每年迭代开发100多款新品。

适应跨境电商"小单、高频、碎片化"新趋势,产品研发创新"加速跑"。2014年,公司与杭州一家著名设计公司战略合作,每年投入上百万元委托设计一定数量新品;2016年,又引进广东结构工程师团队,加快自主研发步伐。企业研发创新,并由此实现从顺应客户需求"跟跑"到引导需求潮流"领跑"的新飞跃,现在,主要战略合作伙伴有杭州著名设计团队、广东结构工程师设计团队以及美国发明家原理命名研发团队。目前,公司拥有180多项专利,其中外观和实用新型专利167项、发明专利13项。

同时,做足美国建仓库、维修服务网络的准备,主要应对物流和关税成本高、资金周转时间长两大挑战,特别是投入上千万元研发创新,赶上了2017年跨境电商的爆发期。2017年,东曜电器在亚马逊跨境电商平台产生的首个爆款多功能智能化陶瓷取暖器,一举销售30万台,引起不少同行仿制。2017年下半年投放的迷你小型3D壁炉再成美国亚马逊跨境电商平台爆款,全年外销超20万台。从此爆款迭出,每年达10多款。

疫情冲击、原材料暴涨、汇率波动,倒逼产品升级。东曜电器让传统家电安上智能"芯",升级为数字化产品,提高议价能力;再接上自建的"云"端独立站平台——国际"家电奥特莱斯"。公司生产的高端电壁炉、制冰机都因插上"智"膀成为爆款,竞争优势更足,利润更高了。

四次转型,引领新外贸标杆

东曜电器成功的背后,凝聚着做强终端营销力和研发创新力的微笑曲线两端的智慧和力量。依托慈溪家电基地强劲产业链优势,企业定位除湿、加湿、取暖、制冷等空气类环境家电为主,主要经历了2003年以来从单一的外贸型向工贸型、终端销售型、研发型和跨境电商型四次转型,成为外贸经济转型发展标杆。连续多年在全国环境家电出口前10强排名中,销售业绩列美的、格力、先锋后,位居第四。

每一次危机冲击,总是激发转型升级的新挑战、新机遇、新动能。劳高锋2003年开启自主创业,做传统国际贸易。2008年国际金融危机后,全球同行迎来新一轮分化重组的机遇和挑战。为赢得大客户,抢占新商机,东曜电器着力打造"样板工厂",引领其他供货商产品创新。于是,先在2009年观海卫建厂,打响电壁炉拳头产品,并向制冷、取暖产品拓展。接着,2017年又收购一家新浦工厂,生产除湿、空气净化器等产品。

"2012年,一家占企业外销一半的进口商另行办厂创业,倒逼企业渠道转型。

我们减少中间环节，不但降低了成本，更是能快速反馈获取一线市场信息，增加竞争力。"在劳高锋看来，企业的核心竞争在于终端销售优势上，以此带动产品研发创新。这一年，企业进驻沃尔玛、家得宝、塔吉特等十几家全球著名连锁巨头门店。目前，跨过中间商直接进入终端超市的销售模式已占公司业务的7成以上。

2014年，东曜电器凭借自身的实力和创新入驻"重品牌、高效率、数据化"的亚马逊跨境电商平台，一举在美国站开了4家店铺。

国际品牌线上线下联动互进，美国线上市场又带动全球线上市场，东曜还布局亚马逊跨境电商平台英国站、德国站、日本站。2019年7月，沃尔玛决定向线上冲刺发力，东曜作为中国主力电商战略合作供应商，成功入驻MARKETPLACE沃尔玛线上商城。

集智能制造+国际贸易+海外仓+跨境电商于一体，东曜作为慈溪首家跨境电商9810报关出口的企业，实现自行发货、自建仓库、自主线上平台销售。2020年8月6日，东曜一批货值4.5万美元、出口至美国的取暖器首次采用跨境电商出口海外仓（9810）新模式申报成功完成报关单顺利放行，成为慈溪首家通过9810新模式申报的企业。通过网上的"出口海外仓辅助管理系统"，公司提交了海外仓企业备案申请，次日便收到系统反馈备案已完成的信息，解决了公司之前采取多种方式申报出口无法体现跨境电商新业态等问题，享受了通关、简化申报等便利措施。

全园智能，再造区域领先优势

抢新机，搭平台，开新局。谈到差异化定位再造区域领先优势时，劳高锋表示："家电跨境电商头部销售平台在深圳，制造端有美的、格力等千亿级企业，我们要打造集智能芯制造创新、家电智能孵化迭代升级、智能云仓物流提速赋能于一体的园区，只有如此'五脏齐全'，凭借综合实力优势先做强，才能提高抗风险能力走远，同时再不断注入资源做大。"

围绕新定位，一步一个脚印向前走。东曜电器在自主创"芯"的同时，积极打造自主平台，2020年3月成立了浙江喜麦科技有限公司，打造慈溪家电为基础的国际"家电奥特莱斯"厂家直销M2C模式。如今,东曜用APP商城对接"云"端,把产品引流到自主销售平台,既降低网上营销成本,增强了竞争力,还可用数字化销售"吸粉"增流量,销售大数据为产品升级赋能。

与国内平台品类限制相比,亚马逊等国际平台不受品类限制,给产品跨界创新提供无限空间。东曜正集海外跨境电商平台、自主独立站、海外社交媒体于一体,专注跨境电商平台发展。去年,园区家电智能孵化迭代升级平台尝试代运营了2家当地企业的产品和品牌。今年,企业跨境电商产品将全部插上智能"芯",预计销售智能小家电50万台。未来,园区内的家电产品将植入智能"芯"数字化升级、销售上"云"数字化升级,通过数字化制造、数字化销售双向驱动、互促赋能,以智能制造促进电商销售,以销售数据反哺智能制造,助力慈溪家电品牌集中出海。

调研手记

当前,外贸产品同质化问题严重,企业间竞争压力日益增大。东曜电器通过创新境外销售链、建立产品创新链、家电智能芯和云仓双重赋能等方式,避开了外贸竞争的红海,成为慈溪民营企业外贸转型的"风向标"。东曜的第一次转型,源于几年前一位重要外销客户"舍其而去",公司痛定思痛,决定重建销售渠道,绕过中间商,直接进驻全球著名连锁巨头门店。这一变革,不仅提高了产品利润率,而且让东曜精准了解国外消费者的需求，为进一步发展跨境电商积累了经验。

东曜在转型过程中，始终坚持自主原则，如建立集亚马逊跨境电商平台、自主独立站、海外社交媒体于一体的电商平台，这样既能借力国际大平台的流量，又不受制于人，把主动权牢牢掌握在自己手上。同时，公司又注重吸收前沿技术，用好数字化红利，不仅让高端产品插上"智"膀，而且实现全园智能，在疫情冲击下实现化危为机，逆流而上。

4. 浙创科技：

3D"智造" 产品设计到验证的无缝对接

3D打印象征着个性化制造模式的来临，小批量制造和个性化产品制造已经成为新的经济模式。随着研发技术不断突破，3D打印已经成功应用于航空航天、医疗、建筑、汽车等领域。宁波浙创科技有限公司（简称浙创科技）总经理陶霖珊自2012年接触3D打印以来，孜孜以求地追逐着最前沿的3D打印技术。

从美国留学期间专研3D打印技术市场前景的课题，到与浙江大学合作共同推进3D打印技术、原料的全新开发，陶霖珊成立的浙创科技有限公司提供了"工业设计+3D打印"的整体解决方案，为慈溪庞大的小家电产业实现了从产品设计到验证的无缝对接，促进了慈溪家电从"制造"到"智造"转型。目前，浙创为客户提

供的从工业设计、设计验证以及小批量制作的3D打印整体解决方案,已经覆盖了长三角地区乃至全国范围。

未来3~5年,国内3D打印市场将以每年至少一倍的速度增长,有望成为世界最大。

浙创科技发挥光固化树脂3D打印新材料的性价比优势,用先进的设备、技术和一流生产研发能力,抓住中国制造业转型升级的历史性机遇,未来目标是面向客户提供3D打印终端产品,进一步抢占市场,把企业做大做强,同时,持续提升原料性能,开启以3D打印替代精加工的新征程。

在未来的发展中,继续深耕3D打印技术行业,利用自身强大的研发能力,不断研发新的产品,以高起点、高标准打造"未来梦工场",为"中国制造2025"及推进中国增材制造产业发展做出贡献!

孜孜以求　从了解到专研

陶霖珊创办浙创科技从事3D打印,最初动力来自于他父亲企业对3D打印的需求。陶霖珊的父亲办有一家生产园艺类塑料件的企业,2012年还在他读大学时,他父亲的企业购买过一台3D打印机用于打印产品。"我记得打印机价格非常昂贵,而且用的打印材料也是国外进口的,每公斤高达2000多元。"陶霖珊说,这个时候的3D打印机还是一种桌面机、消费机,并不是真正意义上的3D打印机,然而,从父亲购买、使用3D打印机的经历上,他也看到慈溪小家电制造企业众多,在设计验证上急需一种小批量制作样品的技术,而3D打印技术如果能够降低成本、提高效率、保证品质,企业对此的需求将十分旺盛,这个行业未来可期。

带着这种认识,陶霖珊在美国东北大学攻读硕士期间,看到了美国市场上已经大范围应用3D打印技术,有些美国创客甚至在车库里使用3D打印机制造产品模型。在对美国3D市场进行深入全面的接触后,陶霖珊对3D打印技术有了全新的认识:"当时我对3D打印市场进行了持续的关注,了解到3D打印技术已在美国各个领域应用,虽然没想到过回国后会发展3D打印技术,但还是对美国全面应用的3D打印技术产生了浓厚的兴趣,并做了深度跟踪分析3D市场的课题研究。"

回国后，陶霖珊在宁波做国际贸易，这段时间正是慈溪外贸快速发展阶段，各种各样的新产品层出不穷。陶霖珊并没有停止对3D打印技术的跟踪调研，他发现在慈溪家电行业每年都有大量的新品推出，但研发新品的成功率并不是很高，像一些家电龙头企业每年开出300副模具，能够有效使用的仅为30%~60%，这使得相关企业研发费用大幅上涨。而回想到美国创客使用3D打印机制造模型，陶霖珊认为，制造企业使用3D打印制作样品模型，可以降低企业研发成本，也可以让企业的创意设计更好地让客户了解。

然而，当时全球一半3D打印机使用量应用在美国，中国仅占10%的份额，在宁波区域内，3D打印机使用量也远远低于广东、厦门等地，进口的3D打印机和原料价格昂贵，根本满足不了制造企业普遍使用的条件。2017年，陶霖珊回到慈溪后，浙创科技在他手中应运而生，并于当年11月抢滩慈溪开园的浙江大学新材料研发中心暨浙创3D产业园，以同类机型、原料仅为进口设备一半的性价比优势快速崛起，掀起了3D打印国产制造的发展潮流，由此也推动了慈溪经济智能化升级的发展步伐。

学以致用　从理论到践行

走进浙创科技一楼的3D打印车间，有10多台3D打印机正在工作，现场干净整洁，没有工人，安静得根本不像车间。"你看，现在里面什么也没有，几个小时后，产品便会出现在里面。"陶霖珊打开其中一台3D打印机的箱门说，"把材料放入设备操作一番，不用管它，几个小时后根据提示工人过来取成品便行了。"

现在不经意间的操作，就能生产出一个精美的样品，然而开发这些工业用的3D打印机却花费了陶霖珊巨大的精力。增强民族3D打印产业市场竞争力，必须在核心技术上有新的突破。在2015～2017年的两年时间内，陶霖珊带领团队和浙江大学材料与工程学院教授团队一起聊材料、搞科研、定机型，用近两年时间共同合作，自主研发光固化树脂材料，质量达到国际领先水平。而这种材料的售价仅为200～300元/公斤，一举打破了原来进口材料

高达2000元/公斤的价位以及受到外方监控、服务效率低的被动局面。

"我们时刻关注着国际市场上3D打印技术，破解了传统3D打印材料不稳定的行业难题，在2017年成立宁波浙创科技有限公司后，企业迅速成为国内3D打印市场排名靠前的企业。"陶霖珊说，目前，浙创科技以材料研发为核心，主要产品为类ABS激光快速成型光敏树脂，自产品上市以来，在业内已经获得了良好的口碑，并先后与国内知名3D打印设备商、服务商合作，为其提供稳定且高质量的树脂材料。同时，浙创具备优秀的产品及强大的研发能力，这两大优势造就了浙创科技在行业内的地位。为保证树脂材料产品的品质，公司不断升级工艺设备及检测设备，并依托强大的科技团队，不断地开发和创新，使产品质量更加稳定，研发打造出ABS-101激光快速成型光敏树脂产品。目前，公司已获得实用新型专利10多项，2项发明专利正在申报之中。

开拓进取　从升级到突破

浙创3D打印出来的雕塑、手办、模型玩具，造型颜色都非常逼真，3D打印能

够精确实现复杂设计，而这些优势正可以用于代替部分手工塑造过程，从而弥补传统雕塑技艺的不足，解放雕塑艺术家的束缚，使其在创作过程不受工艺的局限。而这也为制造企业的创新研发提供了无限可能，破解了创新成本居高不下的行业难题，推动了区域内制造企业的升级突破。

据介绍，用上3D打印服务，相当于用传统制造1/20的成本就创造3倍的产品创新效率。陶霖珊讲了一个例子：一家企业需要一款榨汁机给客户提供样品，用3D打印机把一整套榨汁机打印出来，包括打印、装配、后处理等环节，耗时四五天，向企业收取费用为几千元。但如果企业自行开发模具生产，需要投入数十万元，而且至少要1个月时间。"我们为企业解决了向客户提供样品时间紧、投入大的难题，3D打印优化了研发效率，降低了风险投入，帮助企业把产品更快地推向市场。"

目前，浙创科技3D打印产品应用领域十分广泛，文创产品、医疗器械、工业产品、军工产品等无所不能，而它更多地被应用于制造业企业中。"我们面向长三角地区乃至全国范围内，为广大企业提供3D打印服务。"陶霖珊说，仅慈溪市，浙创科技已为方太、公牛等300多家企业提供服务，并且赢得吉利汽车、宁波利时集团等众多客户青睐。去年，公司更是把技术成熟的3D打印设备制造基地从深圳迁移到慈溪。原来3D打印必须到深圳完成的大工业设计，如今同城完成，不但质量好，而且破解了沟通交流障碍、往返邮寄时间等制约。

调研手记

从了解到专研，从理论到践行，从升级到突破，浙创科技以3D打印技术为抓手，为宁波制造业植入了"智造"基因。更难能可贵的是，浙创科技通过与浙江大学材料与工程学院教授团队合作，自主研发光固化树脂材料，打破了进口材料的价格壁垒，真正提升了民族3D打印产业的市场竞争力，拥有了市场话语权。这一技术的应用，将进一步降低企业研发门槛与试错成本，带动产业链智能化升级的新浪潮。

企业创始人陶霖珊的创业之路，正是宁波制造业提升"硬核"创新力，推动质量变革、效率变革、动力变革的缩影：唯有矢志不渝走创新发展之路，才能切实推进产业基础高级化、产业链现代化和产业治理现代化，实现更高质效的发展。

5. 慈吉教育集团：

创新与使命　探索国际化教学模式

筑梦前湾，后浪澎湃。慈吉教育集团"二次创业"再出发，大年初二，宁波前湾慈吉外国语学校和宁波前湾慈吉外国语幼儿园项目工地就如火如荼地陆续投入建设。据了解，一期投资15亿元，占地面积228亩，建筑面积28万平方米。从而，开创了从幼儿园到高中16年一贯教学和国际双语教育齐头并进的慈吉教育集团新格局。

成立于2000年5月的慈吉教育集团，是一家由著名企业家、杰出教育家、全国三八红旗手徐娣珍女士创办的大型民办教育集团。目前旗下有慈吉幼儿园、慈吉实验学校（九年一贯制学校）、慈吉中学、慈中书院4所品牌学校和新创办、正在建设中的宁波前湾慈吉外国语学校、宁波前湾慈吉外国语幼儿园2所国际双语学校，在校学生8000名，教职员工近2000名，累计投资20多亿元、新增投资15亿元，总投资将超过35亿元。其显著特色是，构建了从幼儿园到高中一体化教育、集团化运营的教育体系，从学校管理到学生招收，从校园文化到教育理念，全方位实现相融相通、整体优化。集团所属校（园）绝大多数学生均内部直升，真正发挥了一条龙的办学链条效应，强化了一贯制的教育质量优势。

如今，副董事长胡圆圆女承母业，继往开来，带领慈吉人，着力探索建立国际化教学模式，在更高水平上办出"慈吉教育"的特色与优势，确保可持续发展、立于不败之地，打造百年教育品牌。

2020年5月，慈吉教育集团创办宁波前湾慈吉外国语学校和宁波前湾慈吉外国语幼儿园并着手新校区立项筹建，当年10月正式动工建设。慈吉外国语幼儿园包括幼托和学前教育，慈吉外国语学校实行小学和初中教育九年一贯制。其中慈吉外国语学校小学部已于2020年秋季正式招生，小学双语班已连续4年招生，规模增至20个班、600名学生。

当前，慈溪正处在"高铁时代""前湾时代""长三角一体化时代"。慈溪要在新一轮区域竞争中奋力争先、在建设"重要窗口"和"共同富裕示范区"中走前列当先锋,比以往任何时候更加渴求人才,也比以往任何时候更能成就人才工程。市委市政府把"人才强市"确定为首要战略,教育事业更应与时俱进、勇担使命、立德树人。慈吉人要敢为人先,树立标杆。

热爱与担当,离沪返慈选择教育事业

胡圆圆2014年在华东政法大学和上海工程技术大学毕业获得法律、国际经济贸易双学士,她选择了自主创业,于2015年5月在上海徐汇区投资设立了一站式高端汽车体验中心——上海慈吉汽车体验中心(CJ Auto Club)。

"选择上海国际大都市锤炼,主要是为了培养国际化视野、胆识和经营管理能力,积累高校等人脉资源,也为慈吉之星梅赛德斯-奔驰4S店实施走出去提升战略探路!"胡圆圆表示。

2009年6月,徐娣珍投资创办了浙江慈吉之星汽车有限公司,慈吉之星梅赛德斯-奔驰4S店同时开业,成为全国首批县级市奔驰授权经销商,年年考评名列华东区和全国奔驰经销商前茅。胡圆圆带领团队凭借初创的激情,在母公司支持帮助下,秉承与弘扬梅赛德斯-奔驰"唯有最好"的经营理念,努力为高端客户提供高标准、高品位、最优质的经典汽车体验,把体验店做得风生水起、红红火火。

为了对国际教育进行强有力的投入,慈吉集团对正处于蒸蒸日上、快速发展的"慈吉之星",通过优质股权转让,吸引香港大昌行集团强强合作,实现资产优化重组。股权转让所获的10多亿元资金,将全部投向慈吉国际教育发展战略的实施。

在这次"马拉松式"谈判长跑中,关键时刻胡圆圆表现出了韧性、理性、睿智,虽然话语不多,但往往语出惊人,直击要害,为母亲主导的谈判拾遗补阙,对方给予了"英语好、思路清"的充分点赞。胡圆圆的这种基因传承和秉性令徐娣珍无比欣慰,这正是企业掌门人十分难得的品格。

教育是惠泽全社会的公益事业,更需要爱的奉献和责任的担当。别看胡圆圆平时生活低调,但她心地善良,充满爱心,再加上从小在母亲身边耳濡目染,对教育事业有独特的热爱和担当。当"慈吉之星"股权转让完成后，胡圆圆毅然放弃上海的安逸舒适生活，回到慈溪，传承开创慈吉教育从国内教育到国际教育跨越的新局面。

"进入新时代，慈吉教育事业面临前所未有的机遇与挑战，注重素质教育与学生个人发展，注重培养具有多元文化和全球视野并符合21世纪发展需要的人才，教育国际化势在必行。"母女俩对教育改革开放充满紧迫感和使命感。

胡圆圆是一位富有爱心、乐于奉献的创二代，积极主动履行社会责任。近年来，集团为优秀学生发放奖学金每年达2000万元，为贫困学生、教职工子女等减免补助700万元，为慈吉教育基金会捐款1000万元，为社会结对助学200万元，为省妇女儿童基金会关注留守儿童项目捐款60万元，为慈溪市康乃馨基金等社会公益事业捐款130万元。

胡圆圆是一位富有责任、勇于担当的新生代。2021年，她作为新政协委员，参加了慈溪市"两会"，以青年政协委员和办学者身份，特别关注托育服务民生热点，提交的《关于建立健全全市托育服务体系的几点建议》，旨在呼吁各级政府把全面构建托育服务体系放在重要位置，从发展方向、政策导向和规划取向上强化支持与引领。

创新与使命，探索国际化教学新模式

随着胡圆圆回到家乡选择教育事业，慈吉教育集团国际教育战略如期实施，迈出崭新脚步。

超前储备，厚积薄发。从2018年初开始，胡圆圆主导了国际教育工程合作谈判，与位于New Jersey的美国名校兰尼学校和其他国内外名校合作办学，为创办"宁波前湾慈吉外国语学校"和"宁波前湾慈吉外国语幼儿园"奠定了优质师资基础。目前，集团与美国新泽西州兰尼学校、香港维多利亚教育机构、上海市宋庆龄幼儿园等国内外教育机构进行深度合作，外籍教师均来自于美、英、加等英语母语国家。

2018年10月，投资15亿元的宁波前湾慈吉外国语学校项目，在第二届世界"宁波帮·帮宁波"发展大会上正式签约，成为慈溪市唯一签约的重大项目。

接受着一个个考验锤炼，一步一个脚印前行着。胡圆圆担任宁波前湾慈吉外国语学校和宁波前湾慈吉外国语幼儿园项目副总指挥，全面协助或主管项目合作招商谈判、规划建设、项目论证落地、教师招聘等各项重要事项。2017年11月，她创办了慈溪市注册资本最大的民办培训机构——慈溪市慈吉莉莉培训学校。由于各项工作准备充分，经过一年的运行，就取得了预期成效，成为慈溪区域内首屈一指的民办培训学校，有效地完善了集团内的教育培训体系。

2018年4月，慈吉教育集团参与承办了千人参加的首届中国民办教育发展高峰论坛，胡圆圆与浙江卫视主持人共同主持了这次论坛的相关活动和对话。每当慈吉学校举办夏令营，她都参与体验，既做引导员，又做服务员，忙得不亦乐乎，学生家长为这位董事长"公主"俯身热心服务所感动。特别在参与重大项目协调中，胡圆圆彰显胆识和智慧，如慈吉外国语学校项目，2019年，时任慈溪市委书记高庆丰专门就该项目的加快筹建实施事项进行了全面协调，胡圆圆代表慈吉教育集团参与项目可行性汇报，接受提问，释疑解惑，拿出了高分答卷。

梦想与自信，中西融合百年教育品牌

"以'省内一流、国内知名、面向国际'为发展目标，立足'质量冒尖、服务第一、特色第一'的华东双语第一校定位，满足慈溪市教育多样化优质化需求，全面服务宁波大湾区建设，向外辐射长三角地区。办学层次涵盖早教、学前、小学、初中教育，并以'中西融通、育华夏英才''中西融合、七彩缤纷'作为外国语学校和外国语幼儿园的校训，突出国际学校优势，实施双语教育。"谈到学校定位和特色时，胡圆圆自信地表示，将集团20多年来的办学经验积累和品牌优势，融入现代化、国际化办学理念，融合中西教育之长，致力于培养具有华夏根基、国际视野的新时代英才。

一个机会辈出的时代，总会把褒奖送给奋斗者。成绩来之不易，贵在实践前行。在发展战略上，胡圆圆以国际化为引领，着手制订实施推进慈吉教育国际化的发展规划，将立足点从面向区域转为面向国际。在发展举措上，胡圆圆加强与国际国内教育名校合作，全面拓展、加快推进国际班、双语班等教育设置和发展。

慈吉幼儿园在开设双语班的同时，拓展哈津教学、英语教学、计算机教学和乐高教学等，《幼儿园开展国际多元文化启蒙教育活动的探索研究》课题，获得了宁波市优秀研究成果一等奖，并成为浙江省级立项课题。

慈吉小学与杭州外国语学校联合办学，与美国、英国两所学校结成姐妹学校，在开展跨文化交流的同时，开设双语班，学生外语学习效果显著提高，在中央电视台"希望之星"英语口语风采大赛慈溪赛区比赛中，全校获奖学生占慈溪市获奖学生总数的2/3。

慈吉中学举办国际班,与浙江大学外语学院合作举办2+1留美预备班,并经常举行出国留学项目推介,与国外名校交流,邀请外教讲课指导等。

教育要面向现代化、面向未来、面向世界,要实现高质量发展,必须大力应用现代科学技术、全面引进高端人才。胡圆圆着力于发挥自身体制机制优势,率先引进现代化教育技术,为慈吉国际化教育注入新动能。2020年注册创办了上海慈吉教育科技有限公司,引入机器人教育实验室,掀开学校数字化、智能化教育的新一页。胡圆圆更是花大力气为两所外国语学校招引了一批具有国际视野的外籍教师。

相关教育权威专家表示,随着前湾新区的发展,基础教育市场广阔,特别是以双语教育为代表的高端基础教育资源稀缺,慈吉外国语学校和慈吉外国语幼儿园的创办,将有力地推动慈溪和宁波大湾区国际化教育新发展。

我们坚信,国内教育与国际教育齐头并进的慈吉教育品牌,必将从优秀到卓越,从卓越走向百年辉煌。

调研手记

教育，一直都是家长们谈得最多的话题。特别是在"双减"背景下，有识之士呼吁要把更多的资源放在幼儿园、小学、中学等基础教育阶段。徐娣珍和胡圆圆母女联手打造了国内教育与国际教育齐头并进的慈吉教育品牌，演绎了两代人传承接力共同投身基础教育事业的伟大创业故事。胡圆圆在母亲的示范和耳濡目染下，放弃了安逸的生活，毅然继承母业。她不仅雷厉风行，而且具有国际视野，带领广大慈吉员工着力探索建立国际化教学模式，在更高水平上办出自己的特色与优势。

培养好接班人，传承接力棒，这是民营企业非常重要的一件事情。慈吉教育集团的实践，为宁波民企传承和发展带了一个好头。当然，对胡圆圆来说，如何在一个新的起点上实现慈吉教育品牌"从优到强"，未来还将面临更多的挑战，需要她和团队去从容面对。

6. 祈禧电器：

构建智能产品+数字制造+区块链应用新赛道

"十四五"开局之年，宁波祈禧电器有限公司实现了"开门红"：2021年销售近4亿元，同比增长达50%以上，其中智能产品占比50%，同比提高20个百分点。

站在新10年起点上，祈禧电器完成了从专业传统净饮水设备及核心配套产品的生产制造者，到数字化饮水设备创新方案提供引领者的华丽转身。如今，内部产品制造全部实现了数字化，正延伸到供应链、产业链的高效协同。净饮水设备产品中，一半是智能产品，由原来魔蛋的功能性操作转到现在产品场景化应用数据的深度开发，对接小米、天猫、京东互联网大平台网上销售，一半为美的、海尔、安吉尔、沁园、水艺等著名品牌定牌贴牌，而线下自建渠道全部退出了历史舞台。当前，公司正构建智能产品+数字制造+区块链应用试点的新赛道。

祈禧董事长方曙光把创业历程和未来归结为三个10年，即2001年到2010年10年做外贸，感应灯开关，电子信息产品，全部出口，主要是日本、土耳其市场。其间，2005年开始做小家电，以外养内，转向内销。2011年到2020年10做贴牌，产品全部内销，其间5年来，探索数字化转型路。产品获浙江"品字标"+"精品"双荣誉，魔蛋平台获评"2020年省级制造业与互联网融合发展试点示范企业"（网络协同制造方向）、宁波市优秀工业互联网平台"双"称号。2021年开始新10年，创数字化自主品牌，做魔蛋智能平台+魔凡智能产品，走进小家电数字化全产业链协同共享平台新时代。

原创产品，颠覆技术认知

根据宁波祈禧电器有限公司发布的《"祈禧"中国饮水机节能贡献指数》，每台速热饮水机比传统有胆饮水机每天节省1度电，从2006年2月22日销售第一台速热饮水机至2021年2月6日，15年来祈禧电器总销量达300万台，累计为社会节电约33.4亿度。

"这是中国饮水机行业首家发布节能贡献指数的企业,也进一步奠定了祈禧电器作为速热秒沸饮水技术开创者的地位,引领绿色发展新风尚。"业内专家顾久传为此点赞。据监测数据,2010年至今,我国传统饮水机和净水桶市场开始出现负增长,2017年,我国水家电整体零售额达到186亿元,同比增长20.7%,传统有胆饮水机市场占有率从12年前的接近100%大幅下滑至46%。而祈禧电器的无胆饮水机销售量逆势高增长,从2006年的不到8000台,到2017年的36万余台,占速热饮水机市场份额近20%。

2006年2月,在有热胆饮水机一统天下的市场背景下,饮水机"水健康"高峰论坛暨祈禧"无胆"英雄机上市新闻发布会在北京梅地亚中心开幕,揭开传统有胆饮水机"六宗罪",陈述有胆饮水机因为加热技术的弊端所带来的健康隐患和能源浪费,在业内掀起巨大风暴。从当年传统行业的"颠覆者",到如今成为无胆饮水机行业的创新者和领军者,宁波祈禧电器有限公司董事长方曙光接受采访时表示:"我们以努力与执着换得了客户认同,改变了行业发展轨迹。期待以本次节能贡献指数发布为新契机,提升消费者对饮水健康、环保节能的关注,进一步呼吁行业相关企业增强责任担当和社会公益意识。"

作为饮水机国家标准起草副组长单位,浙江省净水设备协会副会长单位的祈禧电器,在即热饮水机的研发、制造领域已经耕耘了16年,坚持走创新驱动企业发展之路。祈禧电器在产品技术研发经费的投入上也逐年增加,拥有有效专利120余项,其中发明专利8项。饮水机研发制造几经迭代,从国内第一代无胆速热饮水机起,到管线机、茶吧机、桌面机、便携式,再到今天智能冲泡的泡茶机,饮水机制造技术的变革从未止步。

"品字标浙江制造"品牌是整体反映、综合体现浙江企业和产品形象的区域公共品牌,目标

定位高品质、高端化。"品字标浙江制造"按照"国内一流，国际先进"的要求，构建"好企业+好产品"的"浙江制造"标准要求的企业和产品进行认证，让一大批高端浙货共同形成市场与社会公认的高端区域公共品牌。去年底祈禧电器通过浙江制造"品"字标认证，标志着公司速热饮水机产品标准与管控体系达到国际一流水平。

智能产品，创新M2S2C模式

今年3月底，祈禧在小米有品平台首发的智能泡茶机一炮打响。与即热茶吧机相比，创新理念在于从功能化走向场景化，增添了茶叶、奶粉、咖啡应用场景。

2020年4月，第一个智能产品即热茶吧机，在小米有品以单价499元众筹，引发热烈反响，去年众筹3000万元，成网红产品。现在单价已达600多元，今年销售更加火爆，预计总销售额可超亿元。通过小米有品、华为荣耀、天猫、京东互联网等平台销售产品，去年有3款，今年可达7～8款。

2020年开始的疫情，也让"不直接接触"的方式变得更为普及。祈禧速热饮水机紧跟时代的步伐，先后推出了智能茶饮机、智能茶吧机、智能泡茶机等智能化产品，以时尚的外观、优越的性能、超高的性价比进驻荣耀亲选、小米有品，深受消费者喜爱，赢得了市场的口碑。

创新M2S2C（厂家Manufactory-服务代理Sevice-消费者Customers）模式。经过四年完善，其智能产品端依托企业魔蛋小平台，对接互联网巨头大平台，实现从单一的产品买卖销售数据到场景化应用数据的深度升华。智能物联提高联结紧密度（黏

性），实时获得消费者运行数据，一方面提供服务，另一方面促进产品创新研发。

智能家居是个有上万亿市场潜力的"大蛋糕"，互联网"头部"大平台彰显霸气，点多量少的慈溪小家电如何突围？祈禧电器一方面对接阿里、华为、小米等大平台，勇夺"奥运金牌"；立足形象代言，打造智美家电"魔凡"。"这些智能产品由大平台亲选团队定义，祈禧研发团队负责外观设计、模具制作、产品制造，短短几个月就上市了。"谈到协同创新的质效时，方曙光十分感慨。

立足区域经济，服务小微企业。早在2017年，祈禧首创智能家电平台"魔蛋"："一键、一地、一公里。"目前"产品池"中合作产品已达170余款，合作品牌80余家，其中大多数为小微家电企业，覆盖净水、空净、除湿机、取暖器、电风扇、指纹锁、摄像头、窗帘、开关插座等全品类产品。

"我们筹建软件研发团队时发现，慈溪缺乏互联网人才和互联网创业环境，招人留人都很难。将公司总部留在慈溪，IT研发团队放在杭州，有效解决了这一难题。以前团队'寄人篱下'成本高、管理难，现在借助'飞地'提供的主场优势，10名研发人员为魔蛋运营提供了强有力支持。"方曙光说。

数字制造，"智"造样板工厂

数字化制造引发了制造方式的改变。祈禧电器数据驱动企业转型升级，打造小家电全产业链协同共享智能制造"祈禧"样板。公司正在加快建设5GAR应用、5G工厂直播间、5GMES工控一体化、5G数字制造实时展示系统、5G区块链采集点体系，力争三年倍增，亩产达3000万元，人均100万元。

智能制造是企业持续发展的驱动力，祈禧数字化工厂以数字经济为目标，贯穿生产运营管理全过程，具备高度自动化、数字化、可视化、模型化和集成化，通过技术变革和业务变革，使企业具有更加优异的感知、预测、协同和分析优化能力。

从2018年下半年开始，祈禧电器就在公司推广精益制造。向空间要资源，向管理要效益，实现零土地技改。2018年8月底，投资300万元的智能仓投入使用，原300平方米的平库变成了18米高、8层货架、540个库位的智能立体仓库，库容扩大6倍以上，极大地释放了库存空间和收发货效率。

探索智能车间和智能仓库互联互通互动模式。如果说智能仓库是做空间加法的话,那么智能车间则做了空间减法。2018年9月,祈禧电器饮水机制造车间实施JIT即时生产模式,目标是以"线边库"替代原来的零件库、中转库、线边库,实现"三库合一",以大幅度降低零配件库存,提高运营效率。企业内部打通预装、总装、包装生产线,外部通过信息共享与供应商、经销商联动,真正实现"一个流"生产,大大提高了生产效率和客户交付率。

"我们原来的仓库面积占到厂房总面积的1/3左右,实施JIT生产后的目标是将仓库面积减少50%,而且这种模式的投入远远低于买地造厂房,并希望以此为引擎打造传统制造'亩产'标杆。"方曙光接受采访时表示,企业传统制造还有数倍的效率提升空间,以信息化为基础改造传统制造大有可为。

而这次疫情期间,精益制造更是得到了强化。祈禧经过两年多的数字化实践与探索,2020年公司生产效率同比提高约38%,销售额同比增长20%以上,数字驱动大幅提升管理协作效率。

"之前在生产线上由一种产品型号切换到生产另一种型号的产品时,需要两小时才能完成,现在十分钟就完成了。这是与公司花200多万元开展数字化改造分不开的。"方曙光说,公司还打造了一个3000平方米的智能制造样本车间,这个车间很多生产信息都将以数字化形式呈现给用户,解决用户对品牌的信任问题,"让品牌数字化是我们牢牢抓住用户的关键一步。"

最近三年，祈禧预计将投入2000多万元，推进产品智能化、生产数字化，打造智能制造示范工厂。目前，整个公司的运营状态可通过手机、智能终端"全景式"实时展示，良品数量、生产工时及完工比率实时掌控，员工的工资、绩效实现实时结算。

"随着新技术的发展成熟，所有的行业都会受到数字化的冲击，区别仅是程度和时间而已。"数字化为企业提供了难得的成长机遇，无须害怕失败，找准自己的赛道，打造新的生态系统，才能适应变革。

调研手记

从推出原创产品颠覆技术认知，到打造协同创新共享智能制造平台，再到探索智能车间和智能仓库互联互通互动模式，15年间，祈禧电器完成了"三级跳"，成为慈溪小家电转型升级的样板。健康节能是饮水机行业的立身之本，祈禧电器在业内率先推出无胆饮水机，直指传统饮水机存在的二次污染和高电耗等弊病，从而带动了中国饮水机行业新技术革命。疫情期间，该公司的智能产品切中"不直接接触"消费方式的转变，迎来了逆势高增长，再次证明原创技术创新的重要性。另一方面，祈禧电器深谙场景化数据的应用，从厂家、服务代理和消费者三个维度着手，创新M2S2C模式，建设智能车间和智能仓库，成功搭上互联网大平台协同创新的"列车"，驶入发展新赛道。祈禧电器的案例，值得慈溪广大小家电企业学习和借鉴。

7.前湾驿淘：

跨界新领域　思维破疆土

"现在我们所说的跨境电商模式是将国内制造的产品在海外电商平台展示，被动地等待消费者挑选，而直播带货则是主播们主动进行网络营销，有针对性地选择优势产品向消费推荐，我所说的打破跨境电商与直播带货之间的边界，就是让两者互动起来，让主播在网络平台推荐跨境电商平台上的商品和品牌，以此打造一个全新的销售渠道。只有把握住最前沿渠道，才能始终立于不败之地。"施建华对打破跨境电商与直播带货之间的边界如此定义。

打破跨境电商与直播带货之间的边界，将原本两条平行的线交织在一起，以国外直播带货的粉丝量，带动国内跨境电商产业的发展，实现跨境电商业务被动营销向主动营销转变，是打破营销模式边界、追逐最前沿零售渠道的新尝试，必将推动跨境电商业务的持续增长。

而每一次销售渠道边界打破，都意味着新的销售模式形成，这也成为施建华打破边界追逐最前沿零售渠道的动力所在。

从线下到线上，从国内电商到跨境电商，经营理念虽然一脉相承，但对追逐最前沿零售渠道的施建华来说，只有不断地打破经营模式之间的边界，不断地创新前行，才能始终站在产业、市场变革的风口，始终让企业走在最利于发展的方向。

对施建华来说，从线下商超渠道到线上电商平台，再到打造电商产业园、经营跨境电商园区，一次次营销模式的转变，他都紧跟着市场零售模式变化最新潮流，始终追逐着打造最前沿的零售渠道。一次次地站在零售渠道变化的新风口，施建华取得了巨大的成功，目前总部在宁波的驿淘成功运营及合作的园区数量已达20家，涉及宁波、杭州、绍兴、济南、合肥等城市，营运总面积50万平方米，入驻电商企业1000多家，直接服务企业达5000多家。在电商产业园区运营方面，具有吸引头部电商、服务商资源以及降低物流成本叠加优势的驿淘，被亚马逊官方评定为"宁波地区最佳贡献奖"。

破而后立，销售从线下到线上

始终敏锐地把握住零售渠道最新变化方向，施建华的成功并非一蹴而就，每一次的转变对他来说都是一种破而后立。

2003年，施建华大学毕业后来到欧尚超市工作，从传统的商超渠道起步，开启了他追逐最前沿零售渠道步伐。"从杭州欧尚超市实习、工作了6年后，我来到位于鄞州区的欧尚江东店做店长。"施建华回忆起当时的工作经历时说，在江东店独当一面工作期间，他发现随着电商平台的逐渐兴起，传统商超渠道不可避免地受到了冲击。

根据消费数据分析，来超市消费的市民日趋老龄化，60%以上的年轻一代消费者都向电子商务平台转移。作为全国第一批电子商务专业毕业的施建华，敏锐地看到其中商机，他认为，年轻消费者决定着零售渠道未来发展的方向，现在线上线下两种销售渠道处于上升下降两极分化，未来做电商的发展空间更大。

2011年，施建华建立电商团队，决定打破线上线下销售边界，在电商平台建立进口食品销售店。"线上线下平台虽然不一样，但经营的理念还是相通的。"施建华说，"在做超市的时候我发现年轻人对进口食品需求较大，于是在电商平台选择了进口食品，并复制超市的经营理念，根据消费者购物逻辑陈列商品、制定价格，将电商平台方便购物的优势放到最大。"

在施建华进军电商平台的前三个月，他经营的淘宝店铺实现了从3万元到30万元，再到300万元的跨越式增长。到了第三个月，正逢圣诞节，他提前进口100多万元的巧克力等节日货物，准备利用节日效应，打响淘宝店铺的知名度。果然在圣诞节没有销完的商品，在接下去的情人节销售一空。随着施建华在电商平台如鱼得水般大展身手，到2012年，他经营的淘宝店销售达到6000多万元，第三年再次翻番做到了1.3亿元。

线上的经营模式更加透明，很快，施建华的进口食品店被其他卖家复制。施建华也意识到单纯做零售渠道，很难形成自己的核心竞争力，靠低价的同质化竞争并不可取，于是他再次打破边界，逐步向电子平台服务商转换。

持续延伸，服务从产品到产业

2014年6月6日，施建华在鄞州区建立了宁波区域内第一个市场化主体的电商产业园区——e淘电商产业园。当时，宁波市里各类电商店铺如雨后春笋般地冒出来，但是卖家之间缺乏有效管理和引导。e淘电商产业园不仅为卖家创造了更好的发展空间，也为宁波打造电商产业园提供了模板。

到了2014年"11.11"，占地面积1.3万平方米的e淘电商产业园基本满园，入驻商家50多家，其中20多家淘宝卖家在e淘电商产业园的帮扶实现了从0到1的突破。施建华说："e淘电商产业园并不仅仅提供硬件上的便利，更多的是提炼以往的成功模式，在店铺设计、降本增效、人员培训等软件管理方面入手，全面提升园区内淘宝卖家的综合竞争实力。"

从卖产品到卖服务的再次转变，让施建华和他的e淘电商产业园受到政府、企业、卖家等各方认可，他不仅为园区卖家引入了宁波大学创业大赛精英人才，还成为宁波淘宝大学的服务商和实践基地。在这之后，施建华陆续在宁波奉化、江北、慈溪和绍兴上虞等地建立了20多个电商产业园，服务区域延伸到山东、安徽等地。

施建华说，欧尚十年的工作经历让他在零售渠道业务方面积累了大量的经验，在这种经验为我所用、复制到各个卖家后，大家的经营理念得到了进一步升华，做细分领域的龙头也不再是难事。随着电商平台和园区管理两者的开发做到有机结合后，他决定尝试打破传统贸易模式的边界，从经营进口商品向经营跨境电商转变，实现从国内到国际的市场布局。

跨境突围，布局从国内到国际

施建华认为，做跨境电商是一个很有意义的事业，这种模式将为制造企业蹚出一条全新的贸易渠道。

一直以来，制造企业工贸一体、外贸一体的经营模式，赚到的只是加工费、代工费，海外采购客户掌握了一手的市场信息，让制造企业始终处于市场受制于人、找订单难、代工做贴牌附加值低的困境。而跨境电商渠道的建立，有助于把消费者需求导入制造端，企业也有了定价权和溢价权，有利于企业从OEM（贴牌生产）、ODM（委托设计）向国际自主品牌升级。

出于这样的想法，2017年，施建华在慈溪崇寿e点园开始尝试跨境电商业务。他认为，慈溪区域内块状经济的竞争力十分强大，像小家电、童装、鞋类等商品在国际市场具有很大竞争力，企业建立跨境电商渠道的潜力很大。之后，施建华针对慈溪跨境电商发展不充分、现有跨境电商企业存量不足和规模不大的现状，又在宗汉街道建立了驿淘互联网产业园，吸引深圳、广州等地的跨境电商经营户入驻园区，带动慈溪区域内跨境电商业务发展。

2020年年初新冠疫情暴发以来，我国传统外贸受到一定的冲击，但是随着互联网和数字经济发展起来的驿淘互联网产业园，却释放出巨大的发展潜力。产业园内的企业借力跨境电商，瞄准线上市场，通过线上平台发掘新客户、培育新产品、拓展新市场，跨境电商已成为驿淘互联网产业园企业疫中谋变的突围新路子。

施建华认为，全球疫情蔓延之初，国际供应链受到严重波及，大量海外订单延迟甚至取消，给外贸工厂带来一时的挑战。国际客户取消或延迟外贸订单，主要原因是疫情导致的海外市场消费需求萎缩，但对慈溪出口企业来说，全球疫情催生了"宅经济"，海外消费者对小家电等生活必需品的需求仍在，只是疫情影响了物流转运、消费模式、生活习惯等，不可能因为疫情的蔓延，消费者不使用煎烤器、不粘锅、榨汁机等居家生活用品。

"疫情考验着高度依赖出口的外贸企业市场精准定位能力和市场新空间的开发能力。"施建华说，虽然欧美国家建立了强大商超渠道，消费者也习惯了线下的消费模式，然而疫情的到来，让国外消费者的消费习惯发生了转变，以年轻人、留学生为主的消费群体，开始将消费渠道由线下聚集到线上，线上销量爆发式的增长，给疫情期间订单停滞的外贸企业注入了新的活力。为此，有预见性地定位线上市场，大力推进了跨境电商业务，更为外贸企业开拓海外线上市场带来了新机遇，也为慈溪出口企业打开了一条全新的发展道路。

2020年11月,施建华在跨境电商领域又迈出了巨大的一步。慈溪驿淘互联网产业园与市环创中心举行慈惠大厦房屋经营权出租签约仪式,这标志着慈溪最大的跨境电商平台落地。施建华说,这个电商集聚区总地面建筑面积约4万平方米,其中跨境电商集聚区1万平方米以上,主体功能围绕跨境电子商务企业聚集、创业和服务,同时兼顾直播、国内电商培育。一方面"带着做",通过引进深圳、杭州、宁波等城市的优秀销售、服务商,赋能慈溪制造做强设计研发、营销品牌"微笑曲线"两端,实现数字化转型升级,把数据、产能、物流等产业链、供应链、价值链留在慈溪;另一方面"陪着做",建立品牌孵化器,把销售技能、人才留在慈溪。

根据施建华的计划,在5年时间内驿淘互联网产业园聚集企业数量100家、累计孵化创业企业50家、累计传统企业转型及品牌孵化企业50家。驿淘互联网产业园将发挥慈溪家电等传统制造业完善的产业链优势,建设跨境电商培训、人才引进、氛围营造和跨境电商公共服务体系,通过聚集一批、转化一批、创造一批的思路,聚集宁波及周边区域现有存量优质跨境电商企业,帮助传统生产企业开展跨境销售业务及品牌建设,加速跨境电商创业创新人才孵化,从而建立一个辐射宁波区域的跨境电商的资源、人才、信息高地。

施建华认为,跨境电商是在全球化背景下,随着互联网+和数字经济发展起来的新业态、新模式,它克服了商品、服务在时间、空间上的局限,具有交易范围广、中间环节少、信息反馈及时、渠道推广有效、成本低等优势。驿淘互联网产业园能够借力线上销售渠道,在销售模式上取得突破,最大的依托还是慈溪家电产品在线上市场所具备的天然优势。

在疫情时代,传统外贸遭受了严重冲击,海运不畅、原材料价格上涨、汇率波动等问题让更多的企业思考和寻找更多的出路,跨境电商吸引力持续放大,以往不重视、不习惯、不适应跨境电商的问题,在压力和动力双重力下得以缓解。"为了抓住无限商机,前行的道路上即使坎坷不断,我们也将帮助充满灵性活力的慈溪制造企业仍然勇于转变思维,迈出跨境出海的第一步。"施建华说,他将通过驿淘互联网产业园发挥传帮带和孵化作用,帮助企业实现跨境出海的0到1,结对多家工厂,帮扶多个品牌实现出海。

调研手记

施建华和他创办的前湾驿淘,从线下商超渠道到线上电商平台,再到打造电商产业园、经营跨境电商园区,其每一个实践,每一次转身,都成为慈溪外贸发展的时代注解。施建华的打法,很大程度上与他多年的传统商超经历有关,8年的超市一线历练,让他洞悉线下商业的最大痛点。为此,他以跨界思维开疆拓土,打破线上线下销售边界,拆除国内国际市场界限,并把驿淘模式复制推广到全国近20个城市,引领中国外贸的转型。

"苟日新,日日新,又日新。"前湾驿淘的案例启示我们,商业变革无时不在,只有拥抱变化,创新思维,才能占有更多的市场份额,演绎新的精彩。

8. 清控科创：

补链强链延链　科技创新成果悄然落地

实现抗疫施工"两手抓"，跑出了慈溪版的"开发运营加速度"。2021年4月27日，清控科创（宁波）创新基地工地封顶。作为宁波市重点项目，科技园建筑面积超4万平方米，于2020年3月5日在市重大项目集中开工活动中正式鸣笛开工，虽然历经新冠疫情影响，但经各线全力保障护航，历时13个月顺利实现科技园封顶。

清控科创控股股份有限公司是以科技创新服务为主营业务的科技园区建设运营商和双创生态服务提供商，是清华大学链接优质社会资源的双创服务平台、清华控股创新创业战略功能平台。经过近20年的发展，清控科创已在全国32个城市及美国硅谷共布局了55个园区载体，拥有26项国家级荣誉资质。其中，重资产投资的清控科技园建成或在建的有6个，分别位于太原、青岛、天津、长沙、慈溪、乌鲁木齐。

用汗水浇灌收获，以实干笃定前行。在近20年时间里，清控科创的发展与壮大离不开这样一群"科创人"，他们敢为人先的创新精神、丰富的行业经验、奋力拼搏的身影，成就了今天的清控科创。从2002年毕业即投身科技园开发建设与运营管理工作到如今，孙士兴见证了中国科技园区20年的成长与变化。最早的科技园区可以算是政策的区划，以扶持政策吸引科技企业的入驻。如今，科技园区已经从地图上的红框，成为市场化的产品，越来越多科技园随着国家对双创的倡导与对科技创新的大力支持，如雨后春笋般屹立在全国各地。"从最开始'包罗万象'地入驻企业，到定向培育产业集群，科技园区的发展战略发生着巨大的变化。与此同时，从推动创新创业活力，到推动城市高质量发展，再到提升科技创新实力……国家对园区的要求也在逐渐提高。尤其在将创新摆在全局发展核心战略位置的今天，科技园区所扮演的角色已变得愈发重要。"孙士兴说道。

清控科创（宁波）创新基地投运的历史性意义和长远发展目标是立足"商务办公的首选地、高新产业的聚集地、创新创业的策源地、产学研用的辐射地、高新人才的聚集区"的定位，将建设集高端企业总部办公、科技企业孵化器、众创空间、双创社区于一体的全科技园产品链条，后期入驻企业以智能制造、电子信息、新能源、新材料、互联网、创业服务、智慧医疗、智能机器人、光电子芯片等慈溪市主导产业及重点发展新兴产业为主，构建园区主导产业、形成产业链聚集。

宏观：选择慈溪，选准清控发展方向

哪些要素决定了创新平台的落成？清控科创（宁波）创新基地项目的总负责人孙士兴认为，从宏观层面看，主要是产业实体经济支撑、区位优势、民营经济基因、政府理念等要素。县域经济是中国现阶段发展的基础元素，县域经济强大了，国家的崛起自然也就顺理成章了。在全国县域经济综合竞争力100强的榜单中，慈溪连续多年位列前十。这座由宁波市管辖的县级市，如今已经成为浙江首个地区生产总值超2000亿元的强县（市），高分创成全国文明城市，连续5年获评中国最具幸福感县级城市。

"慈溪以实体经济为根本，并且以'慈溪制造'著称。'工业立市、实业兴市'，工业为慈溪市贡献了约80%的GDP，形成家电、化纤、轴承、汽车零部件四大传统优势产业。"孙士兴感慨地说，浙江民营经济十分活跃，与江苏政府指导市场的方式不同，在浙江，政府的角色是服务于企业、服务于产业发展。"慈溪企业家特别有奋斗精神，你能明显感受到他们有着强烈的进取心、忧患意识。因为他们往往是从小作坊、低端产品做起，靠的是吃苦耐劳、精打细算，一步一步做大做强。吃够了早期技术竞争力低的苦，植入血脉里的忧患意识基因更强化了慈溪企业家的奋斗精神，演化出了创新精神。"

在孙士兴的眼中，慈溪地处杭州湾南岸，历史上在区域核心度、城市级别、交通网络、资源禀赋、科技条件等诸多要素考量下，属于"天涯海角""末梢神经"，与传统百强县前十的昆山、江阴等县市相比较，先天条件不可同日而语。"我觉得慈溪最引以为傲的是人和人的精神，最宝贵的是这里拼搏奋进、砥砺前行的企业家群体。"

随着2008年杭州湾跨海大桥通车，慈溪区位优势实现历史性飞跃，一跃成为长三角沪杭甬金三角中心。在长三角一体化的大战略下，2019年高铁慈溪站、前湾新区规划建设，沪杭甬同城化，更是迎来"高铁时代""前湾时代""长三角一体化时代"等叠加重大历史机遇。

当前，企业普遍面临着转型升级的新选择。老一辈企业更注重实业，投资设备等重资产和传统产业为主，新兴产业尚未成型，多为劳动密集型产品。"从大环境看，只有留住人，留住原始积累，才有未来！也就是从'人口红利'迈向'人才红利'。"孙士兴说，慈溪历来注重教育，每年仅慈溪中学就有8~10名学子考进清华北大；很多有条件的都送子女出国深造。这些慈溪学子学成归来需要高层次的创业创新事业平台和新生态。

2020年3月，清控科创（宁波）创新基地正式破土动工，慈溪产业基础嫁接科技创新园。该科创园的最大资源是清华大学，清华产业体系、科创资源的源源不断导入、嫁接、转化，清控科创的科技创新基地悄然落地"生长"，搭建起一个高大上的创业创新平台，将以一个硬件设施完备、服务体系健全的科技企业孵化器出现在慈溪市中央商务区，发挥高新产业的聚集地、创新创业的策源地、产学研用的辐射地、高新人才的聚集区等多重职能。

中观：选择慈溪，选对清控合作伙伴

多年实践告诉孙士兴，从中观看，做前期考察拓展，做选址，首先选择的是当地政府，特别是党政"一把手"。2017年3月，清控科创和慈溪的第一面，就是时任市委书记高庆丰亲自带队赴京，深入调研，交换意见，一举奠定了项目落地的基础。随后接触的慈溪市委、市政府领导，都让人深切感受到政府的前瞻思路、发展理念和雷厉风行的作风。市商务局、市环创中心各位领导也是一群担当担责的干事人，大家围绕"项目成功"总目标，携手企业攻坚克难。

另一强烈感受是政府的契约精神，政府讲诚信。从项目用地、规划调整、指标确认、方案设计直到招拍落实，都千方百计排除万难，全面履约。

浙江最大特色是民营经济，市场化程度更高，"政府有形之手""市场无形之手"同频共振、相互促进，达到最协调最和谐。

"近年来，慈溪市政府、商会组织和企业家们，在产业转型升级、产品创新迭代方面下大力气。对于我们这样一个科技创新平台来说，帮助传统制造业提升，用科技创新助推企业转型，正是我们要去做的。以落地慈溪创业为契机，长三角区域将是未来发展重点，信心所在！"据孙士兴介绍，找准与政府结合点，一方面补链强链，导入新兴产业和核心技术；另一方面延链增值，做好设计研发、品牌营销微笑曲线两端。清控科创（宁波）创新基地未来必将为慈溪创业创新助力！

微观：选择慈溪，选好清控创业对象

"让筑梦前湾的创业者成就湾区梦！"培育创新生态也是孙士兴眼中的重中之重。

对于制造型企业来说，利润是决定企业生存的重要因素之一，面对越来越高的综合成本，如何避免企业陷入利润越来越薄的困境之中？孙士兴说，除了引入科技力量带动当地传统企业转型升级，扩大市场规模、提升利润外，根据当地的产业方向，去构建符合它的平台和生态，并且契合产业基础与优势导入真正匹配并且具有引导性的资源，才能为企业转型发展带来势能。此外，充分利用清华大学和清华产业体系在技术创新领域的资源，科技园发挥桥梁渠道的作用，协助本地企业在企业转型技术升级等方面寻求突破。"我们的服务对象不仅仅是当地的企业，还有庞大的创新创业群体。清控科创（宁波）创新基地紧邻中国科学院上海分院慈溪应用技术研究与产业化中心、宁波大学科技学院，强化与高校、科研机构合作，充分发挥科技园在项目孵化、双创实践领域的成熟模式和经验，构建区域成果转化和创新创业的生态体系，为城市高质量发展带来助推力。"

孙士兴还表示，除了通过科研机构这一龙头来引领创新生态圈外，细分领域的龙头企业也将通过其强大带动力聚集上下游企业，形成完整的产业链，构成循环体系，推动创新生态的形成。清控科创遍布全国的科技园体系、产业招商服务网络、国际化业务板块和基金投资板块，可以说囊括了战略性新兴产业领域的各个方面，形成了丰富的项目渠道和项目资源，以及"园区建设，招商先行"的模式。

2021年11月25日，清控科创（宁波）创新基地与市环创中心组织"京津冀"招商引智推介会，来自"京津冀"的近30家著名央企、国企、民企和科研机构应清控科创（宁波）创新基地邀请至慈溪。中国航天科工集团公司第三研究院三〇四研究所的智慧城市、中国航天科技集团有限公司第四研究院四〇一研究所（航天动力技术研究院）的新能源、新毅投资基金管理（北京）有限公司、新松机器人投资有限公司、北京石光不老文化创意有限公司的文创产业等10多个项目意向落户慈溪。

清控科创坚持施工招商两不误方针，截至目前，公司已多次开展跨园区招商、跨区域招商，定期与市环创中心联合组织定向招商活动，接洽中航科工、东旭集团、京东方健康科技集团、阳光海天集团等意向落户企业30余家。

随着项目顺利结项，不久之后清控科创（宁波）创新基地将呈现在大众眼前，集高端企业总部办公、科技企业孵化器、众创空间、双创社区于一体，入驻企业将集中在智能制造、电子信息、新能源、新材料、互联网等领域，以科学技术助力企业转型发展。

"清控科创将扎根慈溪这块大地，用实际行动在这块热土上谱写新篇章。我觉得这是'源于清华，服务创新'的清控科创向清华大学110周年的献礼。"孙士兴满怀激动表示。

清控科创（宁波）创新基地效果图

调研手记

行胜于言,是清华精神中重视实干的体现。疫情之年,创新基地仅用13个月结项;边施工边招商,引进了30余家意向落户企业,其中不乏中航科工等全国知名企业……清控科创落户慈溪以来,用实际行动在这块热土上谱写新篇章,较好地体现了清华精神。

清控科创既是科技园区运营商,又是双创生态服务提供商,与慈溪发达的实体经济和活跃的民营企业能有效互补,起到补链强链延链的作用。下一步,慈溪要用好清控科创这个大平台和科技企业孵化器,把其打造成高新产业的聚集地、创新创业的策源地、产学研用的辐射地、高新人才的聚集区,汇聚企业、人才、技术等重要资源与要素,形成独特的双创生态与产业体系,助力当地企业转型发展。

9. 暴风动漫：

原创为魂　爱折腾的跨界创业

国产动漫伴着文创的东风而来。因为本身喜欢动漫，又看好动漫行业前景，"爱折腾"的余森辉，用在建筑工程闯荡攒下的第一桶金，勇敢地开始"跨界"创业之路，将原创动漫这股东风"吹入"慈溪。《小鸡彩虹》的一炮而红，动漫衍生品象鼻人跨越海峡，新的动漫作品陆续登上央视少儿频道，在实现打造爆款动漫IP的梦想道路上，余森辉学会摸索着前进，不断地调整方向的罗盘。

2021年2月，安徽省池州市委宣传部、池州市文化和旅游局抛出"橄榄枝"，与宁波暴风动漫合作成立池州暴风动漫。公司和地方政府共同投资的模式，创作的电视动画片《鲁迪贝贝》已完成故事大纲和梗概，并报省广播电视局备案公示，2021年4月底前完成制作。同时计划将"鲁迪"和"贝贝"这两个动漫形象，做成各种衍生品，以动漫形象宣传当地旅游产品的同时，通过促进旅游周边产品的销售来创收。实现从内容打造走向线下商业的落地。

好的IP内容体现了团队制作能力，而IP的商业变现则体现着公司的运营能力。打造爆款IP和衍生品开发，对企业来说是两种技能的挑战。想要两条腿稳步前行，并非易事。尽管在国内原创动漫领域已算小有成就，但在余森辉眼中，走过创业初期，在实现进入IP运营公司范畴的过程，还有很长的路要走。对于未来，余森辉的目标很清晰，他会不断探索，勇往直前。

非科班出身却因"爱折腾"跨界创业

暴风动漫的"掌门人"余森辉出生于1987年，但是他其实并非动漫专业出身。从浙江工商大学城市规划专业毕业后，他在杭州的事业单位做了两年"上班族"。但是，由于"爱折腾"，余森辉放弃了稳定的"铁饭碗"，回到家乡慈溪"下海"创业，和朋友做起了建筑工程。

首次创业旗开得胜。在建筑工程行业干了两年,余森辉赚到第一桶金。可是,一想到从今往后自己就得成天跟工地打交道,他又觉得没意思,"爱折腾"的劲头又起来了。"当时考虑做农业、养老、文化这3个方向。"在半年的创业"空窗期"里,余森辉经过深思熟虑,最后选择了相对"轻松"的文化领域。

原本,余森辉打算开广告公司,想用二维、三维动画制作各类广告宣传片,但很快他又改主意了。2013年5月,余森辉在凯玛大厦租了办公室,成立宁波市暴风动漫有限公司,主要想做动漫设计。

至于为何动起了做原创动漫的念头,余森辉说,契机正是源于《小鸡彩虹》项目。"当时浙江传媒学院一位老师刚好在做《小鸡彩虹》,想要找公司合作开发。"他说,"我从小就对动漫很感兴趣,加上看好国内动漫产业的发展前景,觉得可以试着放手一搏。"

创业不能只靠"爱折腾"的一时之"勇",尤其是跨界创业,更是充满了不可预测性,时时处处需要成事之"谋"。受到环境及区位的影响,想要吸引动漫产业人才来慈溪发展,并非易事。这也是转型初期,除了技术问题,余森辉和他的暴风动漫遇到的阻碍之一。

"公司尽可能提供福利和发展环境,同时通过各种学习渠道进行进一步的学习,包括跟行业内人士的交流、合作,参加产业培训班学习等。"余森辉说。于是,渐渐地,暴风动漫集结起一批来自全国各地爱好动漫的"新生代"。在具体的开发制作过程,无论是形象设计、角色定位,还是动作设定、画面布景,《小鸡彩虹》都经过了反复推敲,多方论证。

用《小鸡彩虹》成就国产动漫攻城略地第一站

《小鸡彩虹》是一部面向3~6岁学龄前小朋友的动画,讲述了拥有彩虹颜色的七只小鸡仔在奇妙的云岛世界里快乐成长的故事。动画运用了二维和三维相结合的制作技术,整体风格温暖、清新,充满了爱与治愈的正能量。彩虹小鸡们萌萌的样子,一上线就引发网友追捧。登陆央视少儿频道后,也引来无数好评。

正是这部《小鸡彩虹》,成了当时名不见经传的暴风动漫在动漫行业攻城略地的第一站。入选国家广播电视总局2017年度优秀国产电视动画片、浙江省第十三届精神文明建设"五个一工程"、2016年度国家新闻出版广电总局推荐播出优秀动

画片目录，先后荣获中国广播影视大奖·广播电视节目奖、中国文化艺术政府奖第三届动漫奖最佳动漫形象、第二十七届浙江省电视"牡丹奖"最佳作品奖、第二十三届上海电视节"白玉兰"奖动画片单元提名、第十三届中国国际动漫节"金猴奖"综合奖动画系列片银奖……众多荣誉加身，可谓"拿奖拿到手软"。

"当前，中国正面临从'中国制造'向'中国智造'转型升级的历史时刻，摆脱传统模仿发展模式，以先进技术、创新设计为核心竞争力，已经成为企业发展的必然选择。对于我国的动漫产业，也正是做原创的好时代。"这是余森辉的想法，也是他一直秉持的公司经营理念。

借着《小鸡彩虹》一炮而红的势头，暴风动漫又紧锣密鼓地制作200集早教系列动画《小小机器人》，26集公益主题动画《平安慈溪》，26集科幻主题动画《缘之屋》，50多集的亲子早教系列动画片《丹妮小课堂》，长篇动画片《布鲁拉达战记》《疯狂南瓜村》等。其中《疯狂南瓜村》是和湖南卫视文化传播有限公司一起联合投资的。"公司也希望能够依托他们的平台来推广自己的动漫形象及产品。"余森辉说。

"等了半年的成果。"2021年3月29日10点，余森辉在自己的微信朋友圈写下感言。公司的新作《纸朋友》第一季，当天起每天上午10点，在央视少儿频道正式与电视观众见面。在五彩缤纷的彩纸世界中，三个奇妙又可爱的小伙伴，将温暖和爱带给身边的朋友，用勇敢和智慧去面对困难，把创意和想象变成一件件美术作品，就如同暴风动漫正在做的一样。

前进路上不断调整方向的罗盘

除了在原创动漫领域持续发光发热，余森辉也早早动起了开发属于暴风动漫的动漫IP的脑筋。"借助大数据来实现营销的形式可以无限多样化。我们看的一本书、一部电影，喜欢的一位著名作者、演员，甚至餐馆、网站、服装也都是IP，而卡通形象是这些IP最具亲和力的展现和代言方式。"暴风动漫在衍生商品方面有了新探索。ECSTASY（象鼻人）于是应运而生。

粗线条形态，简笔勾勒，方形结构头型，配以独特的象鼻、横线和圆形各一的眼睛和独特的刘海，构成一种新颖潮流，又具有强烈亲和力、感染力的象鼻人形象。象鼻人项目并没有走传统的亲子动画和动漫产品路线，而是尝试另辟蹊径，以全新的文化产品为内容载体，打造动漫衍生品。暴风动漫和台中一家贸易公司建立合作关系，将带有象鼻人形象的服饰、箱包等品类繁多的产品，跨越海峡打入台湾市场。

虽然在外人看来，余森辉的跨界创业之路可谓一帆风顺，但是过程中的酸甜苦辣，只有亲身尝试过才能明白个中滋味。"在创业初期，也有盲目扩张找不着北的时候。比如我们投过动漫影视，当年儿童影视剧火的时候，我们也马上跟进了。"他说，"但后来逐渐发现，不管是动漫影视还是儿童影视剧，最终还是要依托设计内容，也要有优质的现金流，而这些都是我们目前仍有不足的。"

在走过不少弯路后，余森辉渐渐学会了如何调整产业结构，更加合理地布局公司战线。如今，除了继续创作更多学龄前儿童喜闻乐见的动漫作品，余森辉还把公司的努力方向锁定在动漫IP开发上。

调研手记

离开事业单位,走进建筑工程行业,再走向文化领域的动漫设计,暴风动漫"掌门人"余森辉的"跨界"之旅,是宁波强大创业创新基因的缩影,也是宁波文化产业蓬勃发展的写照。以面向学龄前儿童的动画《小鸡彩虹》为"敲门砖",暴风动漫相继生产了《小小机器人》《缘之屋》《丹妮小课堂》等优秀作品,并成功打造了象鼻人等具有辨识度和传播力的动漫IP。

尽管余森辉的创业之路有一帆风顺也有酸甜苦辣,但始终不变的却是对"原创"内容生产的坚持,这也终将成为企业保持长久生命力的"源头活水"。

10. 爱琴海公园：

社交站C位　舞出别样风景

夜幕降临，新城大道上的爱琴海购物公园已亮起华灯，绚丽的灯光在夜色中分外醒目。孩子们欢笑着奔跑，情侣们挽着手轻声细语，市民们在网红墙前留下美好瞬间，室内的每个角落，都弥漫着幸福的味道。约10公里外的慈溪高新区爱琴海则是充满着自然气息，冰雪世界、开心农场，满足市民们吃喝玩乐同时为消费者们提供深度沉浸式体验，营造度假氛围。2018年入驻慈溪的爱琴海购物公园早已被列入市民的生活日常，而它也潜移默化地引领着慈溪市民的消费，使市民们的生活更加丰富多彩。

高新区的位置并不是商业业态最佳的选择，爱琴海以新的思路破题，成功地盘活商业项目！调研中祁文波介绍，"当时我有近一个半月没有睡好觉。"偶尔一天的上班路上，看到一名老太太在锄地，当时的场景一下子帮他打开了思路。如今，越来越多的人向往着"诗和远方"，但是现实却不允许他们奔波走远，这也是近年来"森系"品牌、慢生活业态大受欢迎的原因。高新区项目附近有不少土地，何不借用这片土地来完成农业和商业的结合。有了灵感后，祁文波便迅速确定了新的思路规划。

爱琴海购物公园的"社交"理念深深打动了消费者，客流量稳定，年营业额逐年攀升……集商业管理、咨询服务、物业服务、企业管理咨询、市场营销策划等服务于一体的爱琴海购物公园取得优异成绩。

爱琴海购物公园遵循着这一理念，不断创新着运营方向和业态规划。

儿童家庭娱乐综合区、慈溪首个24小时夜场经济楼层、沃德·喜马拉雅冰雪世界、开心农场……围绕"都市微度假"概念进行空间设计及业态规划，慈溪高新区爱琴海购物公园正在为消费者打造余慈首个"都市微度假"生活中心。

这份优秀成绩单的背后，是消费者对爱琴海品牌的认同，更是爱琴海购物公园在定位上的一次创新尝试。

情感互动，"社交中心"注入活力

"你有没有注意到我们的名称，不是商场，也不是购物广场，而是公园。"爱琴海宁波城市总经理祁文波这么说道。"公园"一词道出了爱琴海所要打造的商业综合体的本质：社交中心。"打造具有购物功能的社交中心，社交是核心，我们希望爱琴海可以成为人与人之间沟通的场所。休闲、娱乐、购物都从属于社交，是为情感互动、交通沟通服务的。"

祁文波是1994年投身零售商业行业的，多年来他从未转行，从基层员工到管理者，紧跟时代潮流，将商业作为爱好，不断探讨和研究。在他眼中，商业不是职业，而是一种爱好，正是这种发自内心的热爱驱使着他不断在营销和管理上进行创新。"传统商圈打造的是有社交功能的购物中心，我们要打造的则是具有购物功能的社交中心，看似是很小的变动，却是对思维的一个颠覆和创新。"

社交，是爱琴海引以为傲的特色，围绕"精致生活·美食圣地"特色定位，慈溪爱琴海购物公园近年来不断更新引入新品牌,从潮流导向和年轻人偏好角度提升原有的品牌层级,满足年轻消费者在圈层社交、休闲娱乐方面的需求,推动慈溪城市的商业升级。

在祁文波看来,爱琴海里有没有奢侈品不重要,重要的是能不能给消费者提供情感沟通的平台。祁文波表示,餐厅、电影院等都是社交平台的载体,大家往往是在吃喝玩乐中完成情感的互动。"只要是人与人交流需要的,我们这边都有,这就是我们做的一个平台。"祁文波这样阐述自己的经营思路。

为了将爱琴海购物公园打造成慈溪市民喜爱的社交中心,祁文波和他的团队在爱琴海内部设置了诸多网红打卡点,还对外广场进行了亮化改造。"I LOVE CX"、网红月亮秋千、钢琴键拱门,他们致力于通过亮化美陈营造时尚、唯美氛围,提升城市公益形象,更让消费者拥有沉浸式体验。此外,他们还积极推出了"爱琴海小店长日""爱琴海YES街区""麻将大赛"等活动,让更多的市民可以在爱琴海内愉快地开展社交。

2020年,为响应城市"夜经济"号召,爱琴海购物公园快速推出"YES街区",招募城市"地摊合伙人",并优先招募暂失业人员,公益性促进社会就业。7月17日开市后,啤酒龙虾烧烤、音乐餐吧、原创手工饰品、慈溪特色老字号美食等多个

摊位商家吸引了众多市民，而极具潮流创意的集装箱舞台、大唐不倒翁、地键钢琴、夜光网红篮球场等也成为了青年人新的社交打卡点。首个夜间经济地标商圈成功"出圈"，各类接地气又极具创意的活动让市民们拥有了极具沉浸式的社交生活。

双店联动，"泛爱琴海"引爆惊喜

加强社群营销，进社区了解消费者需求；与商户同舟共济，给予政策上的优惠和减免；积极加强品牌合作，获得城市、全国销冠……即使在疫情期间，爱琴海购物公园的商业运作也丝毫没有停歇。从2018年开业到如今，祁文波和他的团队们不断完善、亮化外立面的表达；创新经营理念，推出新能源汽车俱乐部；积极贴近消费者需求，开放广场停车位……新城大道上，爱琴海购物公园正逐步迈入正轨，而在高新区，另一家别具特色的爱琴海购物公园也已开业迎客。慈溪高新区爱琴海购物公园的商业面积达9.26万平方米，目前已吸引百余家国内外品牌入驻，涵盖超市、餐饮、零售、潮玩、休闲运动以及娱乐体验等不同业态组合，其中娱乐体验业态占比超50%，"FUN爱趣野"这一特色主题吸引了大批消费者。2021年7月3日开业当天，慈溪高新区爱琴海购物公园就交出了开业首日客流超20万，销售981万元的优秀"成绩单"。

上篇　息壤小镇的那些人和事

这份优秀成绩单的背后，是消费者对爱琴海品牌的认同，更是爱琴海购物公园在定位上的一次创新尝试。

一城双店，如何最大限度地拓宽消费人群，让两个项目能在定位和业态上形成互补，形成双店联动模式，爱琴海人为此不断深耕现实、创新思路，紧紧把握人民对美好生活的向往这一时代主旋律，最终决定把慈溪高新区爱琴海打造成"国内首座农业与商业融合度假综合体"，让它成为消费者心中的"远方"，让消费者能够就近享受到"微度假"。

"既然叫公园，我们就把它做成公园。公园是老百姓休闲度假的地方，所以我们设计了农场、雪场、草坪、游乐场，我希望除了商品，还能给消费者提供一种生活方式，制造超越日常的度假体验。"用自然的元素创造"新生活与新场景"，将独特的农业资源、民宿资源，商业与现代化采摘经济、旅游经济相结合，他们给这一商业综合体冠上了微度假、旅游景点的概念。

微度假的概念不仅与爱琴海慈溪一店进行了错位互补，更将项目辐射半径扩展到了2小时车程，覆盖上海、宁波、杭州、嘉兴、苏州等地，让越来越多的消费者能重归自然，体验人与自然的和谐空间。

商业的发展代表着城市的繁荣，在城市的发展进程中，商业是极具活力的要素之一。祁文波认为商业之间并不存在竞争，商业代表的是共享、共赢以及共同生存。"商业只需要做好而已，蛋糕做大了，就不存在竞争。我们可以通过做好做精提升整个城市的商业标准和商业水平，从而吸引周边的客流，做大蛋糕。"祁文波希望，通过自己的努力打造出能引领城市时尚和消费升级的商业综合体，带动慈溪商业的发展，为慈溪这个城市的发展贡献一份力量。

调研手记

给商业综合体注入"社交"属性，将其打造成为名副其实的"购物公园"——爱琴海宁波城市总经理祁文波的决策，成功切中了当下年轻消费群体深层次需求：情感互动与交流沟通。

为此，爱琴海购物公园这一新兴的商业综合体品牌不仅引入了啤酒龙虾烧烤、音乐餐吧等各类"接地气"的餐饮社交业态，还设置了集装箱舞台、大唐不倒翁等诸多网红打卡点，在提升消费体验的同时，也拉长了社交"阵线"。"微度假"的概念引入，更是实现了同城双店的错位互补。正是如此清晰准确的市场定位与发展规划，爱琴海购物公园才得以真正成为宁波时尚生活的"风向标"。

11. 赫曼红云：

智慧消防　开启消防云新时代

2021年春节刚过，浙江赫曼红云数据技术服务有限公司董事长田仕祥启动了实体制造回归计划，6条无线烟雾警报器、用电系统设备等代工生产线将在今年完成从深圳至公司总部慈溪的转移，并在智慧消防产业园集聚落地拓展。这已经是田仕祥第二次实施回归计划了，从5年前的"消防云"回归到实体制造回归，赫曼"消防云"新技术、新感观、新管理模式打造的智慧城市应急管理、消防大安全整体解决方案，迎来了爆发式增长期，推动企业向上市运作的道路上迈进。

情怀为本　耕耘消防行业

在浙江赫曼红云数据技术服务有限公司展厅，不仅有像赫曼红云全国消防大数据物联网远程数据云平台、无线烟雾探测器（全域网）、无线燃气探测器（全域网）等科技感十足的智慧消防产品，也有使用在传统建筑消防设施安装工程的各种消防设备。从传统消防到智慧消防，田仕祥已经走过15个年头。在这期间，田仕祥以对消防事业的独特情怀，助力中国消防事业的飞跃发展。

2005年，抓住杭州湾新区大开发的机遇，田仕祥下海了，进军建筑业消防设施安装工程领域，凭借多年在建筑行业积累的底蕴和经验，田仕祥带领着20多人的消防建筑安装团队，辗转全国市场。"消防筑起了守护生命财产安全的最后一道防线，我们对此必须怀有敬畏之心，并以兢兢业业的心态面对消防事业。"田仕祥回忆起当时做工程时的情况说，"我们一直严把消防质量关，对所有材料供应商提供的消防产品都严格把关。

我们承接的消防工程中，没有一个通不过验收的工程。"

从2008年到2010年，田仕祥承接的消防设施安装工程项目达到了最高峰，三年来一共完成了86个工程，工程数量连续三年居宁波第一。就在传统消防工程事业蓬勃发展之际，田仕祥在杭州接触到了最前沿的物联网"云"技术，而这次碰撞，直接在他脑海里擦出传统消防走向智慧消防的火花。

那是2014年，也是田仕祥消防事业的转折之年。那一年，田仕祥在偶然的机会下，与阿里云的高层针对物联网技术的应用进行了深入的探讨。"经过这次探讨、剖析，我明白了物联网时代已经到来，消防事业要实现全新的发展，必须插上物联网的翅膀。"田仕祥说，"我直观地认识到，消防物联网时代的到来，我们有使命也有责任把更智慧、更安全、最前沿的技术应用到消防火灾隐患的工作之中，助力中国消防事业的飞跃。"

在这之后，田仕祥来到了北京中关村，开始着手研究消防大数据、大平台的相关技术，通过自己的努力推动传统消防事业的迭代升级。2015年，带着智慧消防最前沿的技术和成果，田仕祥回归慈溪，成立了浙江赫曼红云数据技术服务有限公司，并首次提出了"消防云"的全新概念。第二年，赫曼红云与中国电信服务有限公司建立战略合作，在慈溪市电信局一楼机房大厅，田仕祥建立全国首个消防物联网大数据运管遥控中心，赫曼红云智慧"消防云"事业也在全国范围内，以成熟的商业模式推广落地应用。

创新转变　打造智慧消防

数字经济，智慧消防，服务创新，将公司总部落在慈溪的田仕祥实现了赫曼红云从体制到运营策略的全方位创新，并首创了中国红云消防管家品牌。以2017年4月开拓黑龙江大庆市石油城消防客户为新起点，赫曼红云智慧消防进入快速发展期，仅半年时间就新增客户近千家，并于2018年、2019年迎来爆发期，每年新增消防客户上万家。目前，赫曼红云消防客户2.6万家，覆盖黑龙江、湖南、辽宁、重庆、内蒙古等全国19个省（市、自治区）。云平台分支机构由2018年的40家增加到现在的146家。

伴随数字经济浪潮成长，田仕祥作为中国消防物联网大数据红云计算从0到1的开拓者，以"物联世界、平安中国"为使命，实现"人防、技防、物防"的消防模式升级。赫曼消防云提供高品质智慧消防技术＋服务物联网创新解决方案，赫曼消防云平台技术支持功能已涵盖生命安全通道视频监控、消防设施配备巡检、实时火警监测、消防设备故障诊断告警、值班人员现场缺漏巡岗、消防管道水液压力水箱水池液位报警、室外消火栓与消防自然取水口及地理位置显示、火灾现场就近救援机构（含专职队）位置显示等系统，还有智慧用电监测、九小场所和出租房无线智能预警等，还具备建筑消防工程安装、维护保养、安全培训等消防行业生态链专业服务，并在多个城市智慧消防物联网管、防、监及安装维护等行业得到了广泛的应用。

借助北京飞地研究中心技术支撑，从1.0版、2.0版到消防安全信息传递装置5G应用研发成功，田仕祥不断对赫曼消防云平台技术进行迭代创新，引领行业数字化方向。赫曼消防云核心技术装备消防现场水量监测手机APP终端、消防车液体灭火剂量自动监测显示系统曾获北京市公安系统科技创新成果奖。2020年，浙江赫曼红云数据技术服务有限公司因"互联网＋消防"这一大数据云计算技术与模式应用成果上的创新，获得宁波市大数据局100万元奖励。同时，宁波市内多个景点也纷纷纳入赫曼红云智慧消防大数据监控云平台，如奉化雪窦山5A景区。

"消""防"结合　提升安全意识

"消防、消防，消与防两者之间不可或缺，赫曼红云就是通过消防结合，提升全社会消防隐患安全意识，提高单位责任人应急管理水平。"田仕祥说，"消防云最大的社会效益就是实时掌握各类安全基础设施的运行状态信息，监测各防区火灾安全隐患信息，及时发现并处置火灾隐患，为火灾救援和逃生争取最佳时间，避免恶性事故发生。"

近年来，消防云多次捕捉到宁波地区多地发生的真实火警，充分体现了消防物联网技术应用对火灾初发时进行有效智慧防控与扑救的重要性。田仕祥认为，尽量少发生一些火灾事故，正是智慧消防的目标，为此增强消防安全防范意识更是十分重要。

田仕祥成立的慈溪市赫曼消防职业培训学校是由慈溪市人社局批准的唯一一家市内消防职业培训学校，专业从事建（构）筑物消防员职业资格培训、注册消防工程师考前辅导培训等各项专业培训，田仕祥认为，消防职业教育事业是一项功在当代、惠及千秋的光荣事业，赫曼消防学校将为延续"消防云"开启新时代的使命，

为我国消防事业的发展培养合格高素质的消防安全专业人才，为消防工作社会化做出更大的贡献。

调研手记

抢抓浙江数字化改革新机遇，以宁波制造业沃土为依托，浙江赫曼红云数据技术服务有限公司成功挖掘出了发展"新蓝海"：以"消防云"新技术、新感官、新管理模式打造的智慧城市应急管理、消防大安全整体解决方案，为城市"数字大脑"的发展与跨越提供先进技术支撑。

严把消防质量关、引入"智慧消防"新理念……赫曼红云的实体制造业回归，最终带来了从体制到运营策略的全方位创新，带动全产业链提档升级，为守护一方平安做出贡献。坚守主业、创新赋能，赫曼红云的发展之路，正是宁波千万传统制造业企业转型发展的真实写照，向着高质量发展的目标加速进发。

12. 众车联：

为构建汽车产业新格局全面赋能

2018年6月9日，中国首个汽车全产业链创新综合服务平台（以下简称"众车联"）上线。2021年，"众车联"上线已满三周年，交易额累计突破170亿元，企业会员超过900家，直接为企业降低采购成本10%以上。

平台通过整合汽车零部件企业的采购和各项公共服务，帮助上下游车企降本增效，推动汽车产业高质量发展。曾先后被列入宁波市供应链体系建设项目、宁波产业互联网先锋企业、中国产业互联网TOP100、慈溪市互联网服务平台、宁波市中小企业公共服务平台、宁波市优秀工业APP名单。

先行先试，众车联平台应运而生

众车联信息技术（宁波）有限公司成立于2017年，公司注册资金5000万元。在慈溪市委市政府的大力推进下，由甬城汽车零部件产业重点企业宁波华翔电子、宁波福尔达和日本知名上市企业大日光集团-赛斯（香港）等国内外汽车零部件龙头企业和共青城征途基金、蓝源资本共同发起成立产业共享经济平台。

随着汽车智能化及相关制造业技术的不断创新升级，零部件厂家及相关制造业在研发、采购及制造的成本持续上升；跨国公司在芯片、集成电路、传感器等电子元器件上的采购成本远低于国内单家采购的企业；单家采购量少的企业，不但价格高，而且存在延期和断供风险。如何为企业降低成本，提升产业链供应链稳定和安全？

谈到几年来走过的历程，作为联合发起者、福尔达创始人龚福根感慨地说："以'集中采购'为切入点，为产业链、供应链上下游企业提供云集采、云物流、供应链金融、智能制造、大数据等创新服务，这不是单个企业的电商平台，而是立足于汽车全产业链的行业级整合服务共享平台，致力于以创新经营模式解决行业级痛点，重构产业价值链与服务链，打造产业新经济、新业态与新模式，建立汽车产业智能互联、服务共享的智慧生态系统。"

慈溪是国内汽车零部件产业的重要集聚区域，相对国内其他省市地区来说，面临的供给侧结构性改革任务更为艰巨，如何打好这场攻坚战，关键在于找到有效的突破路径。众车联平台的成立，为慈溪找到传统制造业供给侧结构性改革的突破路径，也为慈溪其他传统支柱产业的整合与供给侧结构性改革提供有益的借鉴。

在经济新常态的背景下，推动互联网经济与实体经济、传统产业经济的融合发展，已经被明确为国家战略。党的十九大报告提出，要"推动互联网、大数据、人工智能和实体经济深度融合"，习近平总书记在中央政治局第三十四次集体学习时指出："要推动数字经济和实体经济融合发展"。众车联的上线及行业大数据中心的成立，正是贯彻落实习近平总书记这一重要讲话精神的实际行动。

三年一跃构建共享经济新生态

"众车联"秉承共创、共享、共赢的理念，以"汽车产业链+互联网"为路径，以"供应链创新服务"为抓手，以"金融+资本"为手段，以"人才资本化"为引擎，优化产业结构，推动供给侧结构性改革，将传统汽车零部件产业与互联网及金融资本深度融合，构建汽车产业上下游协作共赢的生态系统，开展基于汽车全产业链的创新综合服务，创新汽车产业链、供应链和服务链。进而构筑从供应链平台到产业投资平台、整车服务平台、汽车后市场平台、金融保险平台的五大平台和人才中心、智能网联创新技术中心、试验检测中心、标准化中心、信息技术中心和大数据中心的六大服务中心。

众车联提供行业应用服务,实现行业联动,打通上下游信息,解决两端信息对称问题,从而有效节约社会资源,推动企业改革,助力企业运营的规模化、集约化、互联网化、智能化、效益化。目前已形成由中国汽车零部件工业公司原总裁田亚梅等为核心的高级管理团队,由中国汽车零部件专家、一汽集团原采购部副部长、奥迪国产化第一人张扬等为核心的顾问团队。平台现有项目运营团队具备汽车零部件企业多年经营管理经验及产业互联网领域实战经验,技术研发团队具有丰富的产业互联网和汽车产业信息化经验。

众车联平台从供应链切入,依托发起股东核心优质资源,通过云计算、大数据、互联网等技术途径和汽车零部件产业链的融合,建立集中采购、源头采购、集中物流、集中融资、智能制造等产业创新服务,减少中间环节提高协同效率,帮助上下游车企降本增效。通过众车联"集采平台",采购芯片、集成电路、传感器、LED等电子元器件和工程材料,可大幅降低采购成本。据统计,通过"众车联"集中采购电子元器件、集成电路、芯片、传感器、LED等可降低10%~36%的成本,采购塑胶原料等可降低5%～18%的成本。这样不但大幅降低参与企业的采购成本，同时在价格和交货期上能享受与博世、大陆、电装等跨国公司类似的待遇，确保了产业链、供应链的稳定，提高了企业在国际上的竞争力。

技术创新，服务增值。平台自建完善交易系统，可实时获取会员交易信息，与第三方大型物流公司合作，完成货物运输实时监控，与银行对接实现线上支付功能，已实现信息流、物流、资金流三流合一，形成较完善的供应链体系。已获得6项计算机软件著作权，正在申报3项发明专利，并完成服务系统和业务系统两个模块的开发，主要包括B2B供采交易系统、数据EDI交互系统、移动信息交互系统和供应链SaaS云管系统。

强链补链谋篇布局双循环

芯片短缺，供应不足，给我国大部分车企造成了不同程度的影响。此外，欧洲和东南亚受第二波新冠肺炎疫情的影响，主要芯片供应商降低产能或关停工厂的事件陆续发生，这进一步加剧芯片供需失衡。同时，原料短缺、运输瓶颈和价格飙升正逼近有史以来的最高水平，给下游企业带来压力，特别是中小企业多数处于产业链中下游，对成本压力的传导和消化能力较弱，受到不少影响。

而从需求看，在智能汽车发展日益增速的大环境下，电子元器件及芯片所占比重越来越大，已占整车成本的30%～35%，中国企业采购成本却远高于跨国企业，务必集中采购降低成本，增加国内企业竞争力。

打通内循环，为提高原材料供应链的稳定和安全，推进国产化替代，为产业稳定做贡献。在符合主机厂技术标准并经过试验检测认可的前提下，众车联向采购商推荐本松A180R64国产化替代东洋纺JF-792DG，并通过第三方认证，达到主机厂各项质量要求。实现采购价从59元/kg降低到38元/kg，参与企业降本比例达到35.6%。通过集中采购工程塑料，材料国产化替代进口，降低采购成本，同时为中国工程塑料生产企业提供了出口到国际市场的机会。

谋篇布局远征未来。众车联将与阿里集团联合打造"数字化未来工厂示范区"，区内将招商引进芯片、电子元器件、新材料等行业相关企业投资建厂，提升完善当地汽车产业链稳定和安全，同时区内配置一批高端汽车零部件制造企业，所有企业免费使用众车联提供的云MAS系统，构建数字虚拟工厂，实现传统汽车零部件制造业转型升级高质量发展，全面打造成为新一代信息技术与制造业融合发展的创新综合服务平台。

调研手记

在经济新常态的背景下，互联网经济与实体经济的融合发展势在必行。平台经济的核心是借助互联网力量，不断为他人创造价值。众车联通过技术创新和商业创新，将互联网与产业紧密结合，一头链接供给端，一头链接需求端，帮助汽车企业破解采购没有定价权、物流效益低、融资困难、技术创新难等一系列问题，实现高效、低成本的产品交换与资源配置。在此过程中，众车联也释放出了平台的大能量——三年交易额突破170亿元，企业会员超过900家。

当然，平台是不断进化的，新的平台会持续出现。众车联要青春不老，必须坚持它的设立初衷和平台定位，即建设汽车全产业链的智能互联和服务共享的智能生态系统，让汽车产业链上下游企业都能参与，成为所有利益相关者的集合，这样才能打造一个更具凝聚力和可持续发展的平台。

13. 酒逢商贸：

创新转型　酒久堂高质量发展步入快车道

扎根慈溪30年，宁波酒逢知己商贸有限公司伴随慈溪经济腾飞，积极践行创新理念，实现了跨越式发展和高质量转型，也折射出改革开放以来慈溪民营企业迸发出的强大活力。

从2015年开始，徐士青涉足茅台事业，开始收藏陈年茅台等名酒，面向全国市场，以拍卖形式起步，足迹遍及北京、上海、香港及海外等地。2018年结合市场动向，同时做起茅台新酒和次新酒生意，使公司一举成为集老酒收藏、鉴赏、文化推广于一身的行家和引领者。

"徐茅台"跻身茅台财富圈。而他自己却说，当初的梦想只求量，其实是不对的，如今令他自豪的不再是难以计数的真酒，而是这些酒一直处于快速流转状态。他提出了公司的宗旨：让成功的人喝到真茅台。能与全国各地的酒友分享，让更多的人学会鉴别真假，这才是最大的快乐。2016年，由季克良题写书名，徐士青和杨振东主编的《茅台酒图志》问世，一时风靡茅台酒收藏圈，成为一本不可多得的"教科书"。2020年，继《茅台酒图志》之后，徐士青再次出资，由市国酒茅台文化研究会执笔《茅台酒道》，万里长征路，千里赤水行，为探求一个故事，为寻得一张图片，编辑人员付出了不懈努力。这本书也得到了各级政府部门、专家、企业领导和媒体的关注和支持，经过共同努力，书稿已全部完成，于2020年春节期间问世。全书详细介绍了各种茅台酒的出厂时间，历史和文化背景，酒品特征，包装风格，既有翔实的史料性，又有幽默的故事性，既有实用的知识性，也不乏赏心悦目的艺术性。但愿《茅台酒道》的出版，能成为广大茅台酒收藏者学习、参考、提高的良师益友。

初心不改，致力分享。站在新的起点，徐士青以"为客户创造价值"为核心价值观，不断创新商业模式，斥资打造的"中国陈年名酒交易平台"即将上线，适时试水"茅台金融"产品，建立线上线下运营团队，服务大众，回报社会，力争成为行业领跑者！

一见倾心　永不言弃

因为热爱，才有激情；初心不改，方得始终。

徐士青先生于1992年从山东老家到浙江慈溪创业，以其敏锐的市场嗅觉从农产品批发起步，在家乡和创业热土之间架起"金桥"，将山东及各地优质蔬菜和农副产品，源源不断输送到慈溪和周边地区，丰富了当地人的"菜篮子"，也为自己掘得人生第一桶金。

进入21世纪，本着对传统文化的热爱，徐士青选择二次创业，将全部家当投入到文化领域，精准切入茅台老酒领域，成立了宁波酒逢知己商贸有限公司，集陈年名酒投资、收藏、鉴定、仓储及茅台金融于一体，为老茅台、真茅台的快速流通搭建服务平台，为"让成功的人喝到真茅台"以及推广文化茅台进行了不遗余力的探索，从而成为茅台达人，在长三角地区打响了"酒久堂"品牌。

徐士青平时话不多，但说起茅台会滔滔不绝；平时不喝酒，每天睡前却一定要喝2~3种茅台；别人床头柜边放书，而他放着各种茅台酒。茅台融入了他的生活全部，视茅台为知己，为茅台而痴狂。

说起当初由生鲜产业向茅台酒收藏领域转型的决定，徐士青信心满满。他说理由有三：一是市面上假茅台很多，许多朋友感慨难以买到真茅台，做真茅台，干良心活，肯定会有较大的施展空间。二是市场紧俏，新酒都供不应求，陈酒更是一酒难寻，相对于"静态"的青瓷收藏，茅台收藏"动感"十足，保值增值空间大，变现能力强。三是茅台的不可复制性和稀缺性，拥有得天独厚的自然资源、工艺技术，最核心因素是地理环境决定的微生物发酵群，成就了市场稀缺和价格飙升的空间。

当今茅台已具金融产品、艺术收藏品、社交工具三种市场属性，且互相交织共融。首先茅台酒是一种金融产品和收藏品，传统工艺独特，具备不可复制性；其次茅台酒是身份象征，它不仅是一种陈年好酒，更是一种成功人士的社交工具。"贵州茅台"于2001年在上海证券交易所挂牌上市，普茅2003年开始热起来，2010年火起来。主要受公费消费刺激，2012年第一个顶峰达2200元。2013年中央八项规定一出每瓶跌到800元。2015年底由于百姓需求旺盛渐成"宠儿"，价格又逐年回升。2016年每瓶1000元，以后最高达2600元，2019年在2400元左右。2018年茅台酒实现销售654.87亿元，同比增长24.99%。2018年6月27日市值突破万亿以来，至2021年2月市值达3万亿，为全球市值最大的烈酒公司。

如今的徐士青，拼搏进取一路走来，三张王牌紧握在手。

王牌之一：建立市场收购网。根据对陈年茅台酒的分布情况分析，他一方面派出人马，撒网似地"收编"部分高档酒回收店，另一方面设立自己的回收网点。5年来，徐士青已完成本土全部，沪杭甬大部分，及济南、深圳、武汉、长沙、西安、商丘、临沂等20多个城市的回收网点布局。网点把好第一关，当地集中专业人员把好第二关，省市区块负责人组织专业检验团队把好第三关，到了徐士青手上已经是第四关。

王牌之二：建立收藏馆。铁盖茅台2015年底每瓶7000元，现在2万余元。徐士青接受采访时笑着说："当年我有个愿望，什么时候能拥有一万瓶各年份老茅台酒，将是十分快乐的事！"如今，徐士青的梦想早已实现，他的收藏馆共有跨越60多个年份、1000余品种的近5万瓶陈年茅台和其他老酒。

铁盖茅台已不在话下，他收藏的20世纪70、80年代的"三大革命""地方国营""黑酱"（黑色陶瓷瓶）"黄酱"等每个品种200余瓶，现在市场价几十万至上百万元价格不等。而2000年前的各种茅台酒都是装箱打包，以件计数，放满一层楼的库房。在收藏茅台的过程中，徐士青深深地被茅台神秘的生产环境、特殊的酿造工艺，厚重的文化积淀，及其他酒无法比拟的历史贡献所震撼。特别是茅台酒的历史之久，品类之多，设计之精良，大大超出他的想象。各种专供、专用、特制等没在市场流通的种类就更加难以统计。而各种纪念版更是数不胜数：全国56个民族每个民族都有纪念版；各大庆典、香港澳门回归等。别说普通消费者，就是致力收藏茅台的一般专业藏家，也很难集齐。

王牌之三：建立拍卖通道。徐士青作为国内顶级拍卖公司的战略合作伙伴，茅台酒独家提供商，每年都在为北京、上海、香港等地的国际拍卖活动而忙碌。2017年、2018年两年，他从未缺席国内外大型知名拍卖公司的重要酒类专场，并屡有骄人的成交纪录。在2017年北京匡时"琥珀经年——陈年茅台专场"，徐士青提供的压轴藏品是一瓶20世纪40年代的"赖茅"（茅台前身），落槌价达258.75万元。高强度、快节奏的拍卖不仅让徐士青得到了可观的收益，也让他收获了珍贵的友情。在徐士青的电脑中，储存着100多张与各界名流的合影照片，很多都是让人眼熟的企业家、专家、官员、作家、画家、艺人。

凭借三张王牌，徐士青跻身茅台财富圈，成为茅台达人，好多人都叫他"徐茅台"。"徐茅台"初战告捷，开始在圈内闯出名堂。

三招绝活　进无止境

一个行业的立身之命、强身之本，在于既要有资本硬实力，又要有技术软功夫。"只有阅酒品酒无数，才会有谈笑间一锤定音的自信从容。"在徐士青看来，这种软功夫主要体现在识别真假、品出优劣的"看""听""品"三招上。

"看"穿真假靠苦练，古玩眼光去识别。主要用于真假茅台酒的外观识别上。徐士青说，一般买了茅台酒，首先从外观酒瓶开始观察。一个茅台酒瓶，浑身都是防伪"暗记"。仅"飞天"就有30多处。如几处是真不一定真，一处是假，则一定是假，实现一"假"否决制。不同年份、不同品种、不同规格设不同防伪"暗记"。比如20世纪90年代的飞天茅台背标中暗藏有"黑点"，这一暗记处于左侧麦穗图案上，从红色板块边沿向上数右侧第二颗麦粒的麦芒与第三颗麦粒的夹缝处，有一个小黑点，形状如同一根小尖刺卡在夹缝中。

经过多年的学习，加上长时间在自己的仓库中进行反复识别、揣摩，不断用怀疑的眼光认真对比，虚心向老前辈请教，徐士青练就一双"火眼金睛"，对茅台酒，远处一看便知真假。

"听"出仿冒真本领，多年积累才有成。主要用于旧瓶装新酒的"换标"识别，有高仿、低仿之分。这种茅台酒在日本、东南亚市场华人圈中发现较普遍。这些酒看瓶都是真的，但里面被灌装了其他系列酒或假酒，单看外观是不够的。凭深厚的积累，徐士青只要晃动酒瓶一听声音，就能辨出年份，"新酒爆裂声音脆，老酒比较黏稠（柔）"，徐士青如是说。

"品"出优劣凭味蕾，提倡品酒不拼酒。用上述"看""听"还不能识别真假、优劣的，就要选择品，"品"真假、断优劣。方法之一：真瓶装假酒。所有茅台都有独特的酱香，仿品即使像，但差距仍然大，假酒一闻便知。方法之二：真瓶装真酒。主要是用老的茅台酒瓶，装新酒或次新酒，比如一瓶95茅台瓶里面装的新茅台酒，以新充陈卖高价。通过品，才能判断出年份长短、品质优劣。一瓶20世纪60、70年代的老酒，品相及酒质好坏与储存环境至关重要，要求温度低（25℃左右）、避光、直立存放。温度高、时间久了会蒸发，影响口感，挥发香气，酒质和价格也会大打折扣。因此即便是一瓶没有被"偷梁换柱"过的老酒，因为保存的缘由，酒品也分优劣。

徐士青说：过去饮酒后都要饮酒作赋，而当下随着生活节奏的加快，一些人对酒文化的理解越来越庸俗化，甚至声色犬马，什么"感情深、一口闷"，什么"宁可胃上烂个洞，不让感情裂条缝"，这都不是酒文化，对酒是一种浪费，对身体是一种伤害，对酒文化更是一种亵渎。徐士青呼吁大家倡导正确的酒风，不超量、不拼酒，让酒文化成为一种高尚生活元素。

而当谈到如何"品"茅台，徐士青介绍说：酒杯大小要适中，最好用飞天小杯，举杯轻摇，其香扑鼻，缓呷一口，用舌尖将酒分布在口腔内，感受其张力（爆发力），让口腔初步适应酒的力道，然后慢慢咽下，喉咙、食管会有一种舒适、自然之感，这时高手可以初步区分年代、鉴别酒质。再倒一杯，让酒气从鼻腔、口腔中慢慢喷薄而出，充分调动味觉和嗅觉神经，去体味、感悟酒分子的香味，去捕捉、享受其香味的层次感，香气越足，年份越长久。滴水穿石非一日之功，品茅台靠味蕾的灵敏度，为此徐士青每天锻炼味蕾，因此才有了每天睡觉前喝几口不同年份、不同品类茅台酒的习惯。

三招绝活闯天下，"徐茅台"在圈内名声大振，每天电话、微信不断，有的发来图片请求鉴定，有的邀请去应酬现场裁定。去年很长一段时间，徐士青为辨别

"真瓶装假酒"东奔西忙。北京有一位著名企业家,来电话说:他买了一批20世纪70、80年代的老茅台,价格只有市场价的一半,请徐士青上门鉴别一下。在价格透明度很高的今天,根本没有可能买到半价酒,徐士青劝其以后不要再贪便宜,"便宜无好货,好货不便宜。"果然,经徐士青鉴定,这批老茅台被"狸猫换太子",老瓶里面装了新酒。还有一种情况是,有的消费者到商家去买茅台酒,虽然卖家信誓旦旦保证是真酒,但实际上其不具备鉴别真酒的能力,消费者有可能买到高仿品从而吃大亏,所以渠道一定要正。

品端行正　厚德致远

徐士青始终牢记:品端行正,厚德载物。酒品即人品,酒的一半是文化。他曾得到两位贵人指点迷津和谆谆告诫。

早在2010年从事收藏时,认识了日后对他人生产生重大影响的人物——浙江省收藏协会副会长兼秘书长、著名古陶瓷专家贺善达。一个良辰吉日,徐士青专程来到杭州,在贺善达的点滴斋,徐士青叩头施礼,以茶代酒敬奉恩师。贺善达将一块玉佩送给徐士青。在业界德高望重的前辈、司仪、各界来宾的见证下,徐士青成为贺善达的第56位弟子,也是关门弟子。贺善达语重心长地告诫徐士青,搞收藏首要的是学做人,人品高于藏品,品端才能行正,行正才能致远。

另一个是酒文化的引导人——茅台集团前董事长季克良,教他茅台收藏文化和鉴真技巧。当徐士青慕名找到在上海赋闲的季克良先生时,愣了一下,季老没有变样。原来两人是"老相识"了,初识季老是在茅台酒的包装盒上,2006年出品的茅台"高尔夫会员酒",酒盒上印着一位挥杆击球的老者,身着粉色衬衫、白色西裤,满头银发的绅士,气质高贵儒雅,便是季克良先生。茅台老总为茅台代言,一时传为佳话,"高尔夫会员酒"成为收藏热门。

季老对专程拜访他的徐士青非常欣赏,把茅台酒几个鲜为人知的历史节点,各历史时期茅台口感的微弱差别,以及茅台酒在我国内政外交上的趣闻逸事,一一讲给敦厚好学的晚辈,徐士青受益匪浅。

没有文化武装的企业做不大,也走不远。徐士青深谙此道,筹建的慈溪市国酒茅台文化研究会于2019年正式成立。该会致力于酒文化的研究和传播，聘请了数名国家级品酒师及老酒鉴定师，组成核心专家团队，专注研究国酒茅台，旨在通过平台重拾历史高雅文化，讲述国酒茅台的故事，挖掘酒文化背后的真善美。研究会成立以来，陆续与国内诸多同行、行业协会建立联系，开展多场联谊活动，以及免费鉴定活动，让"茅粉"和普通藏友受益，服务于大众。从茅台文化到文化茅台，徐士青不遗余力，"徐茅台"的名声也传播得更远。2020年8月17日，季克良先生专程来到慈溪拜会了徐士青，对他坚守茅台酒收藏领域以及致力于茅台酒文化的传播给予了充分肯定。

调研手记

酒逢商贸从收藏陈年茅台酒起步，走出了一条产业拓展、创新转型的高质量发展之路。这家酒企的成功，首先得益于有一个灵魂人物徐士青，他对收藏茅台酒"永不言弃"的执着追求，让酒逢商贸后来居上，成为中国酒文化精髓的传播者。其次，公司十分重视品牌建设，通过朋友圈的口碑相传，在长三角地区打响了"酒久堂"品牌。当然，品牌的基石是质量，正是由于徐士青对收藏茅台酒质量的严格把控和高超的假酒判断技术，让他在业内声名鹊起。最后，公司信守"诚信为本"的经商理念，干良心活，赚良心钱。

文化营销是一种境界，做酒企业亦如此。徐士青的格局、胆识和智慧，让其起点较高，引领中国茅台酒收藏市场。未来，徐士青和他的酒逢商贸发展舞台会更广阔。

14. 美佳网络：

锚定新方位　奋楫新时代

志存高远，奋斗以成。许周军自计算机及复印机应用与维修专业毕业以来，发挥专业特长，脚踏实地，持续创业，成为慈溪办公设备租赁行业的佼佼者。

步入新时代，许周军顺应企事业单位办公数字化的发展趋势，以合作共赢为纽带，以人才培养、模式输出为手段，带领员工同创共享，深耕余姚、慈溪等市场，矢志把"美佳"打造成慈溪乃至浙江省内闻名的数字化办公服务营运商。

一个IT行业的技术达人就这样踏浪前行，追逐着新时代"潮人"的创业梦想。

转型租赁赢新机

科班出身总是让创业未来可期。1996年，许周军从计算机及复印机应用与维修专业毕业后，在宁波打拼。初入职场，他勤勉好学，成为技术骨干。三年后，他回到慈溪自主创业，专业从事计算机、复印机维修。由于他长年累月精益求精，技术十分娴熟，只要稍作摆弄，便能找准症结，成为慈溪远近闻名的维修达人。一个个帮工、学徒也相继从他那里学成毕业，裂变成一家家遍布城乡的维修店。许周军的维修店很快被戴上"黄埔军校""创业摇篮"的桂冠。

许周军并未陶醉在"维修名师"的赞誉中，而是向着更高目标迈进。2002年，他利用业已建立的人脉关系，开始涉足办公设备的销售和租赁业务。展业时，他敬终如始、坚守初心，坚持诚信经营、保姆式服务。一旦客户有服务需求，只要能腾出时间，不论严寒酷暑，不论白天晚上，他都亲力亲为，及时上门，力求今日事今日毕，俨然是个"拼命三郎"。

渐渐地，许周军名声大振，销售、租赁业务风生水起，客户遍布慈溪、余姚的各类企事业单位。

"从办公设备维修，到销售，再到租赁，看似经营方式的迭变，实为时势逼迫的无奈之举。"回忆起当初的果敢转型，许周军既辛酸又欣慰。

当时，设备维修因投入少、门槛低，同业竞争十分激烈，逐渐从"香饽饽"沦落为吃不饱、饿不死的夕阳产业。相反，轻资产服务在欧美却十分流行，在中国的一些大城市也逐渐被接受。经过调查，许周军更加清楚，办公设备租赁对企业客户来说，有明显优势。一是企业可以按需使用，随租随还，无需过多存储，使资产更具灵活性；二是固定IT经费，无需考虑维护成本，管理层可将更多精力集中在核心业务上；三是不占用现金流；四是让专业的人做专业的事，服务质效更高。许周军看得清、想得明，把扩大租赁业务作为主方向，勇毅前行。

经过几年的持续调整，许周军赢得了新机。2015年，许周军审时度势，以股份制形式，与慈溪其他同行强强合作，成立了慈溪市美佳网络科技有限公司，经营业务从原来相对单一的计算机、复印机、打印机等普通办公设备租赁、销售，拓展为包括计算机软件定制、网络工程、系统集成、净水器租赁等在内的办公设备综合服务。

从此，企业如日方升，发展空间再度迅速打开。2020年，"美佳"经营总额达1200万元，比原先两家企业的总和翻了两番。

数字路上谋新篇

"突破瓶颈后的喜悦，是对自己不懈努力最好的回报，更是对自己继续奋斗的鞭策。"许周军深知，"美佳"只有不断捕捉消费新趋势，抢抓消费升级机遇，才能乘风破浪、扬帆远航。

如今，80后、90后为代表的新思维人群引领消费潮流，办公新时尚快速流行，这些为"美佳"带来了新的机遇和挑战。

虽有智慧，不如乘势。2020年1月，许周军顺应时代发展，带领团队绘制"数字化办公服务运营商"蓝图，积极为慈溪各企事业单位、学校、医院打造数字化办公、数字化管理及数字化营运提供全方位服务。

锚定新方位，奋楫新时代。当年，"美佳"加入了中国租赁俱乐部，并通过俱乐部集中了全国行业领先的各大供应商作为公司的合作伙伴，致力提供更加绿色环保的租赁设备。目前，深度合作的产品有：专注绿色、环保办公的爱普生系列打印机、复印机，涵盖整个企事业单位网络覆盖、数据运行等所需的H3C全系列产品，注重产品性能、提倡节能环保的AOC系列电脑一体机，提高企业运行管理能力的专属云桌面，还有智慧校园系列产品、智慧医院系列产品，等等。

在为客户打造数字化办公的同时，"美佳"数字化管理、数字化服务也快速推进。公司对所有打印机、复印机安装了窄带物联网管理工具，让企业服务有"大脑"、更智慧，对每个设备工作状况一清二楚。这样，由原来客户告知的被动服务逐步转向了主动服务，大幅度提高了服务效率，降低了服务成本。

为使智慧办公服务运营"更美、更佳"，成为行业头部企业，许周军全力推行"事业共同体"理念，实施人性化管理，鼓励技术尖子、商务经理当老板，按区域建立小而美团队，加速推进"以消费者为中心"的区域业务模式。今年，"美佳"对所有员工做了一个长远发展规划，全面进行产品培训、沟通能力培训、无尘服务培训，大大提升了员工的综合服务能力。一荣俱荣，公司大家庭的氛围也越发浓厚。

调研手记

新势力，新境界。随着消费升级，挑战接踵而至，许周军及其团队越战越勇，"美佳"品牌越来越响！

从维修达人到自主创业，从一人当老板到带领员工同创共享，许周军的创业故事是创业创新大潮下一个追梦、圆梦的生动案例。许周军精准把握办公设备行业兴起的商机，满足人们对办公设备从买到租的消费需求，抢先一步布局，赢得商机，也打开了一片新蓝海。同时，许周军以技带徒，推行"事业共同体"模式，点燃了双创的火把，裂变出更多的小老板，这正是慈溪民营企业茁壮成长的原动力。众所周知，慈溪民营经济发达，市场主体众多，很多都是"老乡带老乡"迈上创业之路的。

顺应时势，踩准节奏。在数字化浪潮席卷之际，许周军和他的美佳网络又有了新目标——争当数字化办公服务运营商，希望美佳网络"更美""更佳"，早日成为细分行业的"小而美"企业。

15. 雅品进出口：

善谋善变拓蓝海　在创业创新大潮中踏浪前行

兵无常势，水无常形。只有与时俱进、因势而变，才能在创业创新大潮中踏浪前行、勇立涛头。杜万立就是这样一位善谋善成的创业者。

出生于1977年的杜万立，发扬专业优势，先后从事电脑销售、新中大财务软件推广、办公用品配送。随后，又乘势而上，从事加工贸易，以设计创新、技术服务、生产线输出，牢牢把握市场制高点，在低质低价竞争中突出重围。

去年10月，杜万立创建宁波盒知科技有限公司（盒知科技），着力开发区块链经济，致力于将互联网、物联网、互链网（区块链）技术融合在一起，打造"一物一码"溯源系统，成为行走在区块链前沿技术风口浪尖上的人。

"我不是在创新的路上探索，就是在路上实践创新。"杜万立以此为座右铭，激励自己奋楫逐浪、扬帆远航。

加工贸易：设计突围拔头筹

从商积累一定资本后，杜万立怀揣梦想，在创业路上不断实践探索。2007年，依托当地蓬勃发展的鞋服块状经济，杜万立开始从事服装加工贸易。当时，除少量服装是自有品牌，多数为代加工，产品附加值很低。由于服装加工是典型的劳动密集型产业，需要大量的员工，企业高峰时期工人多达1000多人，年产各类服装500万件。杜万立时常面临管人难、用工荒、同行之间压价竞争等一系列难题。

如何突破，实现人有我优？通过对周边工厂的了解及市场调查，杜万立发现一个共性问题，工厂都缺少设计。找准痛点后，杜万立便于2010年着手成立了设计、打样部门，由纯粹的加工贸易向"设计+加工贸易"模式转变。与之相适应，企业步步为营，推出一系列针对性举措：引进行业内知名的设计师，添置数码裁剪机，应用专业的设计、排版软件，缩短打样时间，及时供货高效服务……同时，迅速调整策略，发展外协加工厂，缩小自产规模，打造哑铃型企业——设计能力强，客户多元化，保留关键工序的生产能力。

经过两年多的调整，工厂由原先的1000多人降为400人，产能却上升至800万件，还增加了产品附加值，提升了工厂竞争力，生产经营步入良性循环。进退之间，企业专心做好设计、客户两端，推行"保姆式服务"理念，全面贯彻"客户有饭吃，我必有汤喝"的经营之道。这样，牢牢地抓住了客户，也走出了低价竞争的泥潭。2019年，公司服装出口量达1500万件，客户由原先的30多个发展到50多个，贸易往来的国家和地区涉及40多个，外协工厂达到11家。

杜万立由此及彼，把优质服务的经营模式推广到其他领域。不久，企业成立了日用品部门，涉足床上用品、厨房用品、卫生间用品，为客户提供多样化产品，还转型帮助客户打造产品应用场景，协助哈萨克斯坦客户建立55家连锁商场，可谓是"一年一个样，三年大变样"。

设备贸易：技术同行赢市场

机遇总是青睐善于思考的人。在对国内外客户的走访调查中，杜万立渐渐意识到，一些国家和地区，特别是欠发达国家和地区，不仅需要日用品，还需要设备进行再加工，更需要生产技术服务。

2014年，杜万立在销售尼龙、玻纤和助剂等新材料时，还附带技术配方，这让客户甚是满意，即使每吨比市场价贵500元，其产品也总是成为抢手货。这样，杜万立顺势而为，开始涉足加工设备贸易，包括塑料加工设备行业，如注塑机、吹塑机、再生粒子生产线、模具；金属加工设备行业，如5轴弯管机、花管机、焊接机器人、卷管生产线；家具加工设备行业，如数控开料机、高速自动封边机、木工柔性生产线等。

这三大加工行业的设备贸易有一个共同的特点，均需给国外客户提供技术支持及售后服务维护。为此，杜万立实施"保姆式服务"，努力让客户"买得放心、用得更放心"。他自行出资，不定期组织国内设备供应商的技术人员对国外客户进行指导、培训，获得了客户的信任和点赞，成功开拓出设备贸易新市场。

三年后，杜万立审时度势、乘势而上，在原有设备技术服务贸易的基础上，提供整套的产品生产解决方案。从平地建厂始，到成品出厂终，提供全过程、全方位的技术服务，主导国外客户从"0"到"1"的全过程。当国外的客户提出意向时，公司业务、技术人员先在国内寻找同类型的不同生产规模的企业，根据客户的投资预算，做初步的多个技术方案提交给客户选择，客户选中某个方案后，邀请客户相关人员来中国参观、做技术交流，先确定生产工艺、流程、关键设备，与客户共同制定设备平面布置图，作为厂房设计的主要输入依据。把国内先进的生产工艺、技术输出到国外，贸易从看得见、摸得着的实物变成一份份的规划、图纸，按照双方确认的项目实施计划表推进。后期设备的安装、调试、生产培训，杜万立都会组织各个供应商的技术骨干、工程师赴客户处面对面、手把手指导，整合国内资源。杜万立以"实"为本，善谋善成。目前，已为韩国、墨西哥、越南、泰国、哈萨克斯坦等多个国家的客户建立塑料加工、金属管材、板材家具类工厂，2017年、2018年公司获得慈溪市自营进出口十强企业。

为降低全球新冠疫情等公共事件的影响，顺应跨境电商发展趋势，杜万立于2020年11月建立了集"展、贸、储、运、金融、生产链"于一体的服务平台——慈溪汇，为本地中小企业和国外客户搭建平台，精准推送供需信息，促进外贸发展。

"三网"融合：万物赋智开新局

习近平总书记在中央政治局第十八次集体学习时强调，把区块链作为核心技术自主创新的重要突破口，加快推动区块链技术和产业创新发展。很快，国内掀起了区块链技术开发应用的热潮，"溯源"成为了2020年的热搜词。杜万立敏锐地察觉到，这将是一个新模式、新市场。

杜万立很快付诸行动。他认为中国的硅谷在深圳，2020年5月，他派人前往深圳寻找相关技术人员及公司，联合开发针对国内市场的应用系统。2020年10月，成立宁波盒知科技有限公司，隶属慈溪外贸集团有限公司，为品牌企业提供构建产品信用体系的软、硬件。

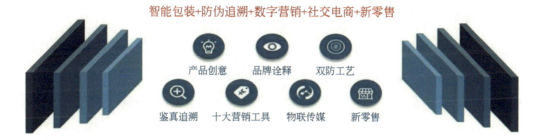

在盒知科技的演示厅，用手机扫一下红酒的二维码，就会出现诗情画意的场景；扫一扫展示柜中的白酒，就会出现贵州荷花酒业的配制过程；扫一扫名片，就会出现所从事的职业及特长……而这一切都具有唯一性。

"盒知科技就是将互联网、物联网、互链网（区块链）技术融合在一起，打造适用于各个行业的签真溯源系统和新零售营销系统、知慧物联赋能系统。"杜万立对未来信心满满。

杜万立介绍说，宁波盒知科技有限公司可对所有物品，通过北斗、Wi-Fi、

GPS、基站综合定位技术生成一物一码，在产品生产地所在的物理位置激活，上传到数据云端，采用区块链技术存证保证数据不可更改。不久，盒知科技还能将产品的仓储、物流、销售等所需信息上传云端，通过人工智能算法、云计算、大数据等技术建立企业私有化的大数据中心。同时，将融合二维码、NFC（近场通信）、RFID（射频识别）等多种感知入口方式，使微信、支付宝、抖音、快手等均可接入系统，实现全网连接在一起，使品牌产品保真，且易管、易识、易购。

将"三网"有效结合，适用于各种应用场景，需要的是软、硬件的技术开发人员，这恰是本地的人才短板。杜万立与深圳的多家公司联合开发，各取其长，形成战略合作伙伴，既解决了人才短板问题，也降低了开发费用。

万物互联，赋智赋信。杜万立再次站在创新发展的风口浪尖。

调研手记

曾经，"八亿件衬衫才换一架波音飞机"令中国外贸十分尴尬。雅品进出口演绎了一家代工企业三级跳的创业故事。与很多中国外贸企业一样，雅品进出口也是从代工起步，在用工难、利润低等难题的倒逼下，公司向微笑曲线的两端延伸，强化设计能力，提高客户黏性，提升核心竞争力。这样，公司走出了低价竞争的泥潭，站在了同行的前列。不止于此，雅品进出口还从加工贸易切入技术服务贸易，再到提供产品解决方案，从而实现了货物贸易和服务贸易的"两翼齐飞"，为慈溪外贸同行树立了标杆。

帮助客户打造消费应用场景，"三网"融合破解人才短板……雅品进出口的实践告诉我们，外贸创业创新只要方法得当，就能不断开辟一片新蓝海，实现完美嬗变。

16. 慈溪新娘会：

以爱之名　高端礼服"追梦之旅"

著名华裔设计师Vera Wang曾说："对一个女人来说，一生中最重要的时刻就是举行婚礼时，那是女人梦想的开始。我梦想成为一名杰出的艺术家，让婚纱成为一种艺术品。"慈溪"新娘会"的创办人徐佳瑜的梦想，则是让对浪漫婚礼有憧憬的准新娘，寻觅到适合自己的美丽婚纱。辞掉父母眼里的"好工作"，她在小区的20平方米车库自主创业，十余年间为追逐梦想闯出了事业上的一片天。

备婚路上的不顺　意外发掘商机

徐佳瑜老家在慈溪观海卫。2006年，她从中国计量大学国际经济与贸易专业毕业后回到慈溪，进入方太集团工作。"2006年，茅理翔先生开始了自己的第三次创业：创办了中国第一所旨在培养家族企业接班人和提升家族企业管理水平的学校

'宁波家业长青接班人学院'。"徐佳瑜说,当时身为院长助理的她,有幸参与了学院的筹建、师资库建设和学员管理等具体工作,"作为大学毕业走出校园后的第一份正式工作,其实是非常令人满意的,不论是公司开出的薪资报酬,还是在工作场合能接触到的人。"

但是,2008年开始备婚的过程,意外成了徐佳瑜职业生涯的转折点。挑选一件什么样的婚纱,是不少人备婚时候的"甜蜜烦恼"。这个烦恼,她也有。"对婚礼上需要的化妆、造型、礼服等,我都有自己的一套审美观。"但是,一边是工作上忙着培训、进修等各种事,一边好不容易抽出时间,在本地找了一些影楼去试妆、挑婚服,却都没有完全满足她个人心意和喜好的。"价格不便宜,品质却差强人意。当时影楼的妆容比较'流水线'化,大多'千人一面'。礼服则款式单一,还比较陈旧,不够精致,可挑选的余地更是有限。"徐佳瑜当时恨不得自己能有大把的空闲时间,可以飞去外地的婚纱源头市场,选购一款百分百称心的嫁衣。

说到爱美之心,徐佳瑜觉得自己应该有发言权。从初中开始,只有十几岁的她,就开始在意穿衣打扮了,甚至还会偷偷用下妈妈的眉笔等化妆品,给自己打造一个若有似无、老师和家长不易察觉的"素颜妆"。大三那年,学校的课业相对轻松些,身边同学要么加紧提升外语实力、要么兼职打工赚钱,徐佳瑜显得有点"不务正业",斥两三万元的"巨资",报名了毛戈平形象设计艺术学校。"读书时,我是'月光族',常常在月初就把父母给的零花钱花没了。"她说,"我想报班学化妆,口袋里钱不够,如果伸手向爸妈要怕被说,于是偷偷向外婆求助,最后从外婆那里

借到了一笔钱,凑够了培训费。"通过3个月时间在毛戈平学校的培训,徐佳瑜系统学习了彩妆、形象设计、服装搭配等内容,并在培训结束后取得了中级化妆师证。

筹备婚礼过程中的不顺利,让徐佳瑜发现了一个创

业机会。"我发现越来越多的准新人其实对婚庆跟妆、中高端礼服的需求越来越多，但本地能充分满足这种个性化、多样化、高品质服务的影楼或工作室其实并不多。自己会化妆又懂造型，为何不尝试开个工作室，做做化妆和礼服生意呢？这么想着，徐佳瑜动起了辞职的念头。"当时还是未婚夫的丈夫没说什么，一切尊重我自己的决定和选择。倒是家中父母表示反对，认为当时在方太的工作体面又有发展，不该'自讨苦吃'去改行创业。"徐佳瑜说。但是，父母永远拗不过自己的子女。看女儿坚持，徐佳瑜的父母最后便也默许了。交接完原有工作后，她正式辞职出来自主创业。

从20平方米车库到千余平方米写字楼

徐佳瑜是个说干就干的行动派。从毛戈平学校"回炉重造"一段时间后，2009年夏天，她在浒山虞波北园一间20平方米的车库里，自己买来彩色粉刷涂料、滚筒、化妆镜等，在家人的帮助下，用一两天时间DIY，便将灰扑扑的车库改造一新，开启了自己的新娘化妆和礼服租赁工作室——"嫣姿"。"因为是自家闲置的房产，所以没有租金压力。"她说，"给工作室取名叫'嫣姿'，是觉得婚礼上新娘脸上打的腮红，笑起来很好看。"

化妆技术虽是"现成"的，但徐佳瑜还是找了身边一众亲戚、同学来当模特，让自己练练手。待租赁的礼服，则是徐佳瑜做过"功课"从广东淘来的。"当时全球60%的婚纱加工，都是在我们中国完成的，销往中东、欧美等地区。所以想要找到跟得住世界潮流的'洋气'婚纱，可以直接去源头负责生产的外贸工厂看看。"她说，于是，她独自一人南下，辗转广东潮州、东莞的外贸婚纱代工厂，选购了20多件中高品质的礼服回来。"当时那些婚纱代工厂的产品基本都是出口的，我从网上搜索了信息主动找上门去时，工厂老板都很意外。"工作室启动资金大概三四万元，基本都被她花在了采购礼服上。

半年后，"嫣姿"工作室迎来了第一波陌生客人。其实，当徐佳瑜经常找亲友免费帮她们化妆、搭配造型练手的同时，她还在为自己"打广告"，通过本地论坛的"婚天喜地"板块，不定期地分享试妆照、婚纱照，分享国外婚纱品牌信息。一些时常在论坛潜水的准新娘被徐佳瑜的帖子吸引,慕名找到了这间"隐藏"在小区车库的小小工作室。

渐渐地,客人越来越多,一人难以周全接待,徐佳瑜便招了两个有毛戈平学校培训经历以及影楼工作经验的姑娘,跟着她一起干。20平方米的车库施展不开了,她又把工作室搬到了楼上150平方米的住房里。"搬到楼上后,丈夫给我提了个建议,说'嫣姿'这个名字属性不够明显,何不趁机换个直白点的名字,要不就叫'新娘会'。"徐佳瑜说。于是,"新娘会"就此诞生。几年间,"新娘会"在本地婚庆行业拥有了一席之地,一些同行甚至主动找上门来,或交流经验,或洽谈合作。

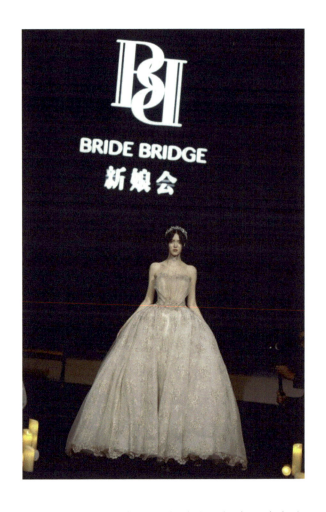

但"隐居"小区毕竟不是长久发展之策。2014年,"新娘会"搬至浪木大厦,从此实现跨越式发展,除了婚纱礼服租赁、专业造型设计,还主营婚纱礼服设计、国内外设计师品牌代理销售及租赁等业务,很快便在慈溪甚至宁波地区攒下了不错的口碑。除了硬件设施,徐佳瑜的"新娘会"还十分重视员工对时尚新知的汲取。新冠疫情开始前,每年都安排员工出国游学,去观摩米兰时装周、巴塞罗那婚纱周。徐佳瑜说:"2019年意大利米兰时装周,我们签下了日本设计师Yukinori的婚纱作品,成了该品牌宁波地区独家代理商,也是国内首批经销商。"

去年,"新娘会"搬迁至金帅大厦,顽强地挺过了疫情的考验。千余平方米的场地，让徐佳瑜有了更大的发挥空间。她花150余万元装修，目的就是为了前来试妆、试礼服的客人，能有更好的体验。目前，新娘会有员工15人，中高端中西式礼服千余款，还能提供私人定制服务。如何长期在市场站稳脚跟，徐佳瑜总结认为，靠的是"用心设计爱"的宗旨。"用心服务客户，设计满足不同需求，热爱每位客户和伙伴，才能成为中高端市场的性价比之王。"她说，未来2年，将继续在礼服租赁、定制这一低频消费领域保持高频的优质服务，让"新娘会"成为方圆200公里范围内同业中的佼佼者。

调研手记

婚庆产业是当前充满巨大商机、前景非常广阔的新兴产业，其发展趋势是分工越来越细，需求越来越个性化。徐佳瑜从自己的备婚不顺体验中萌发创业初心，创办了"新娘会"，并进入婚庆行业的中高端礼服领域。这是一个职场新手的创业试水，所幸徐佳瑜成功了，她的"追梦之旅"有两点可圈之处：一是利用自家闲置的车库起步，并从身边人开始拓展业务，靠口碑赚得"第一桶金"，这种做法值得初创型企业学习借鉴。二是用心，从去工厂源头找婚纱礼服，到提供私人定制服务，处处彰显婚庆行业的服务真谛。

中国婚庆市场经过30多年的高速增长，目前正面临转型升级的重要时期。徐佳瑜和她的"新娘会"在慈溪站稳脚跟后，正在扩大服务半径，力争成为婚庆行业的知名品牌。心之所向，无往不前，"新娘会"的未来可期。

17. 点吧科技：

慈溪宝典　筚路蓝缕驱动企业转型

走进智慧谷浙江恰恰智能科技集团有限公司一楼的"点吧科技"多媒体互动展厅，现代感与科技感扑面而来，电子沙盘、互动投影、透明屏、虚拟成像、多媒体智能中控等智能展示，将这家企业把脉潮流、走在科技前沿的特征尽情释放。

初见"点吧科技"创始人杨环，身着休闲正装的他看起来轻松自然，干练而专业。凭借着敢做敢拼的精神、敏锐深邃的市场洞察力，杨环迎着新时代的浪潮，一路奔跑在浪尖上，书写着一个又一个破茧成蝶的故事。

与时代同步　创二代掘金智慧商圈

你可能没有听过"点吧科技"，但一定听过"慈溪宝典"。2014年，当美团、饿了么还没有进军二、三线城市的时候，"慈溪宝典"已经打通慈溪智慧商圈的"最后一公里"，在"慈溪宝典"APP进行点餐下单，就能享受"典哥"带来的便捷服务。

"慈溪宝典"的创始人便是杨环。1981年出生的杨环从加拿大约克大学毕业，2005年回国后按父辈意愿投身到了家族经营的传统制造业。2008年，互联网风起云涌时，杨环嗅到了电商发展的前景，毅然转战电商领域。

"那时候，我在上海成立了公司做淘宝TP一块，专门帮一些品牌做代运营。"当时，电商市场代运营需求量大，杨环把握住机会，没过几年，他和他的团队就在电商领域如鱼得水，接过不少"大单"。2012年，杨环跟几个做淘宝的朋友在上海做了一个"智慧商圈"，首单就达到了500万元的销售额，这让他感受到了互联网带来的红利。

机遇总是垂青怀揣理想且勇于拓荒的人。2013年，慈溪商务局找到了杨环，向他提出"智慧商圈，智慧城市"的落地项目，非常希望他能够接手这个项目。是继续从事已经成熟的代运营业务，还是推翻一切重新来过，为自己的创业之路画上浓墨重彩的一笔？站在时代前进的浪潮前，杨环认真思索了很久，最终还是毅然决定回到慈溪，开启转型之路。

2013年5月，浙江万尊电子商务有限公司成立，杨环带领着他的团队开启了"e慈溪·智慧商圈"项目的大门，成功研发了慈溪本地首款手机应用软件"e慈溪·慈溪宝典"，并在公司专门成立了培训部，对每名配送员工进行全方位的培训。小到话术，大到服务精神和责任意识，真正让员工融入公司，成为公司的伙伴。2014年，"慈溪宝典"一炮打响，入驻商家近3000家，下载量达10万余人次，为慈溪人民的衣食住行带来便捷和乐趣，成为慈溪本地化O2O生活服务平台发展的一支"主力军"。

与创新同行　筚路蓝缕驱动企业转型

杨环说，"慈溪宝典"的成功运作，其实就是一个项目的实验室，把这个项目做成功了，每个城市就可以参照着进行复制。但由于"慈溪宝典"这个名字的局限性，无法复制，于是在2014年11月26日，杨环又在上海创立了点吧网络科技有限公司，从品牌的扩张到技术的研发，杨环都亲力亲为，参与其中。

但此后，杨环走过了一段充满激情也尽显筚路蓝缕的创业之路。由于企业融资问题，"慈溪宝典"最终没有成功运作下去，一边是企业300多名员工的安置问题，一边是谋求新的发展之路，肩负责任，杨环不断鞭策自己的同时也在不断复盘。他始终坚信：开放心态，共享经验，整合资源，再加上脚踏实地地干，就一定会成功！

"我们有一个几十人组成的软件自主研发团队，从2015年开始研发智慧城市建设解决方案，当时就打算在这方面下功夫。"杨环说，当时不是不进则退，而是不能不进，因为已经没有退路。他带着团队摸着石头过河，带领"点吧科技"升级为智慧城市建设服务品牌，产品包括智慧城市建设整体解决方案、城市智慧生活解决方案、各业态智慧应用设计等成熟的智慧城市建设模式。同时，杨环也在给各类展厅展馆设计和布置部分内容时，从中发现了商机。

"展厅展馆的声、光、电等布置都需要设计和施工,我们有人才有技术,能不能把它整合起来做?从设计、策划到项目落地,要做就要做全!"正是这个想法,让"点吧科技"重新焕发出生机。杨环一手紧抓研发产品新技术,一手深耕公司业务开发和经营管理,团队拧成一股绳,加上全息投影技术、高科技VR样板房、智能展示多媒体、互动软件开发等多媒体展览展示技术的支撑,点吧科技很快占领市场。

2018年,杨环接到了安吉余村的智能展厅搭建项目,团队通力合作,将这个"绿水青山就是金山银山"的美丽小村的故事通过智能展示方案娓娓道来,交出了一份完美答卷。此后,公司的业绩也成倍增长,迎来了发展的春天。

与未来有约 赴一场人与万物互联的故事

近几年,在"物联网"进军各领域的大环境下,各地展馆不断升级改造,各种展示人文、历史、城市、企业发展的展览馆、博物馆、企业展厅等更趋科技化、智能化与人性化,点吧科技的项目也纷至沓来。这几年,点吧科技承接并完成多个省市重要智能展示工程项目,并广泛应用于市政安防、政府管理、医疗查询、地产营销、展览馆、科普馆等各个行业领域。

2020年6月，杨环又创办了浙江恰恰智能科技集团有限公司，目前已经发展成为集智能展厅搭建、智能展示行业解决方案定制、智能展示软件系统开发、智能展示内容制作、智能展示项目运营于一体的技术型科技公司，以慈溪为总部，拥有上海、杭州、深圳、舟山等地的多家分公司，光慈溪总部就有100多名员工。无论客户有什么需求，都能根据不同情况进行私人定制设计。

但杨环依旧踏浪行波，没有停下步伐，"我想将'点吧科技'当成一份事业来做。"在谈到公司未来规划时，杨环清晰而掷地有声地说出自己的想法，一是发挥品牌优势，通过线上宣传和线下展会拓展全国业务，满足不同层次不同客户的需求，二是从服务商向服务平台转变，整合技术优势，拓展更多的全国合伙人，提升"点吧科技"的品牌价值。

"万物互联的时代，智慧应用的创业方向成为新的创业沃土，带来巨大商机。但商机背后，唯有不断强化核心竞争力，才能在市场竞争中赢得先机！"关于未来，杨环说，他希望能够迎着新时代的浪潮，带领团队赴一场人与万物互联的故事！

调研手记

中国消费浪潮滚滚向前，这背后的推动力正是接续换挡的发展动能、迭代成长的科技变革。点吧科技脱胎于"慈溪宝典"，从智慧商圈起步，逐步成长为慈溪本地化O2O生活服务平台的一支"主力军"，随后又升级为智慧城市建设服务品牌，提供智慧城市建设整体解决方案、城市智慧生活解决方案、各业态智慧应用设计等。点吧科技顺应了消费换挡、科技变革的大潮流，迎着时代之变不断转型发展。

这是一部技术型科技公司筚路蓝缕的创业史。"创二代"杨环回国后从生活服务的痛点切入，当在电商领域小有成就时，因融资问题停止项目。他从失败中吸取教训，不断地复盘，终于成就了今日之点吧科技。当物联网扑面而来时，杨环又毅然投身其中，希望点吧科技未来在智慧应用的海阔天空书写更多的精彩。

18. 银通集团：

捕风新经济　奋进数字化

变则通，通则达。银通集团董事长张金可抢搭信息技术快速发展列车，以变应变，与时俱进开辟"蓝海"，驰骋在新时代新经济的广阔疆场，创办的银通系列在支付、共享等行业大显身手，荣获"杰出服务商""最佳服务奖"等多项桂冠，他本人也被誉为"躺着也能赚钱的人"。

而成功的背后却饱含着艰辛的努力。张金可经常轻装远行全国各地调查研究，有时一去就是一个多月。一旦锁定项目，他便身先士卒、奋楫笃行，以"战狼"精神带领团队砥砺前行，直至项目成功，取得完胜。

"努力到无能为力，奋斗到感动自己。"张金可常以此激励自己和他的团队创业创新，在脚踏实地的奋斗中提升自我价值。

从"银通支付"到"即富科技""幽电共享""巴厘之恋"，张金可以技术为本、服务制胜、多元发展，在开拓新经济的康庄大道上勇毅前行。

在每个领域项目中，团队独立协调机制下，项目的运营与管理都是互补、互利。在不断扩大产业的前提下，培养优秀的管理团队和运营团队一直是公司作为储备的机制，在新项目、新产业扩张时，全力冲刺。

抢搭支付快列

在创业生涯中，善于"捕风"的人总能拥有属于自己的隽秀与永恒，成为时代弄潮儿。

张金可从西南财经大学金融专业毕业后，没有像其他同学那样按部就班进入企事业单位就职，而是选择跟随老师傅学习电子电器设备维修技术。两年后，有了一技之长的张金可敏锐地捕捉到通信设备行业正在迅猛发展，便成立了在当地为数不多的通信设备店。在那段时间，张金可经常日夜兼程在慈溪与杭州通信市场之间来回跑，虽很辛苦，却乐此不疲，也掘到了"第一桶金"。

张金可并未就此沾沾自喜。此后,他如法炮制,按照"高科技、可持续较快增长、符合发展趋势"三个条件,"捕风"新经济。在观察实践中,他清醒地意识到,新的支付方式正改变着人们的生活,越来越多的人正在选择信用卡购物。2013年4月,浙江银通支付科技有限公司应运而生,张金可与国内前十家第三方支付公司合作,做起了第三方支付。

上篇 息壤小镇的那些人和事

国民对于第三方支付的了解更多的是基于淘宝购物使用支付宝的认识而来。从2004年到2014年,第三方支付行业呈现爆发式增长,与支付宝一起成长的还有财付通、快钱、汇付天下、拉卡拉、易宝支付等一批知名的第三方支付企业。

互联网支付继续稳健发展,移动支付作为第三方支付生力军保持了超高的增长率。随着第三方支付市场的不断发展,国家陆续出台了系列政策,规范第三方支付市场的发展,尤其是2010年央行发布了《非金融机构支付服务管理办法》《非金融机构支付服务管理办法实施细则》,明确第三方支付企业必须申请支付牌照,确定支付业务7大体系,包括互联网支付、预付卡受理、预付卡发行、银行卡收单、移动电话支付、固定电话支付、数字电视支付。

中国第三方支付与商业银行经历了开创期的紧密合作到现在发展期的竞争与合作的关系,现阶段两者之间的竞争与合作能够推动行业进步,规范行业的健康发展,创造社会价值。

① 第三方支付行业初期两者紧密合作,以支付宝为首的第三方支付企业在发展初期十分依赖商业银行的支持,主动寻求商业银行建立战略合作关系。随着互联网和电子商务的不断发展,国民因为第三方支付的使用而开通了各类银行卡,熟练掌握了网上银行的使用,双方都获得了巨大的利益。

② 第三方支付与商业银行的竞合关系随着合作的深入,第三方支付企业业务范围不断拓展,业务内容不断创新,开始影响到商业银行的利益,之前双方稳固合作的手续费分成、客户信息数据共享等方面也开始有了分歧,商业银行也开展诸多有效的改革,双方开始直面竞争。但作为第三方支付企业来说,与商业银行的合作也是必然的。首先,也是最为重要的,从制度上离不开与商业银行的合作。根据央行规定,第三方支付企业作为非金融机构,备付金必须由商业银行存管,支付结算必须以商业银行的支付结算为基础。其次,从业务内容方面,加强与商业银行的合作也是必需的。本质上,第三方支付企业与商业银行的发展思维、利益诉求是基本一致的,双方合作协同,让客户办银行卡、用银行卡,让彼此受益。

③ 从风险管控上来说,商业银行在支付结算、担保、交易等多方面具备先天的优势,第三方支付企业需要与商业银行紧密合作,建立完善的风控体系。

第三方支付面对复杂的内外部市场环境形势，站在第三方支付角度提出以下可持续发展对策。

① 强调共赢，与商业银行合作　任何一个国家，商业银行始终在金融服务领域处于主导地位，第三方支付的任务就是以更加灵活的方式推动支付业务的改革创新。如果说两者谁更依赖谁，那明显是第三方支付更加离不开商业银行的支持。目前的发展态势，两者发挥各自的优势互补合作，商业银行继续做好支付结算主要工作，做好大额支付，第三方支付做好小额多笔线上、线下支付，满足客户个性化需求的支付，两者展开差异化经营，将是一条可行之路。另外，现在是一个信用经济的时代，不管对于谁，不管是线上还是线下支付交易，信用数据都是至关重要的。央行很早就建立了政府层面主导的个人征信体系，商业银行已经广泛应用。互联网大数据的时代，第三方支付企业也都在建立企业层面主导的个人征信体系，类似支付宝这样的企业因为掌握着海量的个人电子商务消费数据，它的芝麻信用体系也是比较有说服力的。现在的关键问题是，两个体系的聚焦点不一样，政府层面聚焦在传统领域，企业层面聚焦在新兴领域，两个体系打通、共享信用数据将更科学、更全面，有利于节约社会交易成本。商业银行作为央行征信体系中不可或缺的一环，第三方支付与商业银行彼此加强这方面的合作更有利于促进自身发展。

② 促进风控水平和业务合规性　第三方支付是金融领域创新的一个行业，有创新必定会带来监管，未来整个产业必将要求在制度的框架下发展。对于第三方支付企业来说，要本着对消费者负责，把支付安全和支付合规放到首位的态度，提升自身在资金安全、技术安全等方面的管理能力。第三方支付企业要不断研究政策，加大风控投入，构建支付风险防控体系并定期评估，提升风控水平和业务合规性。

③ 坚持创新驱动，创新经营模式　面对日新月异的社会发展态势，第三方支付企业要立足大局，明确自身定位，巧抓机遇，加强谋略，把创新作为内生驱动力，不断开拓蓝海，走差异化发展之路，研发符合国民经济发展和客户需求的产品与服务，通过创新实现健康发展。现阶段，要抓住以下几个战略重点。其一，大数据战略。第三方支付行业是一个高科技的行业，行业生产管理过程中会产生海量信息数据。支付企业要妥善保管好数据，围绕数据做好数据挖掘与分析，发现其中的

关联因素，影响或应用到新的业务模式中去。其二，O2O战略。以前第三方支付行业的发展重心是在线上，线上业务经过多年发展形成了瓶颈效应，如今随着智能移动终端的不断普及，线下巨大的市场正在被开发，线上与线下融合发展的战略已形成共识。线下的市场是分门别类的，第三方支付企业要确立自身的细分市场并且深耕下去向着专业化发展才是正道。其三，移动支付战略。不管是第三方支付行业还是传统金融机构都认为移动支付未来必将会有大的爆发，并且都在积极战略布局、建设，谁都不能错过。其四，跨境支付战略。面对全球跨境电商不断发展和更多国民走出国门的趋势，必定会有跨境支付的切实需求和发展空间，相关的支付企业理应抓住机遇寻求发展。

商海有道诚开步。张金可起早贪黑，摸准商家闲暇时光，挨家挨户让利推销，不到两个月，商务POS月交易额突破千万元。显然，信用卡支付行业蕴藏着巨大的市场。不久，张金可乘胜追击，招兵买马。一年后，月交易额突破亿元大关，一跃成为全国几千家代理公司前十强，荣获第三方公司颁发的优秀服务商。随后的几年时间里，张金可稳扎稳打，一直保持着前列的骄人成绩，成为国内拉卡拉、汇付天下等上市支付公司唯一代理商，年度POS机销售量独占鳌头。

2016年，慈溪环创中心良好的服务环境像磁铁一样吸引了他，在环创中心各阶层服务体制和良好的创业优惠下，当年4月，张金可与上海一家第三方支付公司合作，成立了浙江即富网络科技有限公司。为保障项目运行，他广招贤士，形成了以销售、售后、运营、管理、技术等部门为支撑，拥有300余人的创业团队，其中自主研发技术团队有100余人，同时开拓移动支付，品牌覆盖全国主要地区，月交易额突破百亿元，超过了原先的老牌第三方支付公司，一些上市公司纷纷抛出橄榄枝欲收购它。

张金可的创业风生水起。

捕猎共享经济

2018年下半年，金融危机突袭全球,对世界各国经济造成冲击。张金可突然醒悟，新生事物也有生命周期，创业理应多元化。为此，他在做强支付服务的同时，不断寻觅新项目。

2019年3月，张金可顺应共享经济发展趋势，创建了浙江幽电科技有限公司，投资2000多万元，开发实施大型购物中心、酒店及其他公共场所的共享充电设备项目，为出行在外的人们提供方便快捷的充电服务。

在张金可看来，共享充电设备就是在"互联网+"的经济背景下对共享经济模式的一种合理运用，通过线下和线上结合，让充电设备重复使用、多人使用，实现资源共享。开发共享设备，收益往往是成本的数倍。特别是到后期，几乎是无本万利。

张金可以浙江为轴心，以互利共赢为准则，以每小时1元的优惠价格、"用多少付多少"的便利模式，瞄准人流量密集区域大举开拓市场。其一天24小时的保姆式服务更是让用户赞不绝口。目前，已在北京、上海、深圳、浙江、宁夏等地小有名气，累计投放50多万个共享设备，涵盖上万家酒店及公共环境区域，月交易额200多万元。

张金可坦言，2020年以来，受新冠疫情影响，共享充电设备使用率有所下降，以后使用率将上升至新的高点，共享充电线后期投入甚少，长期收益可观。

2020年新冠疫情突袭全球，国际形势严峻复杂、国内改革发展稳定的任务艰巨繁重，叠加疫情的严重冲击。在这样极为不利的条件下，我国经受住了考验，成为全球唯一实现经济正增长的主要经济体，显示出强大的抗风险能力。

在这个过程中，以共享经济为代表的新业态新模式表现出巨大的韧性和发展潜力，在保障民生供给、推动复工复产、扩大消费、提振内需等多个方面都发挥了重要作用。

共享经济企业充分发挥平台优势，在满足人们日常生活需要的同时，持续推进出行、住宿、生产、教育、医疗等领域的变革，成为经济社会数字化转型的重要推动力。

共享经济如火如荼。

创建数字宴厅

唯美星空、蝴蝶飞舞、百合盛开、浪漫牵手……现在90后、95后的新人越来越喜欢属于自己的个性化婚礼，希望与众不同、充满遐想。

"年轻人的消费需求，正是我们的执着追求。"2020年，张金可捕捉到餐饮、娱乐、住宿的发展趋势，成立了宁波乐创置业有限公司，致力创建慈溪及周边地区甚至浙江省内最大的婚礼宴会中心——巴厘之恋。

张金可认为，有特色的婚礼宴会中心与传统饭店有所不同，每个人在自己的宴会厅里都有独特的创新和最美的一面呈现出来，可把自己的经历和爱好与亲朋好友分享，打造属于自己的婚宴，留下人生最美好的瞬间。"这是我创建婚礼宴会中心的初衷，予人美好也是我最大的期待。"张金可对未来发展信心满满。

按设计，"巴厘之恋"宴会中心将广泛使用全息技术，创造更加科幻、真实、生动的庆贺体验，将各种庆宴标准化、定制化，让更多的人身临其境，共享美好时光，共享欢快盛宴。目前，这个依托数字技术的宴会中心正在紧锣密鼓地建设。

定制宴会、全新体验，"乐创置业"引领潮流指日可待。

调研手记

支付是商业的起点,也是商业的终点,以此为基础可以开展很多附加业务。银通集团瞄准支付市场的广阔空间,与国内前十家第三方支付公司合作,短短数年时间,就发展成为第三方支付行业的"翘楚"。随后,公司又抓住共享经济的风口,开发实施大型购物中心、酒店及其他公共场所的共享充电设备项目,取得了可观的经济效益,成为国内多地经济社会数字化转型的重要推动力。

银通集团在支付、共享等行业大显身手,它的成功在于踩准了时代节拍。当前,尽管疫情冲击下的共享经济整体市场规模增速大幅放缓,但以共享经济为代表的新业态、新模式仍表现出巨大的韧性和发展潜力,在保障民生供给、推动复工复产、扩大消费、提振内需等方面发挥了重要作用。共享经济商机无限。

19. 甬潮创投：

上善若水　润物无声

甬潮创投，作为一家以制造业为依托，进行专业化的股权、创业投资类的金融企业，2015年开始从事自有资金的股权投资，2018年6月5日通过私募股权投资基金管理人登记备案。现有甬潮创投、甬涛创投、甬潮孵化器、甬潮资管四大投资主体，分别侧重于PE（私募股权投资）投资、创业投资和项目孵化投资。其中甬潮资管下有甬顺基金、白鹭林壹号两个基金，甬潮嘉元基金正在组建中。目前，拥有近10亿元自有资金，主导或发行4个基金产品，已累计对30余家企业进行股权投资。

甬潮创投自2015年创办以来，正逢全球信息技术革命驱动、高新科技产业为主导的新一轮科技革命和产业变革的"加速期"，也是我国资本市场深化改革的"窗口期"。

2020年，第九届中国创新创业大赛宁波赛区，甬潮重点参股和控股的宁波群芯微电子有限责任公司、浙江优食环境科技有限公司分别获得第一名和第九名。2020年，宁波市公布的"专精特新"中小企业名单中，甬潮控股重点参股的八家企业位列其中。同时，牵头和参与了2020年度宁波市"科技创新2025"重大专项暨"246"产业集群发展支撑引领计划项目3项。

沁园创始人、水艺董事长叶建荣带领甬潮创投人，坚持矢志不渝的创新和发展理念，站在资本力量撬动"中国制造"高质量发展"风口"，锚定先进制造、半导体和新一代电子信息、新材料新能源、生命健康、传统优势产业上下产业链转型升级项目精准发力，努力打造创新、营销、管理、咨询、融资五大服务平台，锻造了善良、自信、勤奋的企业精神，也实现了甬潮产业从制造业拓展到股权投资领域、由单一产业专业发展向实业和资本融合发展的新飞跃。

岁月荏苒，时光顿挫，甬潮人在收获的幸福里体味幸福；

长路浩荡，万事可期，甬潮人在未来的道路上创造未来。

战疫显向善大义,打响民族"口罩牌"

面对2020年突如其来的新冠疫情,甬潮人在自身抗疫复工的同时,积极帮助重点参股企业——浙江蓝禾医疗用品有限公司克服困难,复工增产。

甬潮产业通过统筹调集旗下企业各方资源,为蓝禾医疗筹资金、寻原料、调员工、增设备,组织企业大年初三正式投入口罩生产,经过一周时间,口罩日产量提升十倍,达到60万只/天,口罩滤片40万片/天,当时的生产量位居浙江省前列,占宁波市的七成以上。在疫情暴发初期,口罩极其短缺的情况下,蓝禾医疗以赔偿300余万元为代价,紧急与国外客商协调,调用原计划出口德国、意大利和日本的500万只口罩,以缓解我省的口罩供应。

在甬潮产业的鼎力支持下,蓝禾医疗发展成为医药市场医用口罩占有率全国前三的品牌企业。

不仅如此,蓝禾医疗始终坚持平价向政府和市场供应口罩超7000万只,低于市场价近1.4亿元,为全省全市抗疫工作做出了积极的贡献。为此,甬潮产业的叶建荣、曹军和等多人被浙江省委省政府、宁波市委市政府授予"浙江省抗击新冠肺炎疫情先进个人""宁波市抗疫先锋"等荣誉称号。

雪中送炭当伯乐,做强民族制造"芯"

宁波杭州湾新区内的群芯微电子,是一家投产不到三年的"芯"制造企业,今年一季度完成产值9000多万元,同比增长300%以上。"预计今年企业销售额将超过6亿元,同比增加150%以上。"群芯微电子负责人表示,企业能有今天,非常感谢甬潮创投叶建荣从创业理念、资金、管理到市场等方面的全产业链式支持支撑,使企业落地、产出和产品品牌打造至少提前2年。

2019年刚落户新区时,群芯微电子手上还只有一项科研项目成果概念,去年已成为月产值3000万元的国内领先光电集成电路生产企业,进入宁波科创板上市培育库,今年更是为家电企业解决缺芯的最大困惑。作为我国引领20多年净饮水小家电创新的企业家,叶建荣谈到投资该项目的初衷时无比感慨:"原来本土化小家电企业芯片都要到广东、深圳、上海定制,由于地域、空间限制受制于人,产品创新始终处于模仿跟随状态;如今,群芯提供除晶圆外的全产业链集成电路定制'芯'服务,产品走向引领式创新。"

群芯微电子在家电产业上的应用领域非常宽泛,与创维、美的、沁园、嘉乐等知名企业实现了战略合作,最近还就冰峰压缩机达成战略合作协议。截至当前,群芯已向宁波本土家电企业输送100万个MCU（微控制单元）。"当前，宁波家电产业缺芯形势严峻，我们也在努力增加产能，目标是2021年三季度把MCU的产能扩大到每月500万个芯片，为家电产业加速赋能。"群芯相关负责人表示。

万事开头难。与群芯在初创期雪中送炭不同，甬潮创投还有一个投资大、见效快、起点高，引以为傲的项目，就是对苏州福莱盈的投资。当时，苏州福莱盈遭遇重重困境，正是由于甬潮创投出手投资雪中送炭，并提供管理咨询，使其经过短短两三年努力后"柳暗花明"，成为苹果品牌配套服务商，去年销售达8亿元。今年更是呈现爆发式增长，一季度利润6000万元，销售达4.5亿元。

科技创新要自信，打造核心竞争力

科技创新是推动企业高质量发展的重要支撑。全方位搭建合作平台，提供厂房、人才、资金、技术、管理、营销支撑，打造全产业链核心竞争力。2020年，甬潮产业旗下各控股企业继续立足科技创新，全年累计获得各类技术创新荣誉20余项，申请各类专利技术超150项，主导和参与制修订国家标准、行业标准、地方标准、团体标准共8项，为企业健康、快速、持续发展提供了新动能。

水艺集团作为实业板块的核心企业，五大业务继续保持快速发展。膜产品继续以技术创新为发展根本，成功实现了多领域的技术突破；环保装备不断创新产品技术、优化产品工艺、丰富产品种类、提升产品质量，设备应用从示范到推广，各类项目在全国遍地开花。工程依托华为项目的快速推进，成功塑造了国内水处理工程行业的领先地位。工业废水成功中标国内多个电镀园区和化工企业项目，为工业废水板块的快速发展奠定了坚实基础。水务板块新建10万吨污水处理厂工程顺利推进，多个水务投资运营项目的顺利实施和投产，成为水艺快速发展的压舱石。

作为全球少数拥有全系列膜产品技术研发和生产制造的企业，水艺集团及其子公司在原有技术基础上，继续加大膜材料和膜应用的技术研究。2020年，企业主导研究开发的面向污废水深度处理的超亲水分离膜集成技术及应用项目获得宁波市科学技术进步奖一等奖。企业参与研究开发面向污废水深度净化的低能耗抗污染分离膜集成技术及应用项目获得中国商业联合会科技进步奖二等奖。同时，公司牵头和参与了2020年度宁波市"科技创新2025"重大专项暨"246"产业集群发展支撑引领计划项目3项。

　　家电是甬潮旗下的传统优势产业，以沁园、爱科特、优食为主的三大家电企业通过技术创新、组织创新、营销创新和管理创新，成功走出了疫情影响。爱科特集团四个事业部全部实现逆势增长，最高增幅达342%，集团全年销售增长45.7%。沁园集团在现有销售网络基础上，突出打造服务营销，效果显著。优食科技在疫情压力下主动转变销售模式，优化产品销售结构，为第二个三年目标的实现夯实了基础。

耐得寂寞励心志，终迎上市"黄金期"

　　甬潮旗下的资本板块运筹帷幄，决胜千里。

　　2020年，是我国多层次资本市场全面优化顶层设计、全面启动质效改革的一年，对于甬潮创投来说，更是运筹划策、决胜千里的一年。甬潮创投在大胆决策的同时，努力为所投企业服务，从年初的口罩调配，到年中的芯片与家电企业论坛，无不展示着甬潮强大的投后服务能力。

　　这一年，甬潮创投打造的三大产业链雏形显现——以水艺、沁园为核心的生态环境产业链，以优食、蓝禾为核心的大健康产业链，以爱科特、群芯、爱普莱斯为核心的智能制造产业链。三大产业链的打造,成为驱动甬潮产业快速、持续、健康发展的三驾马车,奋蹄疾驰,齐头并进。

做实业的企业家投身创投,其对经营理念的认知和项目识别具有独特优势,因此投资质效高,但也很不容易。"不但要有资本实力,关键要耐得起寂寞!"叶建荣坦言,如2016年对兴瑞电子的PE投资项目,效率最高,双方几乎一拍即合。但当时,慈溪大多数优质企业对资本市场并不敏感,上市兴趣不高,动力不足。

随着上市审核发行提速,化解IPO(首次公开募股)堰塞湖,加上资本市场注册制改革,开放性、包容性更强,上市手段多样化,宁波市积极实施"凤凰行动"计划,甬潮创投终迎上市"黄金期"。目前,公司创投股权企业中,除兴瑞科技1家上市外,共有5家企业处于辅导备案期,3家申报中,4家拟申报,这些企业遍布上海、杭州、苏州、宁波等长三角城市,其中宁波占一半。

立足当前,放眼未来,叶建荣满怀自信和期待:"甬潮创投要永葆初心,争做宁波'头部'创投企业,助推区域先进制造业高质量发展。"同时,他也坚信,作为本土化的创投机构更接地气,区域内合作成功率更高、成果更大!

调研手记

创业投资是当下比较热门的话题。中国经济的快速增长,商业模式的快速变化,带来了数不胜数的创业投资机会。甬潮创投以制造业为依托,进行专业化的股权类创业投资,从PE投资到项目孵化投资,构建了一个完整的创业投资链条,体现了一家专业投资机构的专业增值服务,所投项目有多个上市或拟上市,取得了比较好的社会效益和经济效益。

甬潮创投的成功,一是和其掌舵人叶建荣出身实业有关。叶建荣一手创办了沁园集团并带领公司成为全球有影响力的企业,他把自己多年的创业经验和智慧回馈给所投企业,提供全产业链式支持和支撑,从资金支持到发展战略管理,从上下游资源整合到现代企业制度建立,给予全方位的支持,帮助所投企业走在同行前列;二是公司坚持"不赚快钱"的理念,引导和鼓励所投企业对科技创新进行孜孜不倦的追求,耐得住寂寞,在股权投资的长跑中与企业、区域共成长。

20. 慈溪进出口控股：

惟实励新　奋起扬帆

从放弃"铁饭碗"下海从事外贸，到率先试行"以贸带工、工贸一体"崭露锋芒，引领外贸公司蒸蒸日上，再到二次创业再出发，致力打造慈溪市外贸综合服务平台，为慈溪上千家中小外贸企业提供便利服务，叶良华不忘初心、一路走来，书写着一个外贸"痴人"的创业人生，创办的"慈溪进出口控股有限公司"已连续五年名列慈溪外贸榜首。

叶良华为人低调、内敛而又执着，交谈中不时透着百折不挠、敢于打拼的奋斗精神，着实令人敬佩。一个初春的上午，叶良华如约接受采访，敞开心扉，描绘着自己的"共建共享共有"梦想，新时期新发展理念践行者形象栩栩如生。

迎风下海做外贸

叶良华出生在依山傍水的慈东小山村，从小聪明好学。在家乡上完小学、初中，升入龙山中学高中毕业，并于1979年考入浙江水产学院，成为高考恢复后所在乡——灵湖乡的第一位大学生。

大学毕业后，叶良华被分配到象山县水产局工作，因科班出身、工作出色，很快提拔为水产养殖站（股）站长。1987年调入慈溪市水产局后，他兢兢业业、尽职尽责，技术推广工作屡获先进。1991年，慈溪市水产技术推广站荣获国家农牧渔业部农业技术推广先进单位，水产科技推广事业风生水起。

1992年邓小平南方谈话后，改革开放春风吹遍大江南北。在创业大潮的催动下，1992年，叶良华以优异的成绩考入慈溪市进出口公司，成为一位外贸业务员。叶良华从接单出口鞋服产品入手，边学边做，逐步成长为业务部经理、子公司经理，直到总经理助理、副总经理。

叶良华是工贸联动发展的亲历者和践行者。1993年，慈溪市进出口公司率先在桥头镇创办了慈溪市外贸鞋厂，以生产外销室内鞋为主，作为直接创办者和第一任厂长，叶良华为鞋厂的建设和发展倾注了大量心血，把工贸一体发展的优势发挥到极致。作为公司分管东欧市场及境外企业的负责人，叶良华带领业务部门大力开拓国际市场，除鞋服产品出口东欧外，还将仿皮夹克通过自属境外企业波兰考姆斯公司打入波兰、俄罗斯市场，创造了年出口数千万美元的不凡业绩，使东欧市场成为当时慈溪市最大的出口市场之一。

从2000年开始，叶良华先后担任慈溪进出口公司总经理助理、副总经理，分管进出口业务。为推进进出口业务规范高效运营，他率先进行信息化改造，将ERP（企业资源计划）系统引入外贸业务流程管理，在集团内部建立起严格的分级授权审批制度和业务流转控制程序，使集团公司、业务子公司、业务部、业务员以及单证、财务等职责明确、流程合理、运行规范，并取得质量安全三项体系认证。

2006年，叶良华着手与中国出口信用保险公司签订战略合作协议，成为宁波市第一家中信保战略合作伙伴，在此基础上建立了完整的进出口业务风险管控体系，顺应了国际市场从卖方市场到买方市场、贸易结算从信用证为主到放单结算为主的趋势，大大加快了公司业务从传统市场向新兴市场、以贸易商为主的中小客户向大型超市、大客户的挺进，极大地提升了公司的外销接单能力，为公司业务的快速健康发展提供了重要保证。

随着外贸经营权的放开，市场竞争日趋激烈，叶良华着力推动公司外贸供应链的建设和贸易渠道向终端延伸，推进外贸业务的转型和深入。为提升公司良好信誉形象及行业竞争优势，叶良华主导了行业优良经营资质和资源的争创工作，取得了首批海关双A类认证，逐步成为中国机电产品进出口商会副会长单位及家电行业副理事长单位，争取了总量可观、类别丰富的会展资源，获得了外交部授予的宁波首家具有出国审批及客户邀请权限的企业。慈溪进出口公司连续10多年位列中国进出口200强，成为宁波市乃至浙江省的外贸龙头企业，引领慈溪外贸发展。

奋起扬帆再出发

世界经济变幻莫测。在2008年全球金融危机深度影响下，原慈溪进出口公司因投资房地产失利，资金链断裂。

艰难方显勇毅。叶良华临危受命，在慈溪市委市政府的坚强领导和"保主业、保队伍"的总体要求下，一边尽力处理进出口贸易相关的安全收汇、工厂货款支付等事宜，一边于2014年12月组建宁波市慈溪进出口控股有限公司。

控股公司成立后，叶良华不忘初心，整装出发，矢志以翻篇归零心态重振外贸雄风。在慈溪市委市政府及有关职能部门的全力支持下，叶良华夜以继日，一步一个脚印引领公司发展。首先，将传统外贸业态转型升级为外贸综合服务（简称"外综服务"）平台企业，以"共建共享共有"的理念及体制凝聚队伍，组建新的经营管理团队。同时集聚资源，全力将公司打造成功能强大、模式先进，服务并引领本地广大外向型制造企业的外贸综合服务平台，为企业提供市场开拓、产品开发以及通关、物流、结汇、退税、融资、风控、展览、法务、信息、培训等全方位一站式外贸服务。很快，公司取得海关AEO认证，与中信保、银行、物流等建立战略合作，列入浙江省及宁波市的外贸综合服务示范企业和宁波市、慈溪市的外贸实力效益企业，重新担任中国机电产品进出口商会副会长单位和宁波进出口商会副会长单位。

品牌建设取得新成效。公司现拥有浙江省出口名牌2个，宁波市出口名牌3个，中国机电产品进出口商会推荐出口名牌1个。

2019年9月,慈溪进出口控股有限公司联合政府各相关职能部门,共同成立了"慈溪市外贸服务中心",将外综服务推向深入,功能更加强大,内涵更为丰富,覆盖面更为广阔。

难能可贵的是,无论是应对金融危机、中美贸易战,还是抗击新冠疫情,叶良华都身先士卒、亲力亲为,为公司精准应对、健康发展指明战略方向与应对策略。特别是2020年疫情期间,面对困境,公司一方面积极响应政府号召成立工作小组,参与政府防疫行动,帮助企业进口防疫物资,发布防疫、复工政策信息,解决外贸企业复工困难;一方面抓安全有序及时复工,在环创中心支持下成为慈溪首批复工外贸企业,通过实施严密的边防疫边复工计划,确保公司及外贸服务中心业务的正常开展。叶良华带领公司预判趋势,精准应对,及时出台《关于做好疫情防控形势下的订单处理的应对意见》,突出保市场保客户,调整生产供货计划,同时通过加大出口信保,追踪业务状况,运用风控体系,调整营销手段,组织线上广交会,推进跨境电商,抢抓疫情期间商机,保持了公司持续健康发展。

砥砺奋进结硕果。截至目前,慈溪进出口控股有限公司已为3000多家中小外贸企业提供合作服务,出口产品涉及家电电子、轴承汽配、轻工工艺等,出口国家与地区120多个，覆盖欧盟、美国等传统市场和各新兴市场。控股公司自成立以来，外贸持续增长，年进出口额从初期的2.1亿美元增加到2020年的3.8亿美元，其中家电电子为主的机电产品出口占60%，本地区制造产品占70%。公司连续六年保持慈溪市进口和出口领先地位，获得市政府表彰，2020年入选宁波市外贸创新榜。

坚守初心，驰而不息。进入新的发展阶段，面临更加错综复杂的国际经贸环境，新冠疫情持续反复，全球通胀有所抬头，这些都给外贸发展带来更大的不确定性。同时，公司还面临外贸方式向跨境电商等新业态转型和高质量发展的压力。如何在新发展格局下保持并培育竞争新优势，成为摆在慈溪进出口控股有限公司面前的一次"大考"。叶良华和他的团队，将恪守"共建、共享、共有"原则，蹚出一条适合慈溪进出口控股的外贸发展之路。

调研手记

慈溪进出口是浙江和宁波外贸行业的佼佼者，也是最早从外贸代理向工贸一体化转型的先行者。从自办工厂到境外设点（营销网点），从一家公司到集团化运作，慈溪进出口业务规模越做越大，但公司的发展也跌宕起伏，2008年受国际金融危机和投资失利影响，企业经营维艰。叶良华凭借多年积累的外贸经验，临危受命重建宁波市慈溪进出口控股有限公司，走出了一条翻篇归零再崛起的创业之路，体现了新一代宁波帮商人惟实、奋斗、自信的高尚品格和精神境界。

叶良华敏锐地抓住了中国外贸转型的机遇，把原先从事的"婚介"式外贸代理业务成功转型升级为大型外贸"婚庆广场"——外贸综合服务平台，集聚了通关、物流、金融、风控、展览等做外贸的一切资源，为客户提供全方位、一站式服务。同时，他吸取教训，更加注重风险控制，带领慈溪进出口控股成长为宁波外贸创新的"领头羊"，为外贸大市写下了浓墨重彩的一笔。

21. 优肯时代信息科技：

联通教育信息孤岛　大数据助力学校智享

在今年开春第一会上，浙江省委全面部署本省数字化改革工作，实现教育行业数字化转型已成为教育界的普遍共识。在这之前，已有不少优秀企业和企业家们积极协助教育行业提高信息化意识，努力帮助学校解决信息化建设长期遗留的痛点、难点问题。浙江优肯时代信息科技有限公司总经理卢玉玲就是其中的佼佼者。

从2016年至今，卢玉玲带领公司长期致力于教育核心场景的数字化，在云端整合信息资源、挖掘数据价值，为教育领域的智能治理服务、优质资源共享提供有力的技术支撑。

深耕教育事业　"互联网+教育"让梦想启航

教育改变命运，这一点对于女性创业者卢玉玲来说感触颇深。虽然出生在湘粤赣三省交界的普通农家，但父母用辛勤劳作来支持家中的三个女儿和男孩一样获得教育的机会。

"家里的哥哥姐姐们都在各自的领域小有成就，他们也成为了我的榜样！"2010年，卢玉玲在获得广东电信省级荣誉后告别了第一份工作，前往华中师范大学攻读伦理学硕士，从此与教育事业结下不解之缘。

硕士毕业后，卢玉玲在慈溪一家国企从事与教育相关的业务工作，因为与各个学校联系密切，细心的她发现了学校各自为政的教育软件就像一个个信息孤岛，彼此不能自由共享数据，不能关联分析的痛点。她决心通过数字化整体解决方案助力学校"智变"。

2016年，浙江优肯时代信息科技有限公司成立，虽然当时公司成员仅有4人，但团队第一次参与慈溪4所学校的"智慧校园"创建活动就小有成果，其中崇寿中心小学、龙山小学被评为宁波首批"智慧校园"示范校。

"'宁波智慧教育（慈溪）APP'是我们最早落地的项目。"卢玉玲介绍说，智慧教育管理平台以云服务的形式，打通办公、教学、教务等业务场景，加强数据汇聚，消除数据壁垒，高效构建教育服务治理新模式。2017年"智慧教育管理平台"项目被列入慈溪市电子政务项目，开始面向全市中小学推广应用。2018年，公司与宁波市教育局签订合作协议，平台APP更名为"宁波智慧教育（慈溪）APP"。2019年，平台开发校内托管功能，实现家长托管办理"零跑腿"。截至目前，全市中小学参与度近100%，学生家长用户约126830名。

新需求打造新模式 以"云"为媒引领教育信息化大步走

智慧教育管理平台的成功给了卢玉玲继续前行的信心和动力，2017年，"慈溪智慧云课"项目正式启动。这是慈溪最早运用网络教学开展的制度创新和教育方式创新，卢玉玲和团队为项目的建设和运营提供技术服务。学生在家中通过电脑、手机等终端收看精彩的名师直播互动课程的形式在慈溪推出不久，就成为浙江省市县教研工作亮点工作和慈溪对口教育扶贫的一大特色。

2020年疫情期间，慈溪"智慧云课"在市教育局的部署下，第一时间以直播、录播、由学校分发等多种形式，为全市中小学提供系列公益课程，共开展了为期十一周的公益网络课程，开设课程8700余节，服务慈溪学生近13万人次，直播课程同步供宁波大市学生观看，为抗击疫情贡献技术力量。此外，平台还开设了《小学周末素质拓展直播课》《校长说》《班主任说》《家长心理课堂》《市普法办法治云课堂》《市检察院未成年人花季关护》等公益性课程，取得了较好的社会效益。"以数字化改革牵引撬动教育治理服务现代化，发展公平而有质量的教育，可以让更多的人有平等机会通过教育改变自身命运、成就人生梦想。这也是我走上创业之路的初心。"卢玉玲如是说。

在智慧云课成为宁波地区较大规模的在线教育服务平台的同时，卢玉玲还带领团队在2018年推出了校园安全管理平台，解决校园安全工作中容易出现巡检流于形式、安全职责不清等诸多问题。

"校园安全是头等大事，关系到每个学校和家庭。我们梳理了省厅11大类185小项、慈溪市16大类215小项的校园安全检查工作要求，再按照具体场景逐一数字化,为科学开展安全工作提供数据支持。"卢玉玲介绍,目前,校园安全管理平台的使用学校(幼儿园)覆盖率达97%,参与校园安全日常工作人员超3500人,日平均使用达1万余次。

先教育后科技　用服务化的思想让好产品落地生根

创业至今,卢玉玲和团队推出的每一个项目都非常成功。但事实上,因为很多项目都是以公益性为主,公司直到2018年才开始盈利。"有一段时间我也差点坚持不下去,但做教育,最要不得的思想就是'急功近利'!"卢玉玲说,伦理学专业的熏陶和多年的教育行业从业经历,让她深刻地理解了教育产业的本质特征:教育不是消费品、也不是暴利产品,而是一份有意义的事业。

如今,在中小学阶段设置人工智能相关课程、逐步推广编程教育、建设人工智能学科的政策背景下,卢玉玲和团队还启动了人工智能教育项目,与知名高校合作,共同开发覆盖K12全学段的人工智能课程体系,受到了我市不少中小学家庭的欢迎。

"我的定位先是教育、后才是科技,是一家用科技服务于教育的公司!"谈及未来的规划,卢玉玲说,信息科技公司已经无法准确概括优肯教育的属性,只有用服务化的思想,才能赋予"数字化教育"更广博和深刻的含义。正如她办公室墙上挂着的"颠覆创新"四个大字,她希望如今这个40多人的大家庭能为教育事业做更多精准的服务,有更多人性化的创新,在属于自己的领域上熠熠生辉。

调研手记

教育不是消费品、也不是暴利产品,而是一份有意义的事业——在优肯时代信息科技有限公司蓬勃发展的背后,总经理卢玉玲一直以来秉持的"初心",则显得尤为难能可贵。以数字化改革为媒,卢玉玲及其企业所做的,与其说是发展产业,倒不如说是向教育行业倾注心血。打破学校与学校之间的"信息孤岛",以数字化改革牵引撬动教育治理服务现代化,发展公平而有质量的教育,让更多的人有平等机会通过教育改变自身命运、成就人生梦想——这是一位从普通农家走出的创业者,给予社会的最诚挚的回馈。

22. 茱丽叶舞蹈国际：

让"阳春白雪"飘入寻常百姓家

窗明几净的舞蹈教室里，温暖的灯光齐刷刷点亮。随着舒缓的音乐响起，学生们伸出手臂，踮起足尖，高昂起头，转动身躯，翩翩起舞。在闹中取静的文化商务区中央公园，有一家舞蹈学校——茱丽叶舞蹈国际。除了教授常规的中国舞、古典舞、流行舞，这所培训机构还开设了在慈溪舞蹈培训市场上算是"阳春白雪"的以芭蕾为主打的课程。创办人周永启身上追求完美的行事风格，让他无论打定主意想做什么事都一丝不苟。虽然开班授课才不足一年，但是凭借优秀的师资力量和完善的管理，茱丽叶舞蹈国际已收获大批拥趸。

"音乐人"辞职做"陪读爸爸"

周永启并非舞蹈出身，而是学音乐教育的。1991年，他从杭州师范大学音乐系毕业后，进入慈溪市青少年宫工作，主要担任合唱团的教学和指导。时光如沙漏，岁月似婉歌。当年初出茅庐的大学生，在这里挥洒汗水、奉献青春。虽然后来从教授合唱团的三尺讲台，慢慢走上行政管理岗位，但是周永启身上一直有着"音乐人"的标签。其间，他帮助家人成功开办了慈溪市第一所音乐学校——慈溪知音琴社。经过20余年的发展，知音琴社已成为慈余两地响当当的音乐教育品牌。

然而，就在参加工作的20多个年头后，周永启作出了一个令不少人吃惊的决定——辞职。"儿子初一是在宁波外国语学校上的，初二开始独自前往加拿大求学，与当地的寄宿家庭共同生活，成为了一个'小留学生'。"周永启说。都说"儿行千里母担忧"，其实，子女出远门在外，身为父亲，心里的牵挂同样一分不少。"那时孩子高二升高三，即将面临升学考试的重要关口，难免会对自己的未来产生困惑和苦闷，需要父母在身边陪伴，给予理解和关爱。"于是，为了不缺席孩子更多的成长之路，在和家人认真商量后，周永启决定辞去工作，远赴异国做个"陪读爸爸"。

"无事一身轻"的周永启到了加拿大多伦多，除了做好儿子学习和生活的"后勤保障"工作，空余时间也没有闲着，很快跟当地的不少音乐爱好者交上了朋友，除了经常一起相约观看音乐表演，他还加入了一个合唱团。"这是一个业余合唱团，本以为自己好歹有专业背景，在团员里能成为佼佼者，谁知他们表现出来的音乐素养都出乎预料的好，演唱实力也同样不容小觑。"周永启说，刚接触不久，看着团员们拿到一支全新的单曲，往往看着五线谱哼唱几遍，很快就能跟着伴奏和到一起分声部演唱，让他着实吃惊不小。

牵线搭桥制作跨国儿童音乐剧

儿子升学的关键期已过，周永启顿觉放松不少。"在外游玩时，除了异国的风景，最让我印象深刻的，要数亲临百老汇感受音乐剧表演。"当他在百老汇看过音乐剧的演出后，从视觉到心灵都感受到了一种震撼，被音乐剧的魅力深深吸引。想到自己在慈溪拥有多年的少儿艺术培训从业经验，在加拿大多伦多也认识了不少从事音乐教育、爱好音乐的朋友，特别是一些资深音乐剧编导，周永启脑海中突然冒出一个想法："如果积极搭建两国民间交流的桥梁，促成中加两国孩子同台共演一出音乐剧，定是一次非同寻常的体验。"这个想法并非只在脑中一闪而过，周永启很快拿定主意并付诸实践。

虽说定位是个民间交流演出，但任何环节都容不得马虎。那是2019年3月，周永启很快将这个音乐剧项目计划一一敲定。剧目定了根据《一千零一夜》中的经典故事改编的《阿拉丁》，由于打算在加拿大演出，所以是全英文的剧本，30余个角色由慈溪、多伦多的小学生来分别担纲。计划的演出时间是同年7月中下旬，地点也有了着落，在加拿大多伦多Oakville Center剧院。

"全英文的剧本，我想对于加拿大的孩子来说应该没压力，选角肯定不成问题，倒是比较担心慈溪这边。"谁知，现实打了周永启一个措手不及。"4月初发布招募小演员的公告后，慈溪这边很快通过知音少儿艺术团寻觅到了小演员，并且顺利投入到排练中。等到多伦多那边发出招募公告时，带着孩子来应招的家长却寥寥无几。了解后才得知，那边孩子的暑假计划往往早在半年前就定下了，或是外出旅游，或是去夏令营，或是参加培训。最后，通过当地一些公益组织、慈善基金会、教育辅助机构牵线，终于招募到了足够数量的优秀小演员。"

"那段时间，为了沟通《阿拉丁》演出的相关事宜，我经常中加两国飞来飞去，也不觉得累，反倒每天都过得很充实。"周永启说。随着跨国选角、联合排练过程中的重重关卡被突破，这出跨国音乐剧最终如期在多伦多的剧场上演。虽说台前的演员都是非专业的，但背后的制作团队却非只是"玩票"的。有加拿大资深音乐剧导师Samantha Ballard和Vincent Perri做指导，舞美、道具、服装设计等也均由加方相关专业人员担任，为孩子们打造了一个梦幻的舞台。

演出当天，偌大一个剧院座无虚席，多伦多的音乐爱好者纷纷赶来为两国孩子加油助兴。特别是看到一帮中国孩子居然能把一个小时的全英文剧本演绎得这么完美，让他们直呼不可思议。演出结束，观众们全体起立，掌声经久不息。周永启被邀请上台作即兴演讲，除了对社会各界表示感谢，他表示演出的票房收入将悉数捐献给当地一家教育基金会用于公益事业。等到剧场内清完场，还有很多观众等候在大厅，久久不肯离去，就为和中国孩子一起拍照留念。

"完美主义者"奋起再创业

结束"陪读爸爸"生涯回国后，闲不住的周永启谋划着在自己熟悉的艺术教育领域再创一番新事业。深思熟虑后，他打算创办一个以芭蕾为主要舞种的舞蹈培训学校。而对于这个创业选择，他是做过一番调查的。

其实，对于一些发达国家而言，早已进入"全民芭蕾"的阶段，无论是专业学习还是业余爱好，都能找到相应的学习机构。但在国内的大多数城市，芭蕾还算"阳春白雪"，一切都在走专业化的路子——进专业院校学习，去专业舞团跳舞。在慈溪的舞蹈培训市场上，想要找到一家面向普通人的芭蕾舞学习机构，并不容易。

将培训学校安在何处呢？周永启也是费了番功夫，最终定在了被商场、写字楼、小区所包围的文化商务区中央公园内，闹中取静，又颇有点艺术气息。"我可能有点所谓的'完美主义'，觉得既然要做一件事，就想尽量把它做到最好。"这样评价自己的行事风格。这是公园中一处拥有不规则设计的建筑，光在装修这件事上，周永启就换了6个设计师，装修方案一改再改，花费2年半时间，才呈现出最终契合他心意的效果。整排的落地窗让整个空间更明亮通透，流线型的设计，将6间舞蹈教室与其他功能区划分开，既不显得生硬，又清爽美观。

除了完善的硬件设施，想办一个高定位、专业化的舞蹈学校，顶尖的师资力量是重中之重。"原先有招聘乌克兰、俄罗斯籍的专业芭蕾舞老师及美国的街舞老师来茱丽叶任教的计划，但因突如其来的新冠疫情被打乱。不过，现有国内师资也十分优秀，6位舞蹈老师都是专职的，均拥有专业的舞蹈背景和丰富的教学经验。"周永启说。

2020年7月，茱丽叶舞蹈国际正式开班授课。第一期暑假100个名额的免费体验班结束后，凭借着不错的口碑，还有在慈溪相对"前卫"的芭蕾特色，茱丽叶舞蹈国际很快打开市场。到今年上半年，茱丽叶舞蹈国际已有学员数百人。一般情况下，这种学员规模，同业需要几年时间才能达到。另外，茱丽叶舞蹈国际除了针对少儿的芭蕾启蒙班、初级班，还有面向成年人的芭蕾形体班。

良好的开端，是成功的一半。眼下，茱丽叶舞蹈国际的学员们正在认真准备节目，期待登上5月份的汇报演出舞台。为了办好这次阶段性成果展，周永启也忙碌地为各个环节进行精心筹备。对于茱丽叶舞蹈国际的长远未来，周永启说，他不会做非常细致的规划。"市场变化万千，计划往往赶不上变化。"所以，他觉得，把眼前的事情做好才是最重要的，只要一步步稳扎稳打，时间自会给出满意的答复。

调研手记

想让"阳春白雪"飘入寻常百姓家，不仅需要打破专业院校的学习壁垒，更需要让普罗大众真正了解、接纳并且喜爱这项艺术，茱丽叶舞蹈国际创办人周永启则真正做到了这两点。凭借着对艺术的热爱以及一丝不苟的完美主义，周永启打造了一个高定位、专业化的"艺术殿堂"，激发孩子们的艺术细胞，并带领孩子们走向舞台，真正把这门艺术展示给社会大众，把甬城的艺术风采展现给全世界。未来，相信会有越来越多的"阳春白雪"被社会接纳，并转化成为城市艺术基因的重要组成部分。

23. 人良斋：

勇于创新　用心营造别样风景

人良则食安，人良斋创立初期，陈夏迪就定下了餐厅的主基调，那就是对食物品质的追求。品质优良的食物中蕴含抚慰人心的力量，以食物为媒介，搭起人与人沟通的桥梁，用美食来抚慰人心，更为这座城市注入温暖，这是陈夏迪做餐饮业的初心。

忠于热爱，认真坚守食物品质

明月湖畔、创客码头，窗明几净，灯光柔和，充满着温馨浪漫氛围的人良斋已经成为不少慈溪市民聚会、吃饭的好去处。而在几年前，人良斋还是一个只有两张桌子的小餐馆。从一个小小的私人厨房到如今的湖畔餐厅，陈夏迪和餐厅一起成长，不断注入自己的理想和信念。

陈夏迪是中南财经政法大学毕业的，修的是市场营销和计算机双专业。毕业后，他进入外贸公司工作，在一年半的时间里，他发现无法从工作中找寻到快乐便辞了职。喜欢美食的他决定开一家餐馆，让爱好成为自己的事业。然而，创业开餐馆的想法遭到了父母的一致反对，在父母看来，搞餐饮，就意味着起早贪黑，是一份辛苦的工作。

凭借着自己的满腔热血和热爱，陈夏迪勇敢迈出了第一步。2015年4月，人良斋在时间仓开业。独具中式风格的装修环境，两张餐桌，小小的餐厅里，中式菜品、西式餐点，每天提供的菜品不同，唯一不变的是美味和高品质。

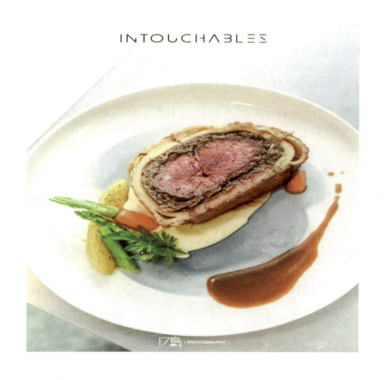

"我比较喜欢牛排，所以就从烹饪牛排入手。没想到自学了10天后，牛排烹饪就做得有模有样，得到了食客们的欢迎。"得到食客良好反馈的同时，责任心也推着陈夏迪不断学习：购买国内外的烹饪书籍，在网上找大厨的做菜视频，认真研究牛排烹饪时的温度、水分等，长时间待在厨房里反复练习……陈夏迪表示，虽然一开始，自己的厨艺并不是那么优秀，但是食材的品质，食材带来的鲜味弥补了技巧的缺失。

"当时自己也有些叛逆、反抗，我想要向父母证明，我的选择是对的。再者，这也是和朋友合伙开的店，我也想要经营好。"经历了艰难的头几个月，随着厨艺的日渐精进，人良斋的名气也逐渐打响，这间小小的店让陈夏迪明白了责任的重要，也是在餐厅成长的点点滴滴中，他更加明白了美食中所蕴含的美好。

为了让餐厅更加专业，2017年，陈夏迪参加了法国蓝带学院的进修，系统学习厨艺，让自己从"野路子"变成专业型选手。而这一次的进修，让他打通了"任督二脉"，激发了开发融合菜的新思路。花大价钱建设厨房，组建厨师团队，树立起创新菜品的思路。虽然餐厅有了新的变化，为食客准备的桌子也由原先的2张扩展到了12张，但是陈夏迪没有忘记自己创业的初衷，就是食物的品质。"我一直和我的厨师团队强调，自己不喜欢吃的东西绝对不能给食客吃。"他说。

勇于挑战，用心营造别样风景

2019年，在明月湖边散步的陈夏迪被明月湖畔的风景以及前景所打动。"当时我就在想，这么美的地方为什么没有人来，如果我的餐厅可以让更多人知道它的美，让这个地方可以更加繁荣，有多好。"他说。

待在时间仓，有稳定的食客，若是搬到环创中心，新的环境，新的地址，食客们是否仍愿意光临，这是未知数。"时间仓虽然小，但可安身立命，换地方就意味着要赌上之前所有的成绩。"最终，陈夏迪仍决心到环创中心试一试。因为在他眼中，城市的繁荣并不仅仅是政府的责任，每一个市民都可以做一些力所能及的事。

陈夏迪带着10多名员工重新起航。2019年8月刚开业那些天，500平方米的餐厅每天只能迎来2、3桌客人，然而陈夏迪相信，只要菜品优质，就一定能吸引到食客。创立核心研发团队，分子料理、低温烹饪，理念上的创新也让人良斋的菜品有了不一样的特色。学着在创新和食客们的口味中做出平衡，精致而又美味的食品一下子俘获了食客们的心，1个月后，餐厅开始迎来众多客流。

为了给食客带来更新鲜的美食体验，陈夏迪还推出了隐藏菜单：蟹粉火锅。在西餐厅、西餐桌上吃热腾腾的火锅，显然有些"混搭"，但是在陈夏迪看来，只要是美食，都是共通的。"不能禁锢自己的想法，当时我们把选择权交给了食客，如果大家觉得违和，我们就撤掉。"推出隐藏菜单后，蟹粉火锅受到了众多食客的喜爱，还有不少食客专程为了火锅而来。为了给食客更多的选择，蟹庐应运而生。隐藏菜单成为一家小店，就开在人良斋一旁，主打"万物皆可涮"。走进蟹庐，扑面而来的是浓郁的中国风，书法、太极图、颇有古风的摆设都让人感受到浓浓的烟火气，不市井也不端着。而食材就在一旁，现捞现吃，讲究的就是一个鲜字。

将人良斋与蟹庐连接起来的是一个小清吧。"刚开始只是想招待客人的,很多人甚至不知道这个酒吧的入口是一个'小冰箱门',可以说是有缘人才找得到。"酒吧没有招牌,没有专属的"大门",更没有酒托和销售,陈夏迪希望它能迎来想要招待的人。

三个不同特色的店,形成了三个底色,让陈夏迪有了自己心灵慰藉之处,他也希望,无论是哪一款,食客可以在这里找到他们的轻松、喜爱和自我。

"其实我很怀念最初的那家小店,可以和食客面对面沟通,听到他们对菜品的反馈。"陈夏迪表示,如今他最大的苦恼是不能和食客面对面,不能在前台招待如朋友般的食客们。"我挺喜欢聊天的,喜欢面对面交流的感觉,就像是朋友在家里吃饭那样。或许我可以慢慢坚持到从厨房退休,再当名服务员。"

陈夏迪说,在开餐厅的这些年,他看到了无数慈溪人打拼的身影,正是这种质朴的拼搏精神,让慈溪变得越来越好。可口的美食、温馨的场景、贴心的服务以及满满的人情味,虽然这些东西细小而具象,并不能算得上崇高,但正是它们的存在让人感受到幸福和舒适,带着大家回归生活。"很多人都在城市里打拼,我希望有个地方,可以让他们感受到回归生活。餐厅是我的,也是大家的,更是这座城市的。"

调研手记

从一家小小的私人厨房,成长到如今坐落在明月湖畔、创客码头的知名餐厅,人良斋的成长之路,恰恰印证了创业创新过程中,"热爱"的重要性。唯有热爱,创始人陈夏迪才能放弃外贸公司的安稳工作,毅然投入餐饮行业之中;唯有热爱,陈夏迪才会前往法国蓝带学院,成体系地学习厨艺,让自己从"野路子"变成专业型选手;唯有热爱,陈夏迪才能长久地推陈出新,在餐厅找到自己的归属感,并将这份热爱传递给其他人。

一张别具一格的隐藏菜单,一扇隐秘的、形似"冰箱门"的酒吧入口,一份回归生活的惬意心情……创新,让这家餐厅更"窝心"。

24. 慈溪新华书店：

重振老字号　为城市文化繁荣助力

提起新华书店，你会想到什么？是新华书店的招牌，是脑海里涌现的成架的图书，还是曾经一提起买书就会第一时间想到的地方。走进重装升级后的慈溪书城，焕然一新的面貌令人惊叹，打破你对新华书店的既定印象，鲜明的特色使其在氤氲书香中再次绽放。

随着时代的变化，人们的阅读习惯发生了改变，面对互联网对传统行业的冲击，慈溪市新华书店紧跟时代步伐，不断探索转型升级之路。如今，新华书店已不再只是一个图书销售场地，而是作为传递文化、传播文明的地方，成为我们生活的这座城市无可取代的文化地标。

时代变革大潮下　用行动寻求"突围"

慈溪市新华书店1951年在慈城建店，1954年迁到浒山。老一代新华人秉承"宣传马列主义毛泽东思想、传播科学文化知识、丰富人民群众文化生活"的宗旨，为慈溪文化的发展做出了应有的贡献。2005年，在文化体制改革的大背景下，慈溪市新华书店积极探索现代企业制度，充分发挥体制优势和全体员工、合作伙伴的积极性，促进企业发展和社会效益的同步提高。

慈溪市新华书店在服务当地政治文献、中小学教材发行业务工作成熟的同时，顺应时代变化的趋势和潮流，对门店经营模式进行改造升级。1999年，解放中街门店启用计算机业务系统。同时，由原先的闭架转为开架销售模式、由封闭式柜组整合为大部门运作。除了卖书，新华书店也开始兼营文化用品。这在全省的新华书店中，都是走在前列的。

随着社会的发展,新华书店的各个方面也都发生了翻天覆地的变化。2003年,解放中街面临市政拆迁,经过在游泳池路的临时过渡,2006年4月24日,慈溪书城在新城大道北路89号正式开门营业,慈溪市新华书店被注入新的生机和活力。从2010年开始,慈溪市新华书店在原有慈溪书城、观城店的基础上不断"开枝散叶",开设了周巷书城、杭州湾店、保利店、爱琴海店、环创中心店、观海卫书城,总营业面积升至2.7万平方米。近年来,响应市委市政府有关书香慈溪建设的文件精神,合作共建了宁大科院、慈溪中学、浒山中学、三山中学、慈溪职高、行知职高、周巷职高、杭州湾职校、周巷中学、横河职高、龙山中学11家校园书吧,为建设书香慈溪不懈努力。

"扮靓"门店,装修提升的不只是"颜值"

书店,是城市里一道不灭的光,用只言片语温暖每一颗心。阿根廷作家博尔赫斯说:"天堂应当是图书馆的模样",或许对于许多人来说,书店就是他们的人间天堂。如果说,书是丰富个人精神世界的最好方式;那书店,自然便是一座城市的灵魂所在。

品类繁多的图书与琳琅满目的文创产品交相辉映，咖啡的香气与翰墨书香彼此渗透，今天的书店早已不再是单纯的售书场所，而更像是集成了阅读需求和生活美学的空间。2020年1月，经过3个月的"暂别"，慈溪书城完成全面升级改装，以全新的面貌亮相。徜徉其中，书城更像是一个以书为媒介的阅览休闲空间。保留原先书山万卷的味道，书山万卷的人文书馆、近40米的文化长廊、落地窗边气氛轻松写意的文艺沙龙、适合静下来享受生活温情的慢书咖……每一个细节和布置，都让人耳目一新。

慈溪市新华书店始终秉承"为读者找书"的服务理念，开设网上书城和微信公众号，方便读者在网上查书、购书；对图书进行架位管理，设立电脑自助查询、自助购书；设立缺书登记、电话预订、送货上门等服务项目，引进科技智能服务设备设施，提供线上线下融合的现代文创服务。

慈溪市新华书店现有图书品种十余万种，网上书城现有品种近百万种，加上天猫、政采云的上线，多元发展成图书、音像、文体用品、教育培训、教育数码产品、创意文化产品、智能学具、玩具等以书为基础和特色的文化消费综合体，以满足市民群众对文化消费的需要。全年门店发行图书共240余万册，服务读者达100

多万人次，主要指标领先全省县市级同行。

扛起"老字号"的责任担当，为城市文化繁荣助力

除了在不断变化的时代浪潮中积极转型，慈溪市新华书店牢记宗旨，坚守文化责任，注重社会效益，开展多种文化公益活动。承办的"全民读书月·新华周"活动，为的是倡导全民阅读、创建书香慈溪。至今已举办6年的"好书伴成长"暑期征文活动、"我爱慈溪"万人彩绘创意美术大赛等，是"全民读书月·新华周"系列活动的知名品牌。每两年结集出版一次的征文和美术比赛获奖作品集，极大地鼓舞了慈溪青少年的阅读兴趣和创作欲。亲子阅读讲座、图书及文创产品优惠展销等活动，也吸引大批市民踊跃参与。

另外，暑假学生社会实践活动——"做小小图书管理员"即将迎来第15个年头。引进上海师范大学"非吼叫妈妈俱乐部""玩童剧社""名师工作室"，开展文化沙龙活动、文化收藏和展览活动，积极参加文化扶贫及慈善公益活动等，发挥文化企业优势，践行初心使命担当。

多年工作结出累累硕果，慈溪市新华书店先后荣获了中国新华书店百强基层店、慈溪市文明单位、全国出版物发行业"文明店堂""全国书业最受欢迎公众号"、全国阅读公号联盟"最具影响力公众号"、全国百家主题书展成员单位、宁波市文明书店、宁波市关爱小候鸟工作示范点、甬尚书房卓越奖、慈溪市十大文化标杆企业……

荣誉属于过去，奋斗才能赢得未来。"目前，新的项目书香文创园正在建设中，计划于明年底交付使用，除了办公总部、教材发行中心的功能，届时，书香文创园还计划引进多元的文创开发项目。"慈溪市新华书店总经理张渭根说，未来将坚持以书为本，让多元经营不断拓展，促文创项目百花齐放。

调研手记

每一座城市都有自己的新华书店，它们成为当地老百姓心中的精神慰藉和寄托。拥有70年历史的慈溪市新华书店，是当之无愧的老字号书店，面对互联网对传统行业的冲击，它紧跟时代步伐，积极拥抱新变化。从最早的单一卖书，到兼营文化用品；从纯粹的书店，到融合咖啡吧、文化长廊等多种业态的文化综合体……目前，慈溪市新华书店多元发展布局已初见成效，逐步由图书销售商向教育培训、教育数码产品、创意文化产品等泛文教商品和服务供应商转变。

如何擦亮老字号品牌？慈溪市新华书店也有不少创新之处，比如与当地高校、中小学合作共建校园书吧，引进"名师工作室"，建设书香文创园，积极打造慈溪重要的文化产品供应商、文化服务提供商和文化业态集聚平台，使书店成为传递文化、传播文明的地方，成为慈溪无可取代的文化地标。

25. 洲际管理：

顺势而为　做无边界的创业企业

"新项目来了，我们一定要抓住机会。"

孙蔚不断提到的一句话，如同他的多重身份：宁波洲际企业管理有限公司董事长、九鼎投资上海事业部执行董事、洲际出入境、洲际有味创始人、青联常委、青企协秘书长……从行政岗位到创业公司的老板，这个不满足于单一活法的青年企业家，最近又将迎来一次新的挑战和升级。

如今，孙蔚不仅在许多领域大展身手，其开展的不少项目还成为了行业标杆。在问到公司多年来迅速被市场接纳认同、稳固快速发展的"秘诀"时，孙蔚表示，慈溪产业结构在这10年、20年内不断变化着，和多年前相比，现在的创新创业环境已经好了太多，商业机遇不断涌现。"新项目来了，我们一定要抓住机会。但同时我一直秉持一个轻资产、高周转、良好现金流的投资逻辑，加强与专业团队的合作，共享资源平台，为更多客户带去了极致的产品服务，我相信，未来还有更多更好的'洲际'故事等着我们去演绎，去创造！"

蓄势以待　做有准备的领导者

1981年出生的孙蔚，形象亲和，完全不见"董事长"的架子，但交谈中却又能看出他的"老成"，每次对话有逻辑又有深度。谈到创业这件事情，孙蔚说，与其他人不同，他的创业更像是被"推"着走上了这条路。

与大部分人求学、毕业、就业的轨迹相同，2004年，孙蔚从西南政法大学经济法专业毕业后便进入慈溪进出口公司工作，2007年到公司投资部工作后开始接触股权投资领域，他同景林、九鼎、君丰等机构合作设立股权基金，用直投、FOF（基金中的基金）母基金等多种方式，投出了像滴滴、达达、金科、海底捞、途虎、深圳农产品等众多上市公司和行业龙头。

这期间，孙蔚积累了大量相关工作经验，在股权投资、出入境等领域独当一面,又伴随着原公司出现经营危机等内外部因素叠加,创业这件事似乎势在必行。于是孙蔚选择了辞职创业,在2015年创立了浙江洲际出入境服务有限公司,提供海外房产、中国香港保险、投资移民、签证、翻译认证等多项服务。

"新公司的员工大多都是之前跟我一起干的团队人员,公司从事的也是之前熟悉的行业,所以做得还算顺风顺水。"这一年,也是孙蔚一生中的重要节点。

在签证业务方面,他抓准签证业务手续烦琐、价格不透明、签证被拒损失大等痛点,推出全面便捷的签证服务,迅速积累客户。目前,公司年签证量已超万份,在澳大利亚、中国香港、上海、南京和合肥等地设立了分公司,成立至今已为国内多家知名企业、银行和机构成功策划并组织了数千人次的国际商务考察、夏令营、海外体检等活动。在股权投资方面,他转变投资跑道,将更多视角放在宁波、慈溪的人才创业项目,用孵化器方式投资了像富瑞鸿金属、未尔基因等创新项目,完成了自我价值和公司价值的蜕变和体现。

顺势而为　做无边界的创业者

路遥知马力,服务赢市场。在孙蔚的带领下,公司全体员工配合默契,洲际出入境的口碑获得了市场极大的认可，由于在出入境行业的快速发展以及专业性，2018年成功吸引了国内最早的专业机构上海出入境服务中心的战略投资。

但孙蔚的创业版图绝不止于此，因为公司内容多涉及海外业务，2018年，孙蔚打造了"洲际有味"这个进口品牌，产品品类从葡萄酒到橄榄油，再到火腿、车厘子等各类生鲜，旨在成长为一个专业的快消品进口商。

其实，"洲际有味"的选品要追溯到2009年，当时因为工作需要，孙蔚接触到不少西班牙的葡萄酒、橄榄油等产品，很早就有了将这些国外的优质产品带给国内消费者的意愿，随着自己的公司越发成熟，推出"洲际有味"这个品牌水到渠成。如今在洲际，能选购到各个国家各个产区的很多产品，特别是酒类，从几十几百元的餐酒到几万十几万的名庄酒，红酒、干白、清酒、啤酒……应有尽有。

同时，孙蔚还联手国内的专业电商团队，在天猫国际等跨境电商平台上，销售乳胶枕、燕窝等进口商品成绩斐然，销售额在同品类销量排名中名列前茅。

近年来，孙蔚还当起了"海外买手"，与一般贸易不同的是，他们接的是政府类订单。"之前我们了解到联合国需要采购一批援助非洲的帐篷，核实订单信息后便开始搜寻国内符合要求的货源，最终提供给了联合国，并通过这一机会备案成为

了联合国采购目录中的合格供应商。"

应潮而生　做有态度的创新者

最好的员工是"专家",而最好的创业者往往是多面手。这句话用在孙蔚身上恰如其分。2020年由于全球疫情原因,签证业务几乎全面停摆,出入境服务行业迎来了新一轮的洗牌,但因为有其他项目齐头并进,孙蔚公司员工无一人离职。

经过多年的稳步前进以及认真的态度,孙蔚的能力也随着年龄和经验同步向上,他又踏上了创业的新征程。随着电商、直播卖货的热潮和国内消费需求的扩大,他将目光着眼于"云仓"这一新形式。"我们发现目前慈溪工业供应紧张、土地成本越来越高,慈溪许多工厂和电商企业都会面临不同程度的仓储压力,同时由于没有大的中转站,商家的物流成本也比较高。"

目前,洲际公司正联手国内物流巨头在慈溪建立云仓,第一个仓目前已经在推进落实,面积将超过1万平方米,实现商品仓储和物流中转的统一,将仓储与配送无缝对接。"同时,也可以配套完备的网络布局,实现仓内网络直播、供应链金融、售卖数据实时传递、一站式发货等,把品牌商、渠道商、仓库、快递、快运和消费者更为紧密地联系在一起。"孙蔚表示。

调研手记

从蓄势以待,到顺势而为,再到应潮而生,这是洲际公司发展的真实写照,也是其创办人孙蔚的心路历程。孙蔚的创业版图始于洲际出入境,以此为延伸,他打造了进口品牌"洲际有味",力争成为专业的快消品进口商。孙蔚的创业是有准备的,因为他在慈溪进出口公司做过高管,服务过不少涉外人群,在这个领域有充足的人脉资源积累。但他又是一个不安分的创业者,时刻准备着进入新的行业,正如他所言"新项目来了,我们一定要抓住机会",始终践行着无边界的创业原则。正是这种多元化和无边界布局,让洲际公司在疫情影响下"东方不亮西方亮",成功避开了签证业务停摆对公司发展的影响,保持了团队的稳定。眼下,孙蔚又在联手国内物流巨头在慈溪建立云仓,希望他新的创业之路走得更稳更快。

26. 跑跑小呢：

与时俱进　拥抱电商市场的新风口

个性鲜明、快人快语、敢想敢干……面对陈庆丰，听他讲述自己从一家服装批发店起家的创业故事，这些词语恰如其分地勾勒出这名80后创业者的形象。

从2009年至今，陈庆丰搭着"互联网+"的快车，每次创业都乘着电商转型的风口起舞，不仅成功赚取了属于自己的财富，同时也开启了真正属于自己的事业。当然，以谦卑的心态对待已经取得的成就，是这位年轻的企业家最难能可贵的品质。

初入电商行业　摸爬滚打积累经验

陈庆丰大学学的是物流专业，毕业后顺利进入了专业对口的公司工作。2008年，陈庆丰的妻子凭着对韩国时尚服装的爱好和特殊的市场敏锐性尝试着开了一家服装批发实体店铺，为了支持妻子的爱好，也出于对这一行业的信心，陈庆丰选择辞职，和妻子一起开始了他们的实体创业之路。

"我和妻子去过中国各大服装生产基地，也常常去韩国对接找货源，每天忙到脚不着地。"陈庆丰说，妻子对年轻女孩的着装时尚观和市场流行的洞察力都很敏锐，加上对货源严格的质量把控和良好的服务，店铺不到一年时间就积累了大批固定客户源。

2009年下半年，淘宝网开始兴起。"线下销售面对的客户毕竟有限，而网店运营成本低、客户源更广、买卖也更方便。"夫妻俩看到电商发展的前景，毫不犹豫在淘宝开起店铺，正式进入电子商务领域。

开淘宝和开实体店有很多的共通之处，但因为是新开的网店，起初并没有太多人关注，夫妻俩依旧要从零开始慢慢摸索，尝试各种推广方法。选款、进货、图片拍摄、详情页、文案、客服……所有的工作，每个环节，都是夫妻俩自己做的，光每天需要编辑上架的商品就有上百个。

"虽然很辛苦，但是整个业务链条自己都做过以后很快都能熟悉起来。"功夫不负有心人，夫妻俩的网店很快进入正轨，为了把最时尚、最新的服装提供给消费者，夫妻俩开始尝试和韩国企业合作，短短的2年时间实现了从区域经营到全网销售的本质飞跃。

2011年9月，宁波跑跑小呢电子商务有限公司成立，这也是陈庆丰夫妻俩抓住的电子商务的第一次风口，给从事这个行业打下了坚实的基础。

乘着行业风口　当起电商"经纪人"

2012年，跑跑小呢成为崇寿e点电子商务园区的首批入驻企业，期间，夫妻俩利用空闲时间去了解市场情况，与韩国多家知名服装企业建立贸易往来，并有专业采购团队从韩国多种渠道采购产品，摸索出一套属于自己独有的运营方式，公司人员不断扩充、销售业绩也蒸蒸日上。

面对不菲的业绩，陈庆丰并没有停下创业创新的步伐。随着行业的发展和自身经验的积累，慕名来公司参观交流经验的客人一批又一批。陈庆丰又有了新想法：既然对电商感兴趣、想要"触网"的人这么多，那么除了卖产品，我能不能卖服务？

"当时我身边的很多电商销售的都是类似拖鞋、热水袋、垃圾袋等高频低价的商品，我想做点不一样的。"陈庆丰说，自己对文化比较感兴趣，和越窑青瓷非遗传承人孙威接触后决定为越窑青瓷有限公司的产品做线上销售推广。当时，网上还没有一家和上林湖越窑青瓷相关的店铺，陈庆丰一口气就开设了7家网店。

"第一年，我们亏损了，但我坚信，只要坚持做下去，在网上会有越来越多的顾客关注和购买越窑青瓷这样有特色有内涵的文化类产品。"对于越窑青瓷的推广和发展，陈庆丰事必躬亲，谈起微信推广策略和网店运营情况，更是如数家珍，促使这两年越窑青瓷的销量稳步上升。去年，陈庆丰更是成为了慈溪越窑秘色瓷文化促进会的唯一一位电商会员。

陈庆丰说，互联网的更新是非常迅速的，电子商务的行业规则一直在迭代，推广销售每一步都要紧跟，"作为一个电商'经纪人'，只有乘着行业风口先跟上形势，才有创新可言。"

顺应新的时代风口　拓展更多合作领域

眼下，陈庆丰的传统电商版图已经形成完整的专业团队，他把更多的精力放在创新和拓展上。在2年前短视频刚开始火起来时，有着市场敏锐性的陈庆丰就尝试通过"抖音"等短视频积累流量和人气，为公司将来的发展做铺垫了。

2020年，陈庆丰成立了浙江金豆文化传媒有限公司，通过当下火热的短视频带货，吸引更多消费者群体。在陈庆丰的办公室，电脑、直播架、音响等设备摆得满满当当，息壤小镇、越窑青瓷等都是他的抖音宣传内容。

前段时间，他还签下了绍兴一家厨电公司的抖音推广，每天晚上7点半到10点半，他便亲自上阵充当代言人，在抖音上直播卖货，声音浑厚、简单干脆又充满特色的直播每次都能吸引上千人观看。一场直播下来，陈庆丰需要选品、复盘、准备明天的工作，到了第二天早上才会离开办公室回家休息。

"目前服装这一块已经比较成熟，从选品到销售都是我妻子在负责。互联网行业瞬息万变，意味着更激烈的竞争，学习和更新是必需的。近两年我会把工作重心放在比较热门的视频直播带货上。"陈庆丰说，目前他正在策划在公司设置三个大型的家电、服装、青瓷网络直播间，未来还将带动更多元素"触网"。对于电商人而言，他觉得与时俱进不是成功法则，而是生存之道。

调研手记

在电商行业飞速发展的今天，市场竞争恰恰是企业创新能力、品牌实力等方面的综合实力竞争，而宁波跑跑小呢电子商务有限公司显然是这方面的佼佼者。抢抓行业风口，创始人陈庆丰目光独到地瞄准了服务供应领域，率先把触角延伸向上林湖越窑青瓷的文化传播和销售推广工作中去。几番耕耘之下，越窑青瓷的销量稳步上升，陈庆丰更是成为了慈溪越窑秘色瓷文化促进会的唯一一位电商会员。

百舸争流，奋楫者先，互联网行业瞬息万变，与时俱进不是成功法则，而是生存之道。唯有不断顺应新的时代风口，才能在市场竞争中，保持长久的生命力和竞争力。

27. 凯诗捷智能：

转换思路 用科技创新做与众不同的电商

近日，浙江凯诗捷智能科技有限公司迭代升级的第三代智能足浴器，开始在凯诗捷各个电子商务平台官方旗舰店上市销售。"我们有信心通过这款积聚全体研发人员心血的产品，再次颠覆消费者对足浴器的认知，提升凯诗捷在个人护理行业产品领域的品牌知名度，打破慈溪家电'卖出去不难、卖品牌很难'的局限。"公司总经理邢强表示。

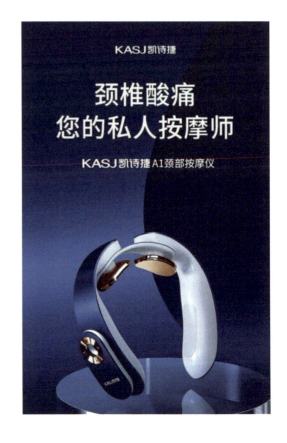

从小打小闹开淘宝店到代理慈溪家电产品，再到打造特色家电电子商务销售综合平台；从电热龙头的同质化竞争到寻找最具特色的慈溪家电，再到创新升级打造网红产品；从拼产品、拼价值到追逐高端细分人群，再到自我突破创造家电科技价值和品牌价值……10多年来连续上演"三级跳"，让邢强不断追逐着慈溪家电在电子商务平台的自我科技价值提升和品牌突破，给慈溪家电产品插上了电子商务与科技创新的两只翅膀，闯出一条全新的线上突围之路。

电商市场未来的竞争一定是品牌竞争，家电行业租品牌、代理品牌的优势已经一去不返了，最终刺刀见红的竞争还是品牌的竞争，凯诗捷智能就是将未来三年规划定位于品牌竞争之中，他们将整合公司全部资源，精细化运作销售团队，大胆投入开发新产品，放大产品自身价值，在电子商务平台打造一个超级工厂，推动凯诗捷品牌在护理行业的全面崛起。

怎么把产品销售出去

2007年，安徽小伙子邢强来到慈溪发展，在最初的几年间，他辗转于慈溪多个乡镇的制造、销售企业，做过流水线装配工、车间主任，跑过销售市场。对邢强来说，在遍地都是创业机会的慈溪，要好好干，但不能只干一线员工，必须接触不同类型的产品，了解不同企业的经营模式，这样才能抓住适合自己发展的机遇，实现自己的创业梦想。

2011年，邢强在慈溪市附海镇选择了净水器作为自己创业的起始产品，然而第一次创业并不理想，当时竞争日益激烈的净水器市场根本没有给邢强创业突破的机会。草草收场后，邢强重新选择产品，决定做门槛较低的电热水龙头。由于销售渠道不多，邢强夫妻俩在淘宝上开了个店铺，自己生产自己卖。邢强生产的电热水龙头价格亲民、品质过硬，一下子切中了细分市场的空白点，销售火爆。"电热水龙头在当地家电市场实在太没技术含量，突如其来的火爆销售场面让我们根本不敢请人，从生产到销售都是我们夫妻俩亲力亲为，每天都要发货2000多单。"回忆起当时听着打印机吱吱吱地连续打印快递单，邢强满脸都是幸福的微笑。

首次在电子商务平台掘得了第一桶金，第二年邢强选择了灭蚊灯作为夏季主推产品，与电热水龙头搭配消除市场淡旺季。到了这个时候，夫妻俩无论再怎么努力，也不能应对纷至沓来的订单潮。于是邢强开始筹备运营团队。2015年，稳步发展的他又选择生产销售饮水机、茶吧机，逐步向技术含量较高的家电产品升级。而此时，邢强经营电商的思路还是停留在怎么把产品卖出去："自己把控产品品质，加强后期推广，以产销一体的模式，按要求提升产品质量，适当地降低生产成本，这仅仅是在电子商务平台拓展市场的第一阶段，在这一阶段里，我们考虑的是商品的整体价值，创业者自身的价值很难体现，于是我们开始调整经营思路，背靠慈溪广大的家电产业打造更具竞争力的电子商务平台。"

怎么提升产品的价值

2014年，慈溪家电企业做电商已经盛行了一段时间，电商行业也处于红利期。邢强认为，光推自己生产的产品，无论是从产品的多样性，还是性价比上都有一定的局限性，无法真正形成核心竞争力，必须拓宽自己的视野，进一步发挥慈溪家电产品集聚的产业优势。当时，慈溪很多家电企业都有上电子商务的设想，但长期以来从事制造、注重线下销售渠道和出口业务的家电企业对线上销售模式十分陌生，在线上折翼的企业不在少数。

专业的人干专业的事。已经在电商领域取得成功的邢强决定调整经营思路，一方面代理志高、扬子等品牌，一方面跟慈溪家电企业进行商谈，做工厂在电子商务领域的经销商。这一次的思路转换，让邢强在电子商务平台有了更大的突破，跳出了生产什么、销售什么的经营模式，而是面向慈溪家电产业打造更具竞争力的电商销售平台。

虽然市场打开了，但对邢强来说，当时企业的竞争力完全体现在销售一端，要将销售端的优势放大到极致，必须提升产品的内在价值。据邢强回忆，当时的电商也并不好做。2015年，电商平台加强了抽检力度，每个商家都做得心惊胆战，就怕第二天有抽检不合格的产品下架。到了2017年，电商平台竞争越发激烈，甚至打起了价格战。价格战绝对没有出路，邢强对此有着很深的认识，他决定实施差异化竞争策略，进一步创造产品价值，通过市场细分将发展的方向瞄准了占消费群体30%的高端消费人群。而要满足这一群体的消费需求，必须强化自身创新能力，以更具战略性的眼光，开发更具竞争力的产品。

这一战略思想的调整，让邢强由选择销售优质产品到自主设计产品销售的转变，这一转变使邢强牢牢占据了"微笑曲线"两端的设计和销售。"人们一直将电子商务销售的产品定位在中低端，然而，在电商平台上高端产品同样拥有着巨大市场。从2018年起，我们根据多年从业经验，将精品个人护理产品作为打开高端细分市场的'敲门砖'。"邢强说。

他选择的第一个个人护理产品是足浴器。足浴器的市场很大，但由于不少足浴制造企业过度开发市场，大家并不看好足浴器市场。邢强看到了高端消费者对此的需求，决定从足浴器风格、外观、色彩、性能等方面进行全新创新升级，迎合高端消费者对足浴器的需求。邢强推出的足浴器将人机互动的体验进行进一步的优化，满足了电商市场高端消费群体的需求，目前第三代足浴器开始投放市场。

足浴器的一炮走红，让邢强信心倍增。2021年，他开发了更多更好的个人护理产品，坚持用科技创新提升人们的生活质量，代理的传统家电产品则慢慢退出销售名单。

怎么让心飘得更远点

赋予传统产品科技竞争内在附加值，只是邢强拓展电子商务的一个方面。为商品增加来自创新、品牌的内涵价值，才是推动电子商务发展，让自己的心飘得更远一点的动力所在。

一直以来，品牌缺失是慈溪家电行业"长久之痛"，慈溪家电始终存在"卖出去不难、卖品牌很难"的难题。邢强与慈溪家电企业进行合作时发现，慈溪制造的家电产品价廉物美，大部分以出口为主的产品长期贴牌，这让相关企业在开拓国内市场时习惯了贴牌生产，很少有企业会重视自主品牌的培育。现在国内市场爆发出强大的发展潜力，相关企业才意识到品牌的重要性，然而在当前家电品牌巨头云集和越来越透明化的市场机制下，要打造自主品牌的难度可想而知，"卖出去不难、卖品牌很难"就像魔咒一样一直萦绕在慈溪家电企业头上。

然而，近年来，随着电子商务平台兴起，邢强却在电子商务平台看到了将单品做到极致后打造自主品牌的希望所在，他将自己设计产品的根本动力归纳到具有前瞻性的科技感之中。他认为，将体验十足的科技感加入高端消费群体之中，以差异化竞争形成自己个性十足的风格，足以让这个与众不同的产品更具市场竞争力，从而提升产品附加值和品牌竞争力。

在邢强赋予全新体验的足浴器成功打开市场后，他又将科技感提升商品品牌竞争力的方向定位到一些新概念个人护理产品，并自主研发了用于肌肉放松、健身按摩的多功能筋膜枪。这种小巧的筋膜枪被邢强赋予了轻松释放肌肉僵硬的新使命，一经推出就受到了消费者的认可。由于这款产品属于凯诗捷自主研发,筋膜枪——凯诗捷造的品牌效应被消费者所接受,凯诗捷筋膜枪一度成为淘宝、天猫平台的热搜产品。

之后,邢强又推出科技感十足的凯诗捷颈椎按摩器、颈部按摩仪、无线眼部按摩仪等与传统个人护理家电产品迥异的新产品,并全部打上凯诗捷自主品牌。

"每个产品的定位不同,它所蕴含的品牌价值也有所不同,凯诗捷就是针对不同的消费群体,有针对性地开发满足消费者需求的产品,再通过产品功能的细分,放大科技型产品的体验感和舒适感,以此培育消费者对凯诗捷品牌的认可度和美誉度。"邢强表示。

调研手记

如何打破慈溪家电"卖出去不难、卖品牌很难"的局限?浙江凯诗捷智能科技有限公司以科技创新"破题",闯出了一条全新的线上突围之路。

打造电商销售平台、瞄准高端消费人群、形成差异化竞争优势……从选择销售优质产品到自主设计、销售优质产品,创始人邢强牢牢占据了设计、销售"微笑曲线"的两端。凯诗捷智能科技有限公司的破局之路,无疑为我市家电产业高质量发展提供了新的发展思路:将体验十足的科技感加入高端消费群体之中,以差异化竞争形成自己个性十足的风格,最终提升市场竞争力与产品附加值,用品牌驱动发展。

下篇
息壤小镇的相关思考

息壤　浙江特色小镇

建设息壤小镇　迎接小家电产业互联网时代

考释息壤，天帝瑰宝，沧海桑田，围垦福地。
神土之上，创客营生，熙来攘往，百业稠密。
日新领域，物联互通，有生于无，美哉妙意。
崇学向善，守信勤勉，共处和谐，人文精致。
产城相融，宜居生态，风尚引领，莫不奇之。

——息壤小镇记

如何抓住新一轮科技与产业革命创造的历史性机遇，在宁波成为首个"中国制造2025试点示范城市"的背景下促使慈溪区域小家电产业加快转型升级步伐？建设"息壤小镇"，迎接小家电产业互联网时代。

1. 缘起　特色小镇与慈溪"二次创业"

息壤小镇，位于慈溪环杭州湾创新中心区域内明月湖畔，正处在迈向省级特色小镇的征途之中。"无特色，不小镇"。按省市关于特色小镇建设的有关要求，将区域独特的产业、生态与文化融为一体，使之成为区域经济"小而美"的典范、区域发展转型升级的引领者，息壤小镇应运而生，这缘起于特色小镇与慈溪"二次创业"的呼唤：

一是顺应区域独特的小家电产业互联网化发展趋势。制造业是慈溪的名片，其中更以"家电王国"出名，与青岛、顺德并称中国三大家电生产基地，拥有家电整机企业2000余家，配套企业8000余家，产品涉及空调、洗衣机、抽油烟机、饮水机、电熨斗、净水器等十几个系列，拥有方太、公牛、沁园等中国知名品牌。当前在互联网+国家战略的推动下，随着家电产业加速与互联网、大数据和云计算等信息技术的跨界融合，我国家电市场有望掀起行业转型升级的浪潮，网络化、个性化、智能化将助推家电产业快速发展，以价值经济为主要盈利模式的产业互联网正在逐渐兴起。即将来临的产业互联网时代意味着在所有的行业中，企业、生态链关系和生命周期实现互联网化，也就是说，企业组织和生产方式，产业边界和商业模式都将被改变。慈溪小家电产业必将毋庸置疑地在产供销各个层面受到来自于产业互联网浪潮的挑战，能否与产业互联网深度融合，在新常态下重新找到发展的新路径，这也是一个战略性的机遇。

二是顺应区域独特的创业创新文化发展趋势。慈溪是创业之城，百强县市前十的发展成就证明了这一点，"走遍千山万水，历经千辛万苦，道尽千言万语，想出千方万法"这个"四千万精神"也是个佐证。慈溪是围垦福地，也许冥冥中就有创业创新的基因，周乃复等先生撰文认为"围垦而成的慈溪大地，就是世上现实版的息壤"；而息壤，在《山海经》里，是永不耗减、不断生长的神土，含有"无中生有，无限生长"之意。如今慈溪又在当前"大众创新万众创业"的背景下提出"二次创业"，并举全市之力建设环杭州湾创新中心，这吹响了新常态下实现新发展的进军号角。为此这个位于环杭州湾创新中心区域的特色小镇，既有息壤之文化烙印，又承载创新发展的使命，未来必然把创业创新当作最大的财富来经营，着重塑造反映时代发展的创客文化。

三是顺应区域独特的城市生态资源整合发展趋势。位于宁波对接上海的桥头堡区域、长三角几何中心，一条连通深海与杭甬高速的高架竖贯南北；文化商务区内商务楼宇林立，200万平方米的楼宇经济发展空间巨大；公共建筑群气势非凡，大剧院、博物馆、科技馆、文化馆等项目建成并即将投用；1600亩的未开发土地可供使用；2000亩的科教园区也已纳入整合；3800亩的万亩畈生态园内，河流纵横交错，树木郁郁葱葱，新城河贯穿其中，北通杭州湾；人工开挖的明月湖碧波荡漾，风景如画。拥有这些资源，这个区域意味着可有机组合、赋予其内涵，极有可能打造成4A级景区。

息壤小镇，这个本义为"神土之上的小镇"，现在顾名思义，逐渐引义为"信息经济小镇"。息壤小镇之名，类似省级特色小镇——云栖小镇之名，但因息壤的古为今用，传统语境与互联网时代之间跨越时空的碰撞，从某种角度说，它的内涵与底蕴就更有价值了。它的愿景为"信息经济之土，创新引擎之地"，整合地理区位、周边产业、人文生态、区域配套等优势，以小家电产业互联网化为特色融合区域产业、生态与文化，成为省级特色小镇。

——促成小家电产业互联网化，提升互联网产业集聚能力，推动实体企业在生产、交易、融资和流通等各个环节的网络渗透，构建新型多元化、立体式小家电产业链生态圈，使之成为国家级产业互联网示范区。

——集聚区域创新资源，培育引进一大批创客，打造创客文化，发展创客运动，使之成为国家级"双创"建设示范区和全国创客运动重要基地。

——整合区域人文经济生态资源，按4A级景区要求，谋划建设一批旅游项目，使之成为闻名遐迩的省级产业旅游目的地之一。

2. 实践　需要无中生有的创新

一是完善特色小镇规划。委托设计过云栖小镇、梦想小镇的规划设计研究院对其概念规划进行编制，区位范围为"东至四灶浦江和梅林路、南至明州路和北三环路、西至新城大道北路和东三环北路、北至人和路和潮塘江。"规划空间为"总用地面积约3.39平方公里，其中建设用地面积约1.98平方公里。"固定资产投资"总投资52.55亿元"。进一步调整优化各板块之间的功能对接，沿潮塘江两岸对其各类产业园及重大项目予以新的布局安排。

二是夯实产业互联网创业创新基础。完善光纤网、移动通信网和无线局域网等网络基础设施，推进互联网升级改造，强化泛在化、多样化的互联网基础服务，进一步推进光网城市和无线城市建设。加快培育基于互联网的众创载体建设，鼓励民间资本投资各类新型科技孵化器建设，构建一批创新与创业相结合、线上与线下相结合、孵化与投资相结合的众创空间。引进培育发展智能装备产业，加快智能专用装备的成套整机、智能仪器仪表等关键功能部件的研发和产业化应用，为智能制造推广应用提供支撑。筹划引进一批高等院校及信息科技实验室，及早构建环宁波大学科技学院的知识经济圈。

三是引进培育基于互联网的新兴服务业。发展基于互联网的协同设计，加快猪八戒网浙东园区建设。持续推进基于互联网的企业营销模式，引进和发展电子商务在线支付、软件开发、网店设计、仓储管理、代运营等电子商务服务业，加快引进第三方跨境电商服务平台。建设基于互联网的第三方售后服务平台，开展基于互联网的产品监控诊断、故障预警、远程维护、质量诊断、远程优化等在线增值服务。促进信息技术集成类新兴产业发展，重点培育发展以嵌入式软件为核心的智能装备、智能家电和新一代电子信息产业，如物联网射频识别技术、新型传感器、工业控制系统等智能装置和技术的集成应用。发展与家电产业配套的集成电路研发设计、嵌入式软件、信息系统集成、信息技术咨询等信息技术服务业。加快培育云计算和大数据产业，建成覆盖宁波、面向华东的区域综合性大数据云基地。建设产业链制造服务平台、家电网络营销平台、企业产权交易等平台，着重推动传统产业与互联网金融结合。

四是建设线上线下融合的智造示范园。将互联网创新基因融入企业全生命周期，鼓励企业加强研发设计、生产制造、质量管理、产品追溯、营销服务、仓储管理等关键环节的系统化集成整合能力，实现全流程跨区域智能管控。大力推广基于互联网技术的电商ERP、移动CRM（客户关系管理）、电商CRM等集成性信息系统应用。推进技术改造和机器换人，加快关键工序改造升级。开展数字车间建设，在数控化程度高的企业中推动注塑、仓储物流等标准化程度高且较为成熟的单车间数字化改造，鼓励表面处理等其他工艺装备数字化程度高的企业实现全工艺流程的自动化、数字化和智能化管控，促进车间计划排产、加工装配、检验检测等各生产环节的智能协作与联动。支持重点企业智能工厂建设，实现营销环节、管理环节与生产制造执行环节信息化系统的贯通，集成优化全过程信息化。引导企业根据客户个性需求，开展定制化服务，逐步推广模块定制、众创定制、专属定制等大规模个性化定制新业务，培育发展网络众包等新型制造模式。

五是打造宜居宜业宜游的"创客理想国"。谋划实施一批有形与无形相结合的创业创新载体，着力打造既有时代特征、体现产业特点，又有地方烙印的创客文化，如创业创新公共艺术、高端论坛、为创新奔跑等一系列文化体育赛事。设计出台有力有效的人才政策，加大家电产业互联网领域创业创新型人才培养和引进力度，发挥上林英才园的引领作用。开发明月湖板块，连接万亩畈生态园，建设宜居社区和文化艺术商业街区，促进产城相融。围绕明月湖一圈，加强开发、建设与管理，逐步形成由大剧院、科技馆、水舞声光秀、湖畔音乐汇、智能家电体验馆、创意水街、游艇码头、湖心艺术岛等元素组成的息壤小镇人文游。

新经济发展下的浙江特色小镇建设回顾

新经济是以科技创新为核心的全面创新为引领和支撑，以体制机制改革和制度创新为根本保障，以新技术、新产品、新模式、新业态、新产业等为主要内容，代表时代先进生产力的一种新的经济结构和经济形态。其不仅仅是一种经济现象，也不完全是一种技术现象，而是一种由技术到经济的演进范式、虚拟经济到实体经济的生成连接、资本与技术的深度黏合、科技创新与制度创新相互作用的经济形态。2016年3月，"新经济"一词正式写入国家政府工作报告中。

我国经济发展已由高速增长阶段转向高质量发展阶段，正处在转变发展方式、优化经济结构、转换增长动力的攻关期。新一轮科技革命和产业变革正在创造历史性机遇，催生智能制造、"互联网+"、分享经济等新科技新经济新业态，蕴含着巨大商机，世界正进入以信息产业为主导的新经济发展时期。

2015年4月，浙江省开全国之先河，首次提出"特色小镇"的概念，随后出台《浙江省人民政府关于加快特色小镇规划建设的指导意见》，进一步明确了特色小镇是区别于行政区划单元和产业园区，具有明确产业定位、文化内涵、旅游和一定社会功能，相对独立于市区的发展空间平台。既不同于传统行政区划单元上的"镇"，也区别于产业园区的"区"。

以新经济培育新动能，促进中国经济转型，将第一、二、三产业融合，并将"互联网+"、物联网、云计算、电子商务等新兴产业和业态嵌入其中，小镇的产业和功能均明显改善，聚焦于高端装备制造、金融、信息经济、环保、健康、旅游、时尚七大产业，使企业由"低小散"升级为"高精尖"，"大车间"转型为"新社区"；环境趋向"绿净美"，从业人员结构提升，在茶叶、丝绸、黄酒、中药、青瓷、木雕、根雕、石雕、文房等历史经典产业，注重"产业、文化、旅游"的"三位一体",生产、生活、生态的"三生融合",工业化、信息化、城镇化的"三化驱动"和项目、资金、人才的"三方落实"。使特色小镇秉承创新、协调、绿色、开放、共享发展理念,以产业为核心,将市场与社区功能融合,集成高端要素,建设"产、城、人、文"四位一体的创新创业发展平台;为大、中、小企业,科研机构等提供一个平台;使众创、众包、众扶、众筹等有活跃的空间。

一、浙江特色小镇建设背景回顾

浙江省当年在全国率先提出要大力建设特色小镇的规划,有其深刻而复杂的背景。

(一)社会经济现实发展阶段的需要

改革开放40年来,浙江省社会经济发展始终位于全国前列,但自2013年至2017年出现疲软态势。国家统计局数据显示,这五年浙江省生产总值增速分别为8.2%、7.60%、8.00%、7.50%、7.80%,这种小幅回落,一方面与整个国家宏观经济的起伏有关,另一方面也与自身因素有关。

1. 空间资源的制约

浙江省陆域面积约10万平方公里,体现为"七山一水两分田"的特征,平地较少。近年随着工业化、城镇化深入发展,各种开发区、工业园区蓬勃建设,使空间资源的可利用率日益降低,难以推动经济社会发展的不断转型升级。

2. 自然资源的制约

浙江省人均资源拥有量综合指数位居全国倒数第3,较上海与天津略高,但仍属典型的资源小省。矿产资源、能源、石油、耕地严重缺乏,煤炭储量仅占全国的0.01%;铁矿石储量占全国的0.14%;森林面积和森林蓄积量分别占全国的4.79%和1.21%;人均淡水资源仅为2128立方米,比全国平均水平低330立方米;人均可耕地仅为0.54亩,不到全国的一半,远低于联合国粮农组织规定的人均可耕地0.7965亩的警戒线。自然资源的短缺,是常规经济发展的短板,更是严重的制约因素。

3.产业结构的制约

2018年浙江省国民经济和社会发展统计公报，截至2018年底，浙江第一、二、三产业在国民经济中的比重分别为1.0%、42.8%和56.2%。第三产业继2017年后再次超过整个国民经济的一半，第二产业比例较2017年有所下降，但仍占国民经济的42%多。虽然以信息制造、高端设备制造等为代表的高端制造业有所增加，但纺织、机械、食品、化工和建材工业等传统产业仍占相当大的比重。这些能耗大、污染比较严重的行业，显然不适应未来经济社会的发展。

4.原有经济特色的"褪色"

改革开放初期，以分散式家庭管理为特点的"温州模式"，代表了浙江经济的独特发展模式在全国形成一定影响。其实是基于工业基础薄弱、资金匮乏、土地稀缺等原因，而形成的块状经济或县域经济的特征。其中，具有代表性的有：鹿城区的温州鞋帽、服装和打火机，永嘉桥头镇纽扣，义乌小商品等闻名世界，并形成了绍兴纺织、大唐袜业、衢州领带、海宁皮革等知名品牌经济。之后，随着产业集聚程度的提高，这种块状经济形态也由家庭作坊转为工业区、开发区、高新区、聚集区、科技城等形态，逐渐推动块状经济的模式升级，也在短期内使浙江从小资源省份发展成为生产大省、市场大省、经济大省。但随着时间的推移，这种区块经济对资源有效整合、区域经济转型升级的推动力持续减弱。

浙江经济亟需探索一种新的发展模式，特色小镇应运而生。

（二）区域发展优势条件

虽然受制于空间、资源、产业等发展瓶颈，但浙江的区域发展仍具有明显比较优势。

1.经济基础雄厚

2021年全省生产总值为7.35万亿元，比上年增长8.5%，位居全国第四。一般公共预算收入8263亿元，增长14.0%。人均GDP为11.3万元（按年平均汇率折算为1.75万美元），比上年增长7.1%。同时，浙江"藏富于民"，2021年全省人均可支配收入57541元（同比2020年增长了9.8%），全国排名第三。2021年全省城乡居民人均可支配收入分别为68484元和32532元，比上年增长9.2%和10.4%，2021年城乡居民人均可支配收入比值为1.94，连续两年比值破2。按照12个月计算，城镇居民每月收入约5707元，农村居民每月收入约2711元。而作为全国市场化经济发展最为成熟的省份，在全国最先实施省管县体制，使县市级产业竞争力持续提升，城乡差距不断缩小。而浙江商人传统的经商头脑，多年来通过在省外、国外进行的大量投资经商，为浙江省带回了大量利润，更夯实了浙江的经济实力，也为建设浙江交通便利、基础设施完善的都市圈经济奠定了基础，更为特色小镇建设提供了坚实的物质基础。

2.产业集聚特色鲜明

自改革开放以来，浙江即立足当地区域特色，从集中兴办生产或销售某种产品的块状经济中开辟了大量的商机，快速地推动了当地经济的发展，很快也演变成为了浙江整体的经济特征，随后的工业园区、产业园区、科技城等的相继兴建，更大大加速了产业集聚速度，相继形成了杭州大江东产业集群、宁波杭州湾产业集群、绍兴滨海产业集群、漳州产业集聚区、台州湾循环经济产业集聚区等15个省级产业集聚区，引进了中国南车集团、上海大众、东风裕隆汽车、世界500强瑞士ＡＢＢ集团等一批具有较强竞争实力的大型集团公司。这种独特的经济模式进一步加速了全浙江工业化和城市化水平，也为建设产业"特而强"的特色小镇奠定了坚实的物质基础。

3.独特的地理景观优势

浙江的陆域面积狭小，多山的地貌一方面限制了农业的发展，同时使现代经济发展空间也受到一定影响。但浙江6486公里的海岸线，超过我国总海岸线的1/3。同时，莫干山、雁荡山、天目山、普陀山、天台山等历史名胜中外驰名，形态各异、环境优美、魅力无限、而富有江南水乡韵味的西湖、千岛湖、嘉兴南湖、钱塘江、乌镇、西溪湿地、富春江等自然景观，雷峰塔、杭州宋城、灵隐寺、六和塔、岳王庙、南宋御街、胡雪岩故居、绍兴黄酒博物馆等人文景观，都充分显示了浙江悠久的历史文化底蕴，引起无数人的旅游欲望，也为以旅游业为主的特色小镇发展打下坚实的基础。

4. 深厚的人文底蕴

作为中国较早的人类发源地,浙江不仅经济发达,而且历史悠久,文化昌盛。近代史上出现过许多重要的思想家、科学家、文学家及教育家,如王充、王阳明、黄宗羲、龚自珍、茅以升、竺可桢、钱学森、陈省身、鲁迅、茅盾、蔡元培等。而自东晋南朝后,中国经济重心南移使浙江发展后来居上,保持了较长时期的经济繁荣。这些文化先贤及特殊的自然环境,培养了浙江人坚忍不拔的品质和敢为人先的开拓精神。发达的经济与文化发展互相促进,激发了浙江人敢于突破思想、体制的藩篱,不断地创新各种经济体制和经营方式,一方面持续推动浙江经济发展,另一方面也为特色小镇的兴起奠定了思想基础。

(三)政策基础和有益借鉴

得益于政策基础及客观现实,浙江特色小镇率先兴起,既有自发形成的因素,又是地方勇于创新的结果,能够打破"繁复的旧体制",建设了杭州梦想小镇、云栖小镇、山南基金小镇等。初具雏形的这些特色小镇,体现了当代中国在供给侧结构性改革、经济转型升级、新型城镇化政策等许多经济社会政策的改革特色。如2014年3月16日新华社发布的《国家新型城镇化规划(2014—2020年)》,对"镇"的概念、城镇化的本质、目标及功能等进行了重新阐释,对特色小镇建设具有极大的相关性或一致性意义。总体上,特色小镇建设既体现了与国家宏观政策的吻合或一致性,而且也体现了与浙江城镇建设具体政策的密切相关性,使特色小镇建设有了坚实的政策基础。

二、浙江省特色小镇发展历程

浙江省的特色小镇既不是行政区划单元上的一个镇,也不是产业园区的一个区,是一个创新发展的平台;特色小镇的发展理念是创新、协调、绿色、开放、共享;特色小镇聚焦新兴产业和历史经典产业两大产业门类,文化创意产业可以和其中任何产业融合;汇集产、城、人、文四大元素。互联网、大数据、云计算等产业的快速发展为小城镇提供了重要发展机遇,浙江特色小镇的发展有利于带动新型城镇化,更有利于刺激我国经济转型升级和优化产业结构。其发展模式与成功经验有利于推广借鉴到其他地区，战略价值日益重要。

1. 政府文件引领发展方向

浙江省于2015年4月发布了《关于加快特色小镇规划建设的指导意见》，随后又陆续发布了诸多的特色小镇建设的政策文件。

浙江省特色小镇地方文件

序号	发布时间	文件名称	发布单位	关键词	主要内容
1	2015年4月22日	浙政发〔2015〕8号《关于加快特色小镇规划建设的指导意见》	浙江省人民政府	创建程序，政策支持	浙江省对特色小镇提出的意见和政策支持
2	2015年6月1日	浙特镇办〔2015〕2号《关于公布第一批省级特色小镇创建名单的通知》	浙江省特色小镇规划建设工作联席会议办公室	第一批名单	第一批省级特色小镇创建名单
3	2015年6月29日	浙电商办〔2015〕6号《关于推进电子商务特色小镇创建工作的通知》	浙江省电子商务工作领导组办公室	电子商务特色小镇	组织开展电子商务特色小镇创建工作
4	2015年9月2日	浙建规〔2015〕83号《关于加快推进特色小镇建设规划编制工作的指导意见》	浙江省住房和城乡建设厅	建设规划编制工作	加快编制完善特色小镇建设规划的指导意见
5	2015年9月15日	浙特镇办〔2015〕6号《关于开展第二批省级特色小镇创建名单申报工作的通知》	浙江省特色小镇规划建设工作联席会议办公室	开展第二批	开展第二批省级特色小镇创建名单申报工作的通知
6	2015年9月17日	浙特镇办〔2015〕7号《关于开展特色小镇规划建设统计监测工作的通知》	浙江省特色小镇规划建设工作联席会议办公室	开展统计监测工作	开展全省特色小镇规划建设统计监测工作的通知及相关要求
7	2015年10月9日	浙特镇办〔2015〕9号《浙江省特色小镇创建导则》	浙江省特色小镇规划建设工作联席会议办公室	浙江省特色小镇创建导则	为加快在全省形成"培育一批、创建一批、验收命名一批"的特色小镇建设格局，助力我省经济转型发展、城乡统筹发展，特制订本导则

续表

序号	发布时间	文件名称	发布单位	关键词	主要内容
8	2015年10月15日	杭银发〔2015〕207号《关于金融支持浙江省特色小镇建设的指导意见》	中国人民银行杭州中心支行 浙江省特色小镇建设规划工作联席会议办公室	金融支持	贷款融资支持，发展特色小镇产业融资链，完善特色小镇基础设施和服务体系
9	2015年12月28日	浙旅政法〔2015〕216号《浙江省特色小镇建成旅游景区的指导意见》	浙江省旅游局 浙江省发展和改革委员会	旅游景区	特色小镇建成旅游景区的通知和要求
10	2016年1月26日	浙特镇办〔2016〕2号《关于公布省级特色小镇第二批创建名单和培育名单的通知》	浙江省特色小镇规划建设工作联席会议办公室	第二批名单	第二批省级特色小镇创建名单和培育名单
11	2016年3月16日	浙政办发〔2015〕30号《关于高质量加快推进特色小镇建设的通知》	浙江省人民政府办公厅	高质量加快推进特色小镇建设	强化政策措施落实，发挥典型示范作用，引导高端要素集聚，开展"比学赶超"活动，加强统计监测分析，完善动态调整机制，做好舆论宣传引导
12	2016年8月15日	《关于发挥质量技术基础作用服务特色小镇建设的意见》	浙江省质量技术监督局 浙江省发展和改革委员会	质量技术基础公共服务平台	加强特色小镇质量技术支撑，结合产业需求，在特色小镇建立质量技术基础公共服务平台，提供检验检测、计量、标准、认证认可等公共服务
13	2017年3月24日	浙特镇办〔2017〕13号《关于规划建设以高新技术为主导特色小镇的实施意见》	浙江省特色小镇规划建设工作联席会议办公室 浙江省科学技术厅	高新技术	进一步发挥科技在特色小镇建设中的支撑和引领作用。力争通过3到5年努力，建成一批以高新技术为支柱、创新创业高度专业化、产业链与创新链高度融合的特色小镇

续表

序号	发布时间	文件名称	发布单位	关键词	主要内容
14	2017年7月12日	浙特镇办〔2017〕16号《浙江省特色小镇验收命名办法（试行）》	浙江省特色小镇规划建设工作联席会议办公室	验收命名	明确了开展命名工作的意义、实施命名工作的原则、申请命名的对象、验收内容和命名标准以及验收命名的程序
15	2017年12月29日	《特色小镇评定规范》DB33/T 2089—2017	浙江省质量技术监督局	共性指标 特色指标	围绕以居民为主体、以特色产业为核心的"非镇非区"、产城融合的特色小镇建设，突出特色个性，注重分类评价；突出产业核心，注重经济培育；突出质量示范，注重高端引领；突出改革创新，注重市场主体；突出科学操作，注重标准规范
16	2018年1月	浙特镇办〔2018〕7号《浙江省特色小镇创建规划指南（试行）》	浙江省特色小镇规划建设工作联席会议办公室	创建申报 验收命名 建设实施	形成了"规划有指南、创建有导则、考核有办法、验收有标准"的浙江特色小镇工作体系

自开展特色小镇创建以来，浙江省特色小镇的扶持政策可归结为三大类：

第一类是以《浙江省特色小镇创建导则》为代表的制度性导向政策，把握特色小镇的功能特征，明晰发展路径，提高规划吻合度，不断引导和提升小镇的产业特色和品牌内涵，限定小镇的产业定位、建设空间、固定投资、建设内涵、功能定位、运行方式、建设进度和综合效益等条件。

第二类是以《关于加快特色小镇规划建设的指导意见》为代表的激励性保障政策。重点围绕"要素保障、服务配套、注册登记、金融支持"等内容出台专门的扶持政策。提出小镇内"确需新增建设用地的，由各地先行办理农用地转用及供地手续，对如期完成年度规划目标任务的，省里按实际使用指标的50%给予配套奖励"；省工商局设立工商事务服务室和会商协调机制，鼓励各地在特色小镇设立工商事务服务室，派驻工作人员提供企业名称预先核准、企业登记、品牌培育、消费投诉处理等业务受理、咨询和指导；杭州市则规定，对特色小镇的众创空间、公共科技创新服务平台，给予20万~200万元补助，允许小镇特色产业项目用地出让价按同地块最低限价标准的70%起价。这些激励性措施的出台，大大提高了小镇内各类企业主体的积极性，为小镇的特色发展起到了强有力的推动作用。

第三类是责任性考核政策。对列入省级名单的特色小镇，根据其产业定位，实行一年一度的分类考核制度，由省发改委牵头召集联席会议成员单位开展分组考评或委托第三方评估等方式，重点围绕"推进产业发展、开展科技创新、集聚高端要素、加快功能融合、提升区域影响"等方面内容进行量化计分，按照"优秀""良好""合格""警告""降格"5种方式进行公示，结果运用实行末位淘汰制，进一步压实了小镇创建单位的主体责任。

2. 发展规模与空间分布

浙江省分别于2015年6月、2016年1月、2017年7月、2018年9月、2019年9月公布五批特色小镇名单，其中有22个省级命名小镇、110个省级创建小镇、62个省级培育小镇，省级小镇总数达到194个。2020年4月，浙江省开启省级特色小镇第六批创建、第五批培育对象申报工作。按照浙江省委、省政府提出"把特色小镇打造全面践行新发展理念、率先实现高质量发展的高端平台"的目标定位，以全力打造产业更特、创新更强、功能更全、体制更优、形态更美、辐射更广的特色小镇2.0版为总方向，坚持数量服从质量、严格条件，择优产生高质量特色小镇创建和培育对象。

"特色小镇"的概念于2014年被首次提出。2015年，浙江省从顶层设计角度对其进行了新的界定，并将特色小镇上升为重要发展战略，随后，特色小镇在全省掀起创建热潮，2015年以来，浙江省特色小镇总指数迅猛提升，总指数从2015年二季度的37提升到2016年一季度的292，2016年二季度，浙江省特色小镇总指数保持在312左右。2017年一季度，浙江省特色小镇总指数为316，第四季度为379。浙江特色小镇的发展速度较快。

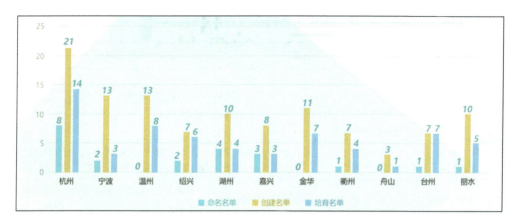

浙江省各地特色小镇命名、创建、培育数量情况

资料来源：浙江特色小镇官网

3.空间分布平衡

从空间地理分布来看，以2017年特色小镇建设第三年为例，浙江省特色小镇以西北部聚集，东南部地区偏少，其中杭州市以23个特色小镇数量居首位，其次为丽水和嘉兴市，均为12个，宁波市特色小镇创建名单原为14个，但是被降级的特色小镇有3个，因此排名比较靠后。浙江省特色小镇总体分布呈平衡与聚集为特点，可见特色小镇的空间分布与国家政策导向、地区经济发展有着重要联系。

4.产业布局特色突出

"十三五"规划以来，浙江省立足区域发展特色，从产业转型升级角度提出了特色小镇建设理念，力争建设以产业为导向的特色小镇，提出围绕7大新兴产业，既要促进传统产业的转型升级，如茶叶和丝绸等，也要促进信息、环保、健康、旅游等新兴产业的快速发展。特色小镇主导产业主要立足于产品及文化特色型、绿色智造特色型、互联网科技产业型、金融服务特色型、旅游产业特色型五大类型，如宁海智能汽车小镇是我国企业集群程度较大、产业布局明显、行业竞争优势的特色汽车零部件生产基地；嘉善巧克力甜蜜小镇通过巧克力产业不断扩展，引进并建设了温泉、水乡、花海、婚纱摄影等相关甜蜜产业；云栖小镇通过以云计算为核心产业，重点打造云生态，通过积极促进智能硬件产业的快速发展，实现了多元化的云计算产业链。

浙江省特色小镇产业布局

产业类型	典型小镇	产业特色
产品及文化特色型	西湖龙坞茶镇、湖州丝绸小镇、嘉善巧克力甜蜜小镇、海宁皮革时尚小镇、桐乡毛衫时尚小镇、龙泉青瓷小镇、余杭艺尚小镇等	具有比较深厚的文化底蕴，国内外知名度较大
绿色智造特色型	江北动力小镇、海盐核电小镇、路桥沃尔沃小镇、黄岩智能模具小镇等	拥有比较经典而规模较大的制造产业，以该产业为特色而发展的小镇
互联网科技产业型	西湖云栖小镇、余杭梦想小镇、富阳硅谷小镇、临安云制造小镇等	围绕某一具有较好基础、区域影响力的新兴产业而发展起来的小镇，以科技和信息产业为特色
金融服务特色型	南湖基金小镇、义乌丝路金融小镇、梅山海洋金融小镇等	以金融产业集聚区为基础，带动周边区域观光、休闲场所的建设
旅游产业特色型	奉化滨海养生小镇、武义温泉小镇、仙居神仙氧吧小镇等	拥有高级别的健康养生和休闲旅游资源的小镇

5.特色小镇建设意义影响广泛

新经济发展下浙江省省政府主导特色小镇建设的政策设计，其规划具有明确的准入要求和操作规程。如产业选择围绕信息经济、高端装备制造等主导产业或历史经典产业；创建方式采取"宽进严出""年度考核"和"验收命名"；在运作方式上坚持政府引导、企业主体、市场化运作等，充分体现了建设理念和政策操作两个层面的内容架构。建设理念以地方产业升级、高端要素集聚、创新能力提升和空间品质塑造等为依据，科学地体现了创新与融合的特点；政策操作切实可行，如要求特色小镇"3年内固定资产投资不少于50亿"，"3~5年内核心区基本建成"，"通过考核验收命名"等都以实绩考核为主。2017年7月浙江省发展和改革委员会出台了《关于印发浙江省特色小镇验收命名办法（试行）的通知》，其中验收内容规定得十分详尽，共分三级指标体系，每一指标都进行了量化，有的甚至精确到个位数，具有规定性、强制性、执行性的特点。形式上精确的量化指标，同时也有着一定的弹性空间（如不同类别的产业及地区，投资额度及创建时间有所区别），这种操作层面的政策均具有一定或严格的科学性。

总之，浙江省在之前"美丽乡村""五水共治""美丽县城""两美浙江"等实践基础上,提升了浙江省的乡村环境质量,打造出特色小镇。特色小镇的出现,体现了落实《国家新型城镇化规划(2014—2020年)》、强调"人"的城镇化的最新实践成果。"有利于破解经济结构转化和动力转换的现实难题,是浙江省供给侧结构性改革的一项探索,是推进经济转型升级的重大战略选择"。体现了"在产业上实现转型升级,促进城乡一体化,实现就地城镇化"的实施策略。可以起到扩大有效投资,完善创业生态系统,激发创新创业激情的重要作用。

三、浙江省特色小镇的发展战略

习近平总书记于2015年12月底对浙江省"特色小镇"建设作出重要批示:"从浙江和其他一些地方的探索实践来看,抓特色小镇、小城镇建设大有可为,对经济转型升级、新型城镇化建设,都具有重要意义。"几十年的快速发展,浙江省较早遇到了资源、环境、劳动力成本等各方挑战。2008年的金融危机,浙江省外向型经济受到较大冲击,政府通过"五水共治""节能减排"等引导企业主动转型升级,改变发展模式,自2013年始,浙江省已提前进入了新常态,2014年浙江省产业投资呈下降趋势,基础设施投资占每年2000多亿元固定资产投资增量里较大比例,产业投资占比低,且增幅仅在5%左右。同时工业长期处于产业链、价值链底端,产业结构不合理,企业利润空间一直被挤压。因此,从2015年省政府着手特色小镇创建与研究工作,以期推动产业有效投资和结构优化。2016年,浙江省特色小镇上升为国家战略。浙江省着眼供给侧培育小镇经济的思路,对做好新常态下的经济工作也有启发。

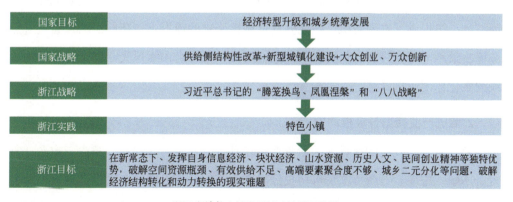

浙江省特色小镇发展战略演进示意图

浙江省特色小镇可从产业发展动力、空间发展规划及运行机制三个维度进行发展战略的研究。一是探讨新兴产业、传统产业、资源环境和传统文化四种推动力发展战略。二是在选址、空间结构、综合系统构建三个方向探讨其发展战略。三是从建设模式、管理模式、服务手段三方面运行机制方面提出不同发展战略。

（一）产业发展动力战略

1.新兴产业创新推动力

浙江省特色小镇主要依托大型项目或围绕某一具有较好基础的产业而发展起来，以信息经济、环保、健康、旅游、时尚、金融、高端装备制造七大产业为主，这些具有未来发展潜力的新兴第二、三产业正带动经济高速增长。如上城玉皇山南基金小镇、西湖龙坞茶镇、西湖云栖小镇、余杭梦想小镇等，在新兴产业的推动下，这些小镇在长期的发展过程中再衍生出其他相应次级产业以及配套功能，以核心带动整个区域的经济增长和社会发展。以基金小镇分析为例，统计资料显示，2013年至2017年五年间，全国共建立33个基金小镇，其中浙江省15个占全国总数的45%，玉皇山南基金小镇在这33个小镇当中脱颖而出，除了自身主导产业基金，在城镇综合功能方面，衍生出空间丰富的办公场地，融入了居住、商业、文化、医疗等功能，具备相应完善的服务设施，形成核心区为800米辐射范围的生活圈，打造"以人为本"三位一体的社区空间。从资源环境角度看，玉皇山南具有历史与人文、环境与文化融合的特征，自然环境优越，人文景观丰富，位于世界遗产核心地带西湖景区内，政府启动的西湖综合保护工程和一些轻资产文化创意企业进驻园区为特色小镇提供了发展契机。在充分尊重城镇历史的前提下，巧妙地结合周边自然环境，秉承"可持续的有机更新"理念，形成一条融合山水风光、以文化创意为主线的文化休闲游览线路。

2.传统产业转型升级推动力

浙江省经济发展除挖掘七大新兴产业之外，还对茶叶、丝绸、黄酒、中药、青瓷、木雕、根雕、石雕、文房等历史经典产业进行转型升级，提高生产效率，降低能源消耗量，并借助电子商务平台进行大规模发展，其中具有代表性的是诸暨袜艺小镇和义乌丝路金融小镇。如：义乌以小商品贸易集群为特色经济迅速发展，饰品、玩具、纺织、加工服装、袜子、小五金等商品销售收入、利润和市场占有率都位居全国前列。但目前仍依靠廉价劳动力的优势，受原材料和交通运输费用逐渐提高的影响，传统的经营模式已不再适应经济的发展。目前义乌市政府将电子商务作为先导性产业进行重点培育，义乌市国内电子商务贸易出货率和跨境电商出货量均居全国前列，让我们看到传统产业与电子商务结合的成功之处。义乌市特色小镇的成功就在于明确自己的城镇发展定位，将其"特色"这一点优势放大，这一点值得以传统产业为推动力的小镇借鉴，在发展传统产业的同时尊重市场化的选择，顺应时代更迭的潮流。

3. 资源环境基础保障力

浙江省的特色小镇在生态建设方面存在两种情况，一种是本身小镇地段内或者周边具备良好的生态环境，在青山绿水、风景秀丽地区或具有其他温泉景观、奇石观赏等资源的地区，依赖这种资源环境，增强对相关企业和居民的吸引力，游览自然景观的同时提供创业和居住的功能，如武义温泉小镇、莲都古堰画乡小镇等。另一种是"从无到有"对景观生态环境的"制造"。在山水江南、鱼米之乡，依托典型的自然资源和丰富的生态环境，在建设特色小镇过程中对景观生态环境进行适当加工、改造，将旅游类的特色小镇按4A、5A景区标准建设。如常山赏石小镇、庆元香菇小镇等。以莲都古堰画乡小镇为例，具有古堰和画乡两部分资源，以现有的自然风光资源为主要推动力，建成国家4A级景区。古堰即碧湖镇的通济堰，距今已有1500多年的历史，小镇拥有丰富的水生态资源，92%以上的河段达到国家Ⅱ类水质标准，为丽水九龙国家湿地公园的文化展示区和瓯江省级旅游度假区的重要组成区块，空气质量Ⅰ类标准，两侧生态植被以原生的滩林、茅草、芦苇为主，完整的生态、农田体系以及传统村落在这里构成"山、水、林、田、湖、城、镇、村"于一体的特色小镇。同时，小镇根据自身的自然风光和历史文化资源，定位为"艺术之乡、浪漫之都、休闲胜地"，用"生态""文化""休闲"三大特色打造美术写生基地、创作基地、商品油画生产基地和生态度假中心。其独具地域特色的传统文化,以竹排、帆船、造船传统技艺和唱船戏、走河灯等传统民俗为主的船帮文化,以及以制造热兵器为主的特殊抗战文化,在这里得到政府和文物界的高度重视,保护完好并进行相应的活化利用;传统产业手工艺制陶、酿酒、编草鞋、弹棉花等在经济迅速发展中依然代代相传。

4. 传统文化的内驱推动力

特色小镇建设以文化内涵为灵魂,通过重点打造旅游、文化创意为主要路径,提高当地居民、外来游客及企业的文化认同感和心灵归属感,逐渐积累、形成新的文化特质或亮色。以六大"中国绸都"之一的湖州为例,素有"丝绸之府、鱼米之乡、文化之邦"的美誉,作为丝绸文化的发源地,早在春秋战国至南北朝时期,就已出口十多个国家,文化底蕴深厚,并且在漫长的历史发展当中,湖州丝绸逐渐形成自身特色和风格。湖州市政府积极投入申报特色小镇工作中,以传承中国千年丝绸文化为己任,建设兼具丝绸文化、蚕桑习俗、丝绸商业、名人足迹等文化载体,挖掘特色小镇独特的历史文化及现代传承要素,并保持乡土文化的原生性和鲜活性。自20世纪90年代,湖州市政府就开始从政策导向、产业布局、设备引进、技术创新等方面,对丝绸产业进行了全面转型升级,以丝绸产业为核心,紧扣自身特色传统文化,借助山水风景的生态资源,形成"丝绸+"的发展新路径,带动创意产业和旅游度假等衍生产业成为现在湖州丝绸小镇的发展战略。

总体上,从产业发展动力分析浙江省特色小镇发展战略,立足于资源环境、新兴产业、传统产业和传统文化四种主要推动力,四类动力既可以单独发力,又可以统筹融合,以某一种推动力因素为主,结合其他一种或多种因素制定特色小镇的发展战略。

(二)空间发展战略

自然资源部于2019年5月29日发布《关于加强村庄规划促进乡村振兴的通知》,提出力争到2020年底,结合国土空间规划编制在县域层面基本完成村庄布局工作,有条件、有需求的村庄应编尽编。暂时没有条件编制村庄规划的,应在县、乡镇国土空间规划中明确村庄国土空间用途管制规则和建设管控要求,作为实施国土空间用途管制、核发乡村建设项目规划许可的依据。此文件进一步强调了空间规划对于乡村振兴、特色小镇建设的重要作用。通过对浙江省特色小镇空间发展战略的梳理，发现多以案例研究的形式出现，其中对整体特色小镇空间战略部署的宏观研究，主要集中于区位环境、空间结构、功能布局和景观生态四方面的分析。

1. 产业引导特色小镇科学选址

在保留原特色产业区域前提下，特色小镇通常具有以下空间选址特色：一是邻近科技城或位于其腹地内，对技术要求高。特色小镇与科技城紧密结合，聚集大量高层次人才，以高端装备制造业、信息经济产业等大量科技支撑的产业为特色。如梦想小镇和云栖小镇。余杭梦想小镇即依托于未来科技城（海创园）这一特定承载地。2011年海创园被中央组织部、国务院国资委列为全国四大未来科技城之一，是第三批国家级海外高层次人才创新创业基地。二是邻近中心城区或主要道路，交通便捷。对于需要对外进行运输和与中心城区沟通较高的小镇来说，区位交通便利的选址意义尤其重要，如黄岩智能模具小镇、龙游红木小镇。黄岩智能模具小镇紧挨104国道、82省道，临近甬台温高速公路、铁路、台州机场、海门港，与黄岩主城区及椒江区交通联系度非常高。三是邻近青山绿水或位于环境优美的区域内。这类小镇通常具有独特资源、发展旅游业、户外健康，中心城镇与乡村共同建立发展的全域旅游网络，主要以风光宜人为主要吸引点，对周边环境要求比较高。如南浔善琏湖笔小镇，其位于湖州市南浔区善琏镇，距离湖州城区30公里，东至秀才桥河，西至善琏塘，南至宋古桥河，北至北兴路、夹塘港。规划设计范围为4.08平方公里（建设用地面积为3.39平方公里），其中核心区约1.2平方公里。其是中国湖笔文化和蚕文化的发祥地，素有"湖笔之都、蚕花圣地"之美誉。"湖州出笔，工遍海内，制笔者皆湖人，其地名善琏村……"善琏镇的制笔历史，至今已有2000多年。"善琏湖笔"，历史悠久，工艺精湛，素有"湖颖之技甲天下"的美誉。"湖笔制作技艺"被列入首批国家级非物质文化遗产名录，善琏镇也因之连续两次被文化部评为"中国民间文化艺术之乡"。善琏镇是"国家级森林城镇""国家级生态镇"，全镇有湖笔文化馆、蒙公祠、永欣寺、含风景区等多个景点；有"湖笔文化节"和"蚕花节"等旅游节庆活动。

2.体现"点、线、面"空间结构

浙江省特色小镇的空间结构多以产业为主要推动力，带动周围片区发展。特色产业统筹生产、生活、生态空间布局，延伸融合主导产业、衍生产业、居住功能、文化功能、生态功能，推进特色小镇的发展，是整个特色小镇的活力所在。如新昌智能装备小镇空间结构为"一核四区"，从产业类型方面看是以智能装备制造为核心，即"一核"结构，衍生发展航空智能装备、制冷环保智能装备、交通运输智能装备、纺织印染智能装备，即"四区"。善琏湖笔小镇空间布局为"三轴四区"："三轴"即生态景观轴、文化体验轴、休闲度假轴；"四区"即古镇文化旅游区、商贸配套服务区、休闲观光拓展区、湖笔文化产业集聚区。

3.构建多功能协同体

浙江省特色小镇的功能布局强调以产为先、以城为基、以人为本、以文为核，实现产业、文化、生态、社区、配套设施功能的集合，构筑"产业+""文化+""旅游+""社区+"多功能协同体。特色小镇基本上都是结合主导产业、衍生产业、配套设施或者是以主题进行划分用地功能布局，做到产业或主题与功能一一对应，强调采取小尺度街区、小规模供地、开放共享的空间供给模式，满足当地居民生活、外来游客（居住者）以及工作人员生活、就业创业和旅游观光的要求。如云栖小镇根据产业生态链规划，建设了八个功能组团，在用地布局上形成了八个功能分区：创业孵化区、创业服务区、云存储云计算产业区、工程师社区、成功发展区、国际化生活区、生活配套区和创业创新拓展区。

总体上，特色小镇空间规划应结合自身产业发展特点，结合自身景观环境优劣的不同情况、维持生态系统稳定。第一，空间选址上要注重邻近科技城、大学城或位于其腹地内；第二，注重交通便利性，邻近中心城区或主要道路；第三，从生态可持续发展角度，注意邻近青山绿水或位于环境优良区域内，坚持"以人为本"理念，构建不同的景观环境。第四，从空间结构角度，注重"点、线、面"的规划，可将主导产业建设为核心点，将周围片区打造成"一核多区"的空间结构；同时构建产业、文化、生态、社区、配套设施多功能协同体，满足当地居民生活、外来游客（居住者）以及工作人员生活、就业创业和旅游观光的要求。

（三）运行机制战略

特色小镇运行中要坚持政府引导、企业主体、市场化运作，并不断创新建设模式、管理模式、服务手段，始终保持灵活的运行机制。

1.建设主体灵活

本着开放理念，鼓励各类主体积极参与特色小镇建设。如民企年年红集团为龙游红木小镇的建设主体，央企中车集团为浙江鄞州电车小镇的建设主体，西湖云栖小镇是阿里巴巴集团技术委员会主席王坚博士领导谋划的。

2.政府提供相关政策支持

国家以及浙江省政府在土地、金融等各方面对特色小镇的建设提供相应政策扶持。如在土地要素保障方面，特色小镇建设中确需新增建设用地的，由各地先行办理农用地转用及供地手续；对如期完成年度规划目标任务的，省里按实际使用指标的50%给予配套奖励，其中信息、环保、高端装备制造等产业类特色小镇按60%给予配套奖励。财政支持方面，特色小镇通过考核验收后，新增财力上缴省里部分，前三年内全额、后两年一半返还给当地。特色小镇的建设和运行以平等开放的竞争机制，鼓励各类资金投入，如民间资本、股权投资基金、银行信贷资金。

3.特色产业定位，培育方式灵活

浙江省的特色小镇采用创建制，即宽进严定、动态培育、实绩摘牌。为确保特色小镇活力，对已建名单和培育名单择优分批公布，年度考核不达标的特色小镇，实施退出机制。对于三到五年后完成建设目标的创建型小镇，验收合格后确定公布为特色小镇。特色小镇通过填写相应的申报材料，履行相应申报程序，经3年左右创建，每年会定期检查建设情况，对实现规划建设目标、达到特色小镇标准要求的，评以优秀、良好、合格、警告和降格的成绩，经由省特色小镇规划建设工作联席会议组织验收，通过验收的认定为省级特色小镇。如杭州市西湖区人民政府办公室在2015年6月16日发布的《关于加快推进云栖小镇建设的政策意见（试行）》，就提出鼓励企业落户、鼓励人才引进、鼓励企业创新、鼓励企业贡献和鼓励配套服务等方面政策意见。

4.坚持政府引导、企业主体、市场运作的方式

浙江省一开始就选择了"特色产业+旅游产业"的双产业模式，实现了高起点战略。多产业融合的地区综合发展是特色小镇的最终目标。政府在特色小镇建设中要充分发挥引导和服务保障作用，企业在特色小镇建设中要凸显主体地位，市场在资源配置中要发挥决定性作用。在规划编制、基础设施配套、资源要素保障、文化内涵挖掘传承、生态环境保护等方面要体现政府引导作用。

新经济发展下浙江省特色小镇从1.0版升级为4.0版。第一代特色小镇，以"小镇+一村一品"为特色。当时的小镇主要是为农村、农业、农民服务的，是农业产前、产中、产后的服务基地，这种特色跟中国封建王朝一样，拥有着2000多年的悠久历史。第二代特色小镇表现为"小镇+乡镇企业+企业集群"。自新中国成立以来，在缺乏资金、没有外援的情况下，浙江省还是以自身特色小镇为依托，创造出了2.0版的区域发展模式。小镇以专业化的分工协作构成一个高效的生产体系即块状经济，许多企业集群所出产的产品都逐步进入全球产业链，导致浙江经济后来居上。2.0版本的特色小镇是整个浙江经济从落后到先进、从前工业化到后工业化的推动力和见证者。至20世纪80年代末，特色小镇3.0版出现，将那些没有被块状经济所覆盖的、保留独特历史文化的小镇、奇特的建筑和独有的地形和谐融合，打造成新的旅游资源，并同时带动其他产业发展，由此形成了一种特色区域结构，这一版本的特色小镇表现为"小镇+服务业"模式。但经过几十年的发展，城镇化虽日趋完善，也存在着工业园区、产业园、大学城等生搬硬套的整合，切断了城乡间最天然的联系纽带，针对这一现象，浙江省推出了新型特色小镇来弥补城市化带来的一系列问题，力争达到修缮城市产业、修复城市生态、修补城市环境的功能，这就是以"小镇+新经济体"为特征的第四代特色小镇，即小镇4.0版。

四、浙江省特色小镇的创建程序

浙江省特色小镇创建方式采用"宽进严定"。即在全省重点培育和规划建设了

100个左右特色小镇,分批筛选创建对象。主要通过以下四个步骤或环节:一是自愿申报。这项工作主要由县(市、区)政府向省特色小镇规划建设工作联席会议办公室报送创建特色小镇书面材料,制定创建方案,明确特色小镇建设的相关问题。二是分批审核。三是年度考核。对申报审定后纳入创建名单的省重点培育特色小镇,建立年度考核制度。四是验收命名。通过3年左右的时间,对实现规划建设目标,达到特色小镇标准要求的,由省特色小镇规划建设工作联席会议组织验收,通过验收的认定为省级特色小镇。特色小镇建设作为推进经济社会发展的一项举措,主要在土地要素保障、财政支持方面给予政策引导和扶持。

(一)加强特色小镇建设的组织领导功能

在特色小镇建设中,政府的功能定位是引导和服务保障。因此,浙江省政府建立了以常务副省长担任召集人,省政府秘书长担任副召集人,省发改委、省委宣传部、省财政厅、省经信委、省国土资源厅等单位负责人为成员的省特色小镇规划建设工作联席会议制度。同时,各县(市、区)是特色小镇培育创建的责任主体,并建立实施推进工作机制,搞好规划建设,确保各项工作按照时间节点和计划要求规范有序推进,不断取得实效。另外,各级政府更要加强动态监测,防止各种偏差。总之,特色小镇建设是一项系统、复杂的工程,必须加强对这一工作的组织领导和统筹协调。具体体现在:

1.编制规划

国外特色小镇发展经验显示,其前期主要是一个由企业和社会群体自然选择的结果,之后政府在税收上给予一定的优惠、扶持,从而使特色小镇的功能得以充分发挥。而我国特色小镇建设首先是政府部门负责人根据实际提出了相应的概念,而政府则从政策落实上,立足整个国家、本地区经济社会发展全局,再依据相关政策和本地区的具体实际编制详尽的规划。

2.建立多级联动机制

特色小镇自概念提出到创建要求政策化以来,浙江省各级党委、政府高度重视,从人员配置、机构设置及相关制度确立等方面,迅速形成了省、市、县(县级市、区）三级联动的工作机制。第一层次是省政府，主要职责是制定相关政策并全面组织协调。具体来说，在创建程序方面主要负责：①分批审核。②年度考核。③验收命名。同时，省政府会同相关金融机构从拓宽融资渠道、创新金融品种、完善支付体系、优化网点布局等多方面出台了相关政策，支持特色小镇建设。第二个层面是市级（地级市）政府，配置了相应的人员和机构以及建立了相应的制度与省政府相对应。第三个层面是县（县级市、区）政府。根据省、市政府的相关政策、要求及本地实际，组织规划特色小镇创建材料申报。与省、市政府的人员配置、机构设置及工作制度大致相同，但特色小镇获批后，应创造一切条件，积极加以推进、落实。由此可见，从政府的角度看，浙江省已建立三级政府的联动机制，已形成稳步推进特色小镇创建的良好格局。

（二）特色小镇建设的实施

浙江省特色小镇建设实施主要分为以下步骤：一是出台《关于加快特色小镇规划建设的指导意见》，之后不久，浙江省住房和城乡建设厅就制定了《关于加快推进特色小镇建设规划编制工作的指导意见》。要求各级政府要进一步增强思想认识，充分认识到加快特色小镇规划建设是省委省政府在新常态经济发展背景下，结合我省发展特点提出的重大决策，要充分认识到规划建设特色小镇的重要性。二是做好特色小镇的选点工作。特色小镇功能的充分发挥，与其定位密切相关。一般来说，特色小镇选点要与四个方面"相结合"，即与城镇体系布局紧密结合，与现有城乡布局相结合，与特色产业相结合，与资源禀赋和基础设施条件相结合。三是突出规划重点，主要体现在：①精确发展定位。换句话说，要坚持工业、文化、旅游与生产、生活、生态相结合，打造产业特色鲜明，文化氛围浓厚，环境优美的特色产业平台。②加强多规融合。加强小镇专业规划与经济社会发展规划、土地利用规划、生态环境保护规划、历史文化名城名村保护规划及相关专项规划的衔接协调。③突出特色塑造。结合小镇景观格局、历史背景和时代特征，用城市设计全过程的理念引导特色小镇的建设。④优化设施配套。根据基础设施和公共服务设施配置要求和规划布局要求，来改善各项配套设施。四是各级政府及其规划部门都努力根据自身实际来编制特色小镇建设规划。强调规划前瞻性的同时,还要坚持产业、文化、旅游的三位一体,还要把生产、生活、生态的发展融为一体,强调工业化、信息化、城镇化"三化驱动",项目、资金、人才"三方落实"。由于特色小镇在空间载体、特色内涵、外部条件、规划内容、实施要求等方面具有鲜明的多样性和复杂特征,因此,要科学规划特色小镇,必须从思维、理念、方法、内容及工作机制方面进行多方面的创新。五是要遵循特色小镇建设的主旨——突出产业特色。即围绕七大产业和历史经典,关注最基础、最优势的特色产业,同时要考虑一些具有成长性的高端产业,注意差异定位,错位发展。积极创造一个吸引有梦想、激情和创造力的高校毕业生的平台,以及大企业高管、科技人员、出国留学人员来创业创新。

1. 根据各地实际,精心选址选业

特色小镇建设能否达到预期目标,这在很大程度上取决于能否根据实际情况选择该镇的地址和旗舰产业。首先,选址原则是以城乡接合部建设特色小镇为主。但由于产业基础及打造产业的特色要求不同,因而也不能千篇一律。如属于环保、健康、旅游、高端装备制造及某些历史经典类的产业,要选在城乡接合部甚至离大城市较远的地方。这是由这些产业的基础所决定的。如以优美的自然风光为基础的健康、旅游业,以某些知名历史品牌为基础的产业,就是选择在旅游景区或镇区。反之,属于信息经济、金融类产业,原有基础比较薄弱,但要求环境优美、交通便利、基础设施良好,这就可以选择城市内部,如杭州的上城玉皇山南基金小镇、余杭梦想小镇、西湖云栖小镇的选址就是这样。而属于时尚类产业,由于基础和现实要求不尽相同,有的选址在城市中,如余杭艺尚小镇位于临平新城;有的则选址在乡镇,如嘉兴桐乡毛衫时尚小镇位于桐乡市东部濮院镇;有的则选址在某产业园或产业聚集区,如海宁皮革时尚小镇就是以海宁中国皮革城为核心打造。

其次,从选择产业看,主要根据原有产业基础,并加以创新、补充和拓展。多数特色小镇所选择的主导产业,都有着一定的甚至是相当雄厚的基础,特别是一些历史经典产业和旅游、制造业。但与特色小镇建设的标准相比,这些产业都还有进一步创新、补充和拓展的要求。此外,也有少数产业,如金融、信息经济产业,则主要依据时代发展的要求和我国经济社会发展的迫切需要而选择，如玉皇山南基金小镇就是如此。自2013年起，根据浙江省部署，上城区对原有的旧仓库、旧厂房、旧民居等进行了统一提升改造，辅以增加绿化，梳理道路。基于上城区金融机构强化先发优势和杭州市政府推进金融改革创新，积极创建以私募股权金融服务为首的财富管理金三角，基金小镇应运而生。余杭梦想小镇、西湖云栖小镇的产业定位也是这样。

2.运作方式创新，各方各司其职

特色小镇建设，与以往的经济社会政策（如金融政策、财政政策、计划生育政策、社会保障政策、产业政策、新型城镇化政策等）推进相比的重大区别就是要一改过去政府主导一切的运作方式，而是要采取政府引导、企业主导、市场化运作方式。一是提供基础设施配套。政府是公共物品和公共服务的提供者和保障者，在特色小镇建设中，选址后水、电、通信、交通等基础公共设施必须由政府保证及时到位，为企业和人才的引进或进入创造一个良好的条件。二是资源要素保障。资源要素是一个企业进行生产经营的必要条件，这些资源包括水、原材料、燃料、动力、资金、技术、人力等。在市场经济条件下，这些资源虽然不能完全由政府来提供，但政府必须提供各种服务以保障这些资源的充分到位。如水、动力等资源，政府可以通过基础设施配套来加以保证；资金、人力等资源，政府可以通过协调金融机构和出台相关人才政策，来保证这些资源的供给。三是文化内涵挖掘传承。浙江省具有悠久的历史和优美的自然环境，沉淀着许多深刻的文化内涵。政府相关部门必须深入调查研究和充分挖掘，并根据时代特点赋予其应有的内涵，通过各种形式加以传承。四是生态环境保护。人与自然的和谐一致，是社会主义科学发展观的重要内容。在市场经济条件下，在注重经济发展的同时，一定要注意生态环境的保护。这一职能主要由政府来承担。为此，浙江省各级政府高度重视，对于一些具有可能带来有害于生态环境的制造业，如嘉兴的海盐核电小镇，则采取了各种有效防范措施，以避免生态环境的破坏。

另外，特色小城镇建设要突出企业主体地位，推进以企业为主体的项目建设，充分发挥市场在资源配置中的决定性作用，让社会各方参与进来。如雁栖小镇的快速发展，就是政府扶持、名企引领的典范。浙江嘉兴的特色小镇，也是企业主导发展起来的。此外，一些以旅游、经典传统、智创产业为主的特色小镇，还要充分发挥当地居民、村（社区）大学生的主动性、积极性，引导社会力量参与城镇建设。通过资金扶持、完善的生活配套设施以及各种创业技能的培训，吸引了大批有理想、有抱负的大学生前往创业。

（三）形成完善的特色小镇"创建制"格局

"创建制"的核心在于将空间生产（营建加运营）制度化，浙江省特色小镇创建遵循一套严格的流程，即自愿申报—确定创建名单—年度考核—验收命名。特色小镇的主角参与/监督进行产业培育、创造制度环境、建设基础设施、提供公共服务、加强社会治理等通过市场配置资源寻找市场机会、进行资源整合发挥自身优势共同参与、实时监督。创建一个"特色小镇空间"，在产业定位、建设空间、资金投入、功能定位、运行方式、建设进度和综合效益等方面都有政策上的明文规定，有了制度上的保障，特色小镇的建设才符合"创建"的定义。在政策上，浙江省也强调投资的"有效性"，特色小镇是浙江省吸引各界投资的举措之一，其在产业定位上紧扣七大产业及历史经典产业这类具有良好前景的产业，并对建成后的综合收益有明确要求。因此，通过对浙江省考核的特色小镇进行投资，基本上能保证产生盈利的"有效投资"，进一步确保特色小镇的良好发展。特色小镇虽然"宽进"，并没有很高的准入门槛，但是"严出"，具有很严格的考察审核标准，真正能够顺利建设完成并顺利运营的特色小镇，在路径逻辑上一般不会有偏差。

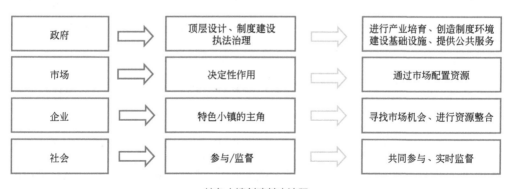

特色小镇创建基本流程

从浙江省2015年6月公布的37个第一批特色小镇至今，浙江省已经布局了百个特色小镇，几乎囊括了省内产业聚集度和效率最高的地区。从引入资源创建特色小镇到特色小镇运营、验收及考核，背后都有相关政策进行辅助、把关，确保特色小镇创建的每一步都可顺利进行。在不同的阶段，政策"尺子"具有不同的刻度：在创建初期，"尺子"刻度较大，特色小镇的准入门槛较低，相关审批等流程简化处理，缩短办事时间，在此基础上还对达成预期目标的小镇提供高额补贴；在创建中后期，"尺子"刻度逐渐缩小，将考核验收阶段的评定指标分为三级，共1000分，每一级指标都有详细得分点与扣分点，评定结果在800分以上的特色小镇才算通过评定考核。总体上，浙江省特色小镇实施时从政策扶持、组织协调、人才支撑、等级强化等多方面提供了系列保障。

五、浙江建设特色小镇的基本原则

（一）产业规划原则

以培育"特色产业"为核心。"产业兴旺"是乡村振兴的重点，培育特色小镇，首先是从建设思路、实施方法和管理机制入手，依托自然资源、人口结构、产业基础等条件，在本地发掘"三最"特色产业：即最有基础、最具潜力、最能成长的产业，以此为优势吸引高端要素集聚，以建设具有持续竞争力的独特产业生态为目标。区位选择可以考虑：一是中小城市周边的重点镇发展"卫星镇"，二是以发挥交通优势为特色，将高速公路、铁路沿线有特色资源的交通节点培育成"珍珠镇"，将边陲镇的吸聚效应逐步升级，建设"门户镇"，达到以产立镇、以产带镇、以产兴镇的建设目标，特别要结合国家乡村振兴与供给侧结构性改革需求，大力发展"互联网+"相关产业，立足于传统的健康养老、体育休闲、现代农业、文化旅游等产业，不断开发金融、信息、智能制造等新兴特色产业，在推进新型城镇化、农业现代化、农民市民化的创新实践中培育特色小镇。

产业定位"特而强"，避免"大而全"。小镇未来决定于产业选择，以产业升级为抓手，确定产业主攻方向，构建产业创新高地。特色小镇的产业特色是其建设的核心元素，找准特色、凸显特色、放大特色，是小镇建设的关键所在。浙江特色小镇建设均围绕七大产业和历史经典产业，挖掘最有基础、最有优势的特色产业，克服"百镇一面"、同质竞争的问题。有些小镇由于历史原因，产业雷同，建设中重点做到差异定位、细分领域、错位发展，发掘独特性。以云栖小镇、梦想小镇为例，两者均为信息经济特色小镇，但大数据、云计算是云栖小镇的发展特色，"互联网创业+风险投资"则是梦想小镇的主攻方向。

突出"有效"投资。特色小镇要以"转型"与"创新"为根本。抛弃华而不实的增长指标，保证含金量。环保、健康、时尚、高端装备制造4大行业的特色小镇，要求3年内完成50亿元的有效投资；信息经济、旅游、金融、历史经典产业等特色小镇3年内要完成30亿元的有效投资。要求投资必须突出"有效性"，与实体经济紧密结合，聚焦前沿技术、新兴业态、高端装备和先进制造业。截至2018年，3300多家企业集聚在了浙江省首批37个重点培育的特色小镇中，同时1.3万多青年人才被引进，带来了含金量较高的新增投资、新建项目和新增税收。

突出"质量"的建设。产业布局注重将原有区块进行"标签"转换，去"旧标签"换"新标签"。项目引进精挑细选，避免"一哄而上"，注重"新""好"等特色项目的引入。投入产出注重落实。避免单纯靠数字、指标说话，从形象、效益、实物角度测量。同时，建设人才高地，大力引进创新力强的领军型团队、成长型企业，聚焦高端产业和产业高端建设；鼓励"新四军"创业创新队伍，即为以高校毕业生等90后、大企业高管、科技人员、留学归国人员创业者为主的新型人才队伍提供发展平台，尤其要为有梦想、有激情、有创意，但无资本、无经验、无支撑的"三有三无"年轻创业者提供一个起步的舞台。

（二）"多元化"的运营原则

小镇运作以"多元化"为特色。坚持市场主导、多元化构建方式，进行特色小镇建设。注重政府引导、市场运作的有机结合，优化服务模式和建设管理机制，推动特色小镇发展多元化主体建设的积极性。第一，政府从规划编制、设施配套入手，加强文化建设、生态保护、资源要素保障等。第二，在资源配置中要充分发挥市场的决定性作用，重视在小镇发展过程中，企业的主力军、建设者、创新团队作用，项目投资、运营、管理等方面突出企业的主体地位。第三，在运营机制上，落实"企业主体"。特色小镇建设关键在于企业的推动力、市场的活跃性。应避免等、靠、要政府给"帽子"、给政策。政府不能大包大揽，要坚持企业为主体、市场化运作。政府的工作主要是做好编制规划、保护生态、优化服务，不干预企业运营，不能"大包大揽"。改变传统的"先拿牌子、政府投资、招商引资"系列做法，引入有实力的投资建设主体，让专业的人干专业的事。要给予小镇独立运作的空间，发挥当地居民、村（社区）的主动性和积极性，引导各方社会力量参与小镇的规划建设，使市场主体和当地居民成为特色小镇开发建设的真正主体。要创新融资方式，探索产业基金、股权众筹、PPP等融资路径，加大引入社会资本的力度，以市场化机制推动小镇建设。将特色小镇打造为新型众创平台，让第三方机构为入驻企业提供专业的融资、市场推广、技术孵化、供应链整合等服务。

（三）"产业融合"的发展原则

以提升发展特色产业为核心建设特色小镇，要结合资源禀赋和发展基础，从不同发展阶段、地域特征、资源优势、生产、供给端入手，找准特色、凸显特色、放大特色、做足特色，打造特色产业集群，加强特色小镇产业集聚力，深度融合发展第一、二、三产业，构建乡村振兴产业体系、生产体系和经营体系，搭"梯子"，建"堡垒"，"闯路子"。推进城乡统筹，夯实乡村振兴的根本。集聚人才、技术、资本等高端要素，实现小空间大集聚、小平台大产业、小载体大创新，以城乡产业整合、带动城乡一体化发展。特色小镇建设的着力点和出发点是城乡融合发展，但是在健全农村新增用地保障机制、引导撬动社会资本投向农村、创新金融支农组织体系、加快农业转移人口市民化、重塑乡村文化生态、完善现代乡村治理体系等方面仍存在不少问题，而特色小镇建设的探索实践恰好可以破解和诠释。

（四）空间规划原则

"高效率"区域规划原则。10万平方公里的陆域面积，长期制约着浙江的生产力空间优化布局。因此，特色小镇规划的首要任务是从提高土地利用率和促进产城融合两方面寻求突破,一是避免土地资源浪费,利用有限的空间优化生产力布局。浙江省人民政府《关于加快特色小镇规划建设的指导意见》中规定,特色小镇规划面积一般控制在3平方公里左右,建设面积一般控制在1平方公里左右。充分利用低丘缓坡、滩涂资源和存量建设用地,以节约集约用地为原则,同时,挂钩新增土地指标与年度规划目标任务。二是以产城融合破解城乡二元结构。埃比尼泽·霍华德关于乡村建设的代表作《明日的田园城市》中指出:"特色小镇建设要点不在城市,要被乡村带包围,能满足各种社会生活需要。"随着城市人口集聚效应加强,城市社会结构发生变化,传统的生产型服务业集聚区需要成本更低、空间更大的地方,产业发展同时去郊外旅游度假的城市人群需求也在日益增长,因此在特色小镇的规划设计中,要充分利用有限的空间,一方面将生产机构合理布局,另一方面考虑小镇旅游属性的设计和规划,既能够使产业在小镇内更加便捷地进行资源共享和产业联动,又能够使特色小镇成为生产、生活、生态"三生融合"的功能叠加型园区。

实行"多规合一"的规划理念。特色小镇规划是各种元素高度关联的综合性规划,不同于单一的城镇规划或园区规划。所以,要始终突出规划的前瞻性和协调性,坚持规划先行、多规融合,统筹考虑人口分布、生产力布局、国土空间利用和生态环境保护。注重节约集约利用土地,合理界定环境承载力、资源承载力、人口承载力与产业支撑力,坚持保护中开发和开发中保护并举。以资源禀赋条件,联动编制生产、生活、生态"三生融合",工业化、信息化、城镇化"三化驱动",产业、文化、旅游"三位一体",项目、资金、人才"三方落实"的建设规划。从概念性规划、控制性详规、核心区设计规划等入手,确保小镇规划落实到空间布局图、功能布局图、项目示意图等可视化材料上。

(五)"差异化"建设原则

以"差异化"为基础打造特色小镇。从资源禀赋特色、区位环境特色、历史文化特色、产业集聚特色等方面规划建设特色小镇,坚持特色鲜明、因地制宜的原则,打造具有持续竞争力的独特产业生态。依据宜工则工,宜商则商,宜农则农,宜游则游的培育理念，对于不同区位、不同模式、不同功能的小镇，无论是硬件设施还是软件建设，都需与其产业特色相匹配，"错位竞争、差异发展"，确保特色的唯一性。要"一镇一风格"，多维展示地貌特色、建筑特色和生态特色。在集约集成的前提下精益求精，建设形态力求"精而美"，不做"大而广"。要根据地形地貌，做好整体规划和形象设计，确定小镇风格，建设"高颜值"小镇。建立特色小镇电子空间坐标图，界定规划范围和建设用地范围，建设面积不能超出规划面积的50%。特色小镇的"美"关键是建筑特色和艺术风格，不是高楼大厦。以小镇功能定位为根本，强化个性设计的建筑风格，将品牌打造、市场营销和形象塑造进行系统规划，将自然与人文、历史与时尚、传统与现代完美结合。

如低密度、低容积率的龙泉青瓷小镇，建筑就独具"小镇味道"，4位重量级工艺大师，在这里设立了46个创作工作室。建设坚持求好，不图快，在保留原汁原味的自然风貌基础上，坚守生态良好底线，注重生态优先的"嵌入式开发"，建设有江南特色和人文底蕴的美丽小镇，让绿色、舒适、惬意成为小镇的常态，使回归自然、田园生活不再遥远。总体上，小镇独特的自然风光之美、错落的空间结构之美、多元的功能融合之美、多彩的历史人文之美的有机统一成为其形态之美。

（六）"人本化"的管理原则

以"人本化"管理特色小镇。围绕人的城镇化，统筹生产、生活、生态空间布局，就地取材，巧用田园、借景山水、讲究人与自然和谐共生，真正体现纯朴的乡村特色。突出地域人文特色，将传统文化和风土人情融入"山、水、村"之中，建设"望得见山、看得见水、记得住乡愁"的魅力小镇。坚持合理配套，提升住房就业、医疗卫生、教育养老等各项保障措施水平，提高特色小镇综合服务功能，聚集"人气""财气"。

制度供给力求"活而新"，避免"老而僵"。特色小镇是在探索中的实践、在建设中不断创新完善。特色小镇是突出"综合改革试验区"的定位。以国家的改革试点先行、先试区为特色，特色小镇对符合法律要求的改革可以先行突破。突出政策"个性"。特色小镇如期完成年度规划目标任务，省里按实际使用建设用地指标的

50%给予配套奖励,其中信息经济、环保、高端装备制造等特色小镇再增加10%的奖励指标,若3年内未达到规划目标任务,则加倍倒扣奖励指标。创建期间及验收命名后,特色小镇规划空间范围内的新增财政收入上交省财政部分,前3年全额返还、后2年返还一半给当地财政。

突出服务"定制"。放宽市场主体登记制度的核定条件,降低准入门槛,实行集群化住所登记;削减审批流程中的具体环节,便捷审批流程,创新验收制度,提供全程代办,让小镇企业少走弯路好办事。同时,实行企业"零地"投资项目政府不再审批、企业独立选址项目高效审批、企业非独立选址项目要素市场化供给机制和政府不再审批。此外,坚持以实绩作为质量考核唯一标准,从环境功能符合度、城乡规划符合度、文化功能挖掘度、产业定位清晰度等方面考核内涵建设情况。打造"落后者出、优胜者进"的竞争机制,以"创建制"动态管理,不搞区域平衡、产业平衡,宽进严定上不封顶、下不保底。转变政策扶持方式,实施"期权激励制",给予验收合格的特色小镇财政返还奖励。对未在规定时间内达到规划目标任务的实行"追惩制",倒扣土地指标,不盲目"戴帽子",确保小镇建设质量。功能叠加力求"聚而合",不能"散而弱"。浙江特色小镇功能叠加重在功能融合,即将产业功能、文化功能、旅游功能和社区功能相融合,推进融合发展、产生叠加效应。发掘文化功能以文化标识给人留下难忘的文化印象。培育创新文化、历史文化、农耕文化、山水文化,汇聚人文资源,把文化基因植入产业发展全过程,重点挖掘历史文化,保护非物质文化遗产,延续历史文化根脉,传承工艺文化精髓。同时嵌入旅游功能作支撑,丰富小镇生命力。旅游特色小镇要充分利用自身的旅游资源,挖掘山水风光、地形地貌、风俗风情、古村古居、人文历史等旅游题材,打造3A、5A级景区。除了传统的景区旅游外,特色小镇还可以赋予体验旅游、休闲旅游、教学旅游、工业旅游、健康旅游等更加多元化的旅游功能。此外,围绕生产、体验和服务来设计制造业特色小镇的旅游功能,以嘉善巧克力甜蜜小镇为例,它围绕甜蜜和浪漫主题,将"温泉、水乡、花海、农庄、婚庆、巧克力"元素整合,突出"旅游+工业"特色的同时,全方位展示巧克力工艺文化和浪漫元素。"建立小镇客厅"夯实社区功能。推进数字化管埋全覆盖公共服务,完善医疗、教育和休闲设施，提供APP，实现"公共服务不出小镇"。如山南基金小镇开通了国际医保服务，推行证照一站式办理，将普通小学改造提升为双语小学，"零距离""零时差"为小镇企业服务，集聚了大批顶级私募机构以及包括莫言在内的一批知名文化人士，力争实现"办事不出小镇"的目标。

六、浙江省特色小镇发展问题与对策

作为我国改革开放前沿地带的浙江省在改革开放的几十年中经济社会取得了长足的发展，以块状经济为特色的城乡一体化进展迅速，同时，经济社会也面临产业转型和升级的艰巨任务。因此，从21世纪开始，浙江就根据区域特色经济的特点，开始探索以区域性空间再造和增长要素集聚为主要特征的新型的城市化和产业发展道路，形成了一批"相对独立于市区，具有明确的产业定位、文化内涵、旅游功能、社区特征的发展空间载体"，以云栖小镇诞生为标志，立足于云计算的产业生态小镇为引导，催生了"特色小镇"这一后来流行的称谓，也推动浙江省特色小镇建设取得了重大成效，快速发展的同时，也出现了一些亟待解决的问题，如规划设计的科学性欠缺，特色定位不准、功能叠加不足，政府功能定位在实践中有所偏离或游离，创新集聚转化困难等。因此，必须加强规划设计的科学性，进一步明确政府的功能定位，根据产业特色实施功能叠加，创新集聚转化，保障土地、资金要素的供给，以促进特色小镇建设的顺利发展。

浙江省特色小镇建设成效

(一)浙江省特色小镇面临的问题

2015年6月,浙江省第一批省级特色小镇创建名单正式公布,共37个小镇位于全省10个设区市列入首批创建名单。而杭州以梦想小镇等9个小镇的总量居第一位,占创建总量的24.32%;嘉兴市位居次席,以南湖基金小镇等5个小镇占创建总量的13.51%;丽水市以莲都古堰画乡小镇等4个占创建总量的10.81%,位列第三;此外,宁波市、湖州市、金华市、衢州市、台州市各上报3个创建小镇,温州市、绍兴市各上报2个,舟山市在首批申报中无小镇上榜,位居末席。2016年1月,浙江公布了第二批特色小镇创建名单,全省有42个小镇入围。杭州仍蝉联榜首,9个创建镇占总数的21.43%;宁波市、嘉兴市、丽水市各上报4个,并列第二;温州市、湖州市、绍兴市、金华市、舟山市各上报3个,并列第三。尤为特色的是开创了以市场化为主体创建特色小镇的先河,以省农发集团联合上虞区打造杭州花田湾小镇,中国美院、浙江音乐学院联合西湖区共同打造的西湖艺创小镇为代表。2017年8月,浙江第三批特色小镇创建名单公布,全省共上报小镇35个,宁波市以7个总量位列第一,超过杭州,占总创建数的20%;杭州市则居第二位,以5个小镇占总创建数的14.29%;嘉兴市、台州市、丽水市各上报4个创建小镇;绍兴市上报3个;温州市、湖州市、金华市、衢州市各上报2个。在三批114个特色小镇创建名单中,区域差异的数量分别是:杭州23个、占比20.17%,宁波14个、占比12.28%,嘉兴13个、占比11.41%,丽水12个、占比10.53%,台州9个、占比7.89%,绍兴、湖州和金华各为8个、分别占比7.02%,温州7个、占比6.14%;衢州6个、占比5.26%;舟山3个、占比2.63%。数量扩张的同时也带来一些亟待解决的问题。

1.数量与质量发展不同步

按计划浙江省拟用三年时间建设100个特色小镇从建设进程看特色小镇的增量趋势较为显著,但真正具有特色的"特色小镇"数量仍不明显。受管理者素质参差不齐、经验不足、定位认识不清及各地经济发展水平、政策机制和小镇建设具体落实等因素的影响,特色小镇在数量上增加的同时,建设质量还缺乏进一步的提升,规划意识不足,难以对当前的环境变化做出及时的反应,导致规划不够明晰。在早期的一批特色小镇中由于整个规划偏低,预见性不够,使特色小镇仅仅靠一些简单的产业来推动当地经济的发展,没有产业的升级与转型。还有一些特色小镇的规划只停留在书面上,而没有按照规划的方向付诸实际建设,政策规划和政策落实有着明显的滞后性,最终导致特色小镇的发展经营混乱,出现了功能交叉等问题。

2.区域分布不平衡

浙江省特色小镇分布集中在一些经济比较发达、资源条件优越的地方,例如杭州。而较多民营企业的入驻也是许多特色小镇的重要基础。但许多特色小镇在建设的过程中,由于自身规划思路不够明确,导致整体特色小镇的发展效果不够突出,缺乏特色主导产业支撑,加上分布比较分散,和普通的小镇并没有什么区别。目前特色小镇入驻的民营企业仍以小微企业为主体,企业集群的理想状态、产业集群的布局都还有很长的路要走,更需要相当长的时间才能够实现。另外,具有高附加值和创新性的企业仍十分缺乏,使特色小镇的产业长期停留在较低水平,而产业升级高度和集聚程度,直接决定着主导产业的发展水平。如那些集聚水平较低的特色小镇,其吸引力也比较弱,发展比较缓慢;而如云栖小镇等那些能够汇聚众多产业的特色小镇,则能够充分发挥其集聚作用,更明确自身的发展方向。

3.主导产业发展滞后

浙江省特色小镇有许多相同的产业类别,很多体现为缺乏主导产业,导致发展滞后。浙江正在创建的文旅特色小镇比重明显高于以高端产业为主导产业的特色小镇,如教育、IT、物联网、科研、金融、智能创新、生物医药、新能源、新材料等高端人才集聚的产业小镇,所占比重还有待提高。如在第一批创建的37个特色小镇中,以金融、信息经济、高端装备制造业等创新因素主导的小镇比重不到一半。第二、三批批准的特色小镇,也大致如此。如杭州市的特色小镇中,有30%左右的特色产业是以大数据和云计算为主导产业,而以先进制造为主导产业的占到了20%的水平,产业重叠比较严重,对未来浙江省特色小镇的发展存在一定制约。而在一些环保、历史资源产业优势中,杭州市仅仅只有1个相关的特色小镇,体现了许多特色小镇对自身主导产业认识不够，仅跟风追热门，也导致了特色小镇相互之间恶性竞争，可能影响到最终建设效果的实现。

4. 政府扶持力度不平衡

虽然浙江省特色小镇的综合服务能力在全国来看走在前列，但随着经济快速发展，产业升级不断加快，对政府强有力的综合服务能力要求也日益提升。当前浙江省特色小镇的建设中，政府对基础设施的投入力度仍有待提高，上级政府的资金支持比重较大，相关的融资渠道仍较单一。而在水、电、道路、桥梁、燃气、通信等基础设施方面，餐饮、旅游等公共服务保障、建设步伐与特色小镇发展不能同步，出现了重复建设、投入不规范、资源浪费等现象，使特色小镇在一些基础建设上、整体服务能力等方面比较薄弱，既增加了社会成本，也降低了整体的服务能力。由于基础功能不够完善，对浙江省特色小镇优势的发挥也起到了抑制的作用。另外，也有一部分特色小镇仅限于从理论层面来建设，政府过于注重业绩评价，忽略了特色小镇建设的实际效果，更有一些特色小镇的发展得不到政策的支持等，都导致特色小镇现实发展滞后性。

5. 生态环境受到一定程度破坏

特色小镇作为我国未来经济社会发展的重要战略，是我国城镇化推进的新兴模式和经济发展的重要载体，其建设和发展既体现社会发展的需要，也是产业结构调整的需求。浙江省在建设特色小镇的过程中，已呈现了社会资源短缺、环境污染加重、生态持续恶化等问题。如一些特色小镇为了绩效，不顾生态环境的保护，引进了一些对环境有显著危害的项目，最终带来了生态环境的破坏；许多特色小镇过多注重自身发展，却忽视了环境治理的重要性；还有一些特色小镇为了特色而特色，结果给生态环境带来了诸多的破坏；等等。

6. 创建规划的问题

2015年4月浙江省政府率先颁布了《关于加快特色小镇规划建设的指导意见》，这份政府文件的内容是比较原则、全面的，但从其实践来看，也还存在一些问题：一是关于特色小镇的概念问题。文件提出"特色小镇是相对独立于市区，具有明确产业定位、文化内涵、旅游和一定社区功能的发展空间平台。"这样的原则规定缺乏一定的可操作性,很容易使具有惯性思维的下级政府和企业产生某些认识上的误区,在实际运作中偏离初衷。二是关于建设、投资、创建时间等规定缺乏弹性。如文件规定:特色小镇规划面积一般控制在3平方公里左右,建设面积一般控制在1平方公里左右。原则上3年内要完成固定资产投资50亿元左右。某些特色小镇投资额可适当放宽。某些地区创建时间可放宽到五年。但由于特色小镇所处区域不同、经济社会发展水平及主导产业性质等诸多差异因素,明显受制于用地规模、投资规模、创建时间等方面的规定不利于实际的运作。三是运作方式过于强调政府引导、企业主体、市场化运作。但在全球经济疲软及当代中国特有的国情条件背景下,企业及社会的主体能力发挥受到限制,政府在规划编制、基础设施配套、资源要素保障等方面发挥了重要的作用,能说仅仅起到了"引导"作用?四是小镇规划缺乏系统性、完整性。特色小镇的规划要有系统性、完整性,既要考虑小镇的发展定位、产业发展重点、空间功能区分、项目组合,又要考虑小镇后续的开发阶段时序、盈利模式、投融资模式以及招商运营模式等多方面的问题,才能使规划顺利、有效的实施。但在现实中,由于种种原因,有些地方的小镇规划变动频繁,侧重点各不相同,拼凑迹象明显,从而使规划缺乏整体性、系统性和可操作性。五是缺乏科学规划导致缺乏鲜明的特征。仇保兴曾指出,特色小镇的核心是如何具备当地的特色,如何发展其深度和广度,而不一定拘泥于产业。特色是什么?可能是当地的建筑形态,可能是文化旅游的特色景观,也可能是当地原有的特色产业。强调特色小镇的标志是独一无二的"特色"元素?但当前有些地方对本地发展定位不清,往往跟风、模仿,致使小镇特色模糊。以浙江七家金融类小镇为例,从城市分布看,其中杭州两家,宁波三家,嘉兴一家,金华一家。宁波虽然经济发达,且为副省级单列市,三家金融小镇功能不完全一样,但作为一个市拥有三家类似的金融小镇,也难免引起人们的非议。可见,特色小镇规划没有与当地生态、产业、文化相结合,形式单一,地方历史文化特色不鲜明,导致小镇核心区块缺乏特色内容。

7.功能叠加性待挖掘

特色小镇是位于大中城市之外或独立于市区的具有明确产业定位、文化内涵、旅游功能、社区特征的特定空间，它是集生产、城市、人文、文化于一体的重要功能平台。这种功能定位指明其整体功能应该是聚而合，而不能软而散。但在特色小镇的创建过程中，有些地方对产业、旅游、文化、社区功能如何融合考虑不到位，仍以传统的产业聚集区、工业园区、旅游度假村等来谋划特色小镇，从而导致项目分散，多种功能有机融合不足。主要体现在：一是小镇的产业和旅游功能融合不足。旅游功能是特色小镇建设评价的重要指标，这个功能也使特色小镇一般能够表现出更为突出的市场竞争力和可持续发展能力。当前，一些工业小镇由于产业定位的特殊性，如金融小镇、智创小镇，产业工作区具有一定的保密性，加上空间范围有限，难以开发丰富多彩的旅游项目和产品，这是其客观原因。主观上未能充分挖掘应有潜力，只注重"单打一"，也是一个重要原因。浙江省2017年旅游业收入突破万亿大关，充分证明旅游业在浙江经济发展中的重要地位和作用。但特色小镇中的旅游业在整个旅游业的比重占多少却没有提及。二是小镇的产业和文化功能融合不足。文化是生活归属和区域认同之间的重要桥梁。当前，许多特色小镇本来就有着深厚的传统文化，如何让这些传统文化与现代时尚文化相结合是摆在我们面前的一个重要挑战。三是小镇的产业与社区功能融合不足。浙江的特色小镇是一个被定义为具有公共社区功能的产业发展平台和人才聚落空间。但是目前，大多数特色小镇的社区承载功能还相当薄弱，许多小镇还基本停留在创业者暂居地、临时栖息地的层面上，居民对于小镇的身份认同度、心灵归属感等普遍不高。特色小镇创建中的文化建设必须重视起来。

8. 创新集聚转化困难

特色小镇的创新要素主要是技术和人才，并具备一定的承接一些新兴科学技术基础。以金融、信息经济、高端制造装备为特色的产业小镇，在杭州、宁波市区内集聚相对容易一些，而对于一些坐落在经济比较落后的县、乡镇的特色小镇，创新技术的集聚则相对困难一些。创新人才的集聚、创新成果的转化也是如此，也导致目前一些小镇未具备未来行业的技术含量和高增长潜力，仍不能占据行业制高点，受经济、技术基础和思想观念等因素的影响，这些转化还难以见效。

9.要素保障受到制约

资源要素是特色小镇建设的（主要是土地、基础设施和资金等）重要保障。而政府目前是这些要素的主供给者。从实践来看，这些要素有时难以得到有效保障。如小镇建设所需的土地利用指标主要通过城乡建设用地增减量和耕地占补平衡来解决。但是，通过这些方式获得的土地指数是有限的。

（二）浙江特色小镇发展主要对策

特色小镇的建设与发展是一项系统性工程，浙江省立足实际情况，积极对特色小镇的发展做出新的构想，并不断推出具体的措施来推动特色小镇的快速发展。在规划面积、投资规模、创建时间、验收标准等方面，预留更大的空间，让企业和市场来决定取舍。遵循严格标准，宁缺毋滥，重点培育与时效性不断完善。

1.规划先行，合理布局

特色小镇首先准确定位，并进行符合自身特点的合理规划与布局。通过以小镇为基础条件、以特色为核心要素、以特色产业为主要内容，搭建一种发展空间平台，不同于创业园或孵化器等创新创业平台，不是简单的一种国土空间布局，而是综合各项功能的一种综合性规划，能有效解决我国城镇化进程中的突出问题。能够将产业、文化、旅游、生态、科技、人文、医疗等结合起来，进行系统全面的规划，只有运用长远的眼光、现代化城市建设的理念，才能够确保特色小镇的持久发展。因此，规划特色小镇其实是一项系统性工程，不仅需要准确定位，还要把握多领域、多维度、多功能的相互融合，通过深入把握特色小镇的实际作用，积极发挥其特色功能和优势。

（1）战略上提高规划的层次

从战略上提高规划的层次，一方面有利于在顶层设计方面确保特色小镇的建设规划更加清晰，另一方面有利于结合当地实际情况，及时做出科学的调整。从整体建设中进行把握，以长远的眼光看待规划问题，例如可以将特色小镇的建设规划纳入到当地总体发展规划当中。

（2）实施分类规划

在规划的过程中需要有效结合特色小镇自身的优势和特点，从现有的资源条件入手，将特色小镇的整体规划、功能建设和产业布局等方面的内容做出适合的规划，不仅需要对过去的建设规划做出评估和反馈，还需持续跟进当前建设和发展情况，并对未来做出准确的规划。

（3）注重经验借鉴

积极鼓励各特色小镇的交流和学习，将一些成功的实践案例拿出来分享，互相学习先进的管理经验，通过对比的方法，发现自身的规划发展与其他特色小镇的差距，并不断学习其他特色小镇的优秀经验，保证相互促进，将小镇的建设和发展联系起来，发挥优秀特色小镇的积极带领作用。

（4）产业规划准确定位

特色小镇的准确定位，是要以习近平新时代中国特色社会主义思想和科学发展观为指导，以国家重大战略政策为依托，坚持创新、协调、绿色、开放、共享的新发展理念，重点推进特色产业建设，合理布局产业，促进特色小镇的持续快速发展。

2.保证规划的衔接性和可行性

特色小镇的规划建设也必须与城市总体规划、土地利用总体规划和经济社会发展总体规划相结合，要警惕概念规划的过度炒作和项目的过度包装。实际上，特色小镇建设规划，是一个由概念策划到具体实施规划，由单项规划到整体规划的过程。因此在规划设计时，必须充分考虑到不同阶段、不同形式规划的有机衔接，而不能出现"断档"或不协调。一些地方为争得进入创建单位名单，不惜在概念策划和项目名称上大做文章，以吸引人们的"眼球"。如某些创意、金融、总部经济，以及一些旅游类等项目，听起来很美好，但实际运作起来却很难使项目"落地"并产生应有的效果。对此，必须对所申报材料进行实事求是的评估，以免启动之后造成不可挽回的浪费。

3.凸显小镇特色与个性

特色小镇的竞争力重点在于特色，没有特色和个性，就失去了原有的内涵。

缺乏特色和个性的特色小镇和传统小镇也就并无区别，不是真正意义上的特色小镇。因此，作为当前国家政策积极推动和我国城镇化建设过程中的内涵式发展的一种空间发展平台，特色小镇发展必须综合考虑自身的准确定位，结合时间和空间布局，不仅需要与当地自然条件和资源相结合，还需要考虑产业、文化、旅游、科技等方面的因素，坚持从自身实际出发，具体问题具体分析，积极努力打造适合自己的特色。

（1）突出时代特色

过去20多年我国城镇化建设大多处于粗放式的发展阶段，特色小镇是结合当前的实际情况，于近几年提出的一种新思路，因此，应结合区域特点及城镇发展的实际情况，以突出时代特色，来打造适合自己的特色和个性。

（2）突出文化特色

特色小镇需要探索适合自己的特色发展之路，应注重文化融合，紧密结合当地的文化资源、自然资源和人文资源等，以文化带动特色小镇建设和发展；以特色小镇所在地的特色和个性为基础，突出地方特色，将合理规划和布局，融入地方特色，密切结合当地的经济条件、自然环境、人力资源和区位规划等来建设和发展特色小镇。

4. 注重试点示范，稳步有序推进

为保障特色小镇建设的科学性和合理性，应该通过合理建设一批试点小镇的方式来发现小镇建设过程中可能出现的一些问题。通过小镇建设的试点，及时总结经验、发现和解决问题，以便推广至全省乃至全国。浙江省在推进特色小镇建设中首先注重规划打造，考虑采用先试点再推广的发展政策，科学有序地实施特色小镇建设。

（1）规范规划编制

浙江省特色小镇建设规定，申报之初必须明确小镇的空间布局和功能布局，并结合当地的土地利用规划、城乡规划、环境功能区规划编制特色小镇概念性规划，同步完善小镇控制性详细规划，建设小镇城市客厅，重点突出城镇特色和产业特色，让小镇外在和内涵实现同步发展。

（2）打造实体景区

浙江省通过以产业资源为引导、旅游业态为载体，实现"镇区景区化、产业旅游化"，有力打响小镇品牌。明文规定，所有的特色小镇都要建设成为3A级以上景区，其中旅游类特色小镇按5A级景区标准建设。

（3）提升公共服务

特色小镇强调社区、文化、生态功能的有机融合，注重基础设施和信息化建设。小镇内实现免费Wi-Fi、特色VI系统全覆盖，官方APP实时动态更新，提供智能门禁、停车等智能化管理服务，倡导建筑低碳化应用，同时配套开放式文体设施和完善的住宿、餐饮及购物设施，为入驻小镇的企业和人才提供完备的公共服务。

（4）强化统计监测

以数据监测和指标考核，引导小镇紧扣自身产业主题，牢牢把握产业特色，放大区域品牌优势，高质量地推动小镇发展。特色小镇有一套详细的考核评价统计量化指标，如规定必须在3年内完成50亿元以上固定资产投资（不含住宅和商业综合体），且特色产业投资占固定资产投资比重需达到70%以上。并以点带面，通过试点来带动全局，充分发掘地方产业特色及吸引外来资本，并使二者达到有机结合。

5.以产业化带动特色小镇建设

产业化建设不仅是现代城镇化建设的主要推动力，更是国家当前经济政策的重要导向。浙江特色小镇正从块状经济走向综合发展，丰富经济业态和资源要素，在创新空间中实现产业、生活、环境和文化的提升。在实践过程中，不断通过产业化来刺激特色小镇的发展，抓住契机将产业发展作为特色小镇的重要支撑。随着产业化的不断深入，带动特色小镇在经济、文化、旅游、科技、信息等方面的大量涌入和发展，刺激各项功能的深度融合。产业化的过程是一个牵一发而动全身的过程，它将特色小镇的建设、当地经济的发展、各项功能的融合等有效融合起来，具有引领催化的效果。

正是产业化的发展才使得特色小镇的建设有了重要的保障，和产业化发展的深度融合，是特色小镇建设的支撑和优势。因此，浙江省持续为特色小镇的发展注入新的活力、建设和发展好特色小镇，以产业化为依托，打造系统、完整合适的产业链，形成产业生态链。具体方法：一是积极发展大数据、人工智能、先进制造、移动互联网、消费升级等产业，刺激新的经济增长点升级主导产业，从而带动小镇的建设与发展；二是大力发展特色产业，加快发展产业集群，在特色小镇建设中合理布局产业，以促进产城融合。

6.持续完善基础建设功能

良好的基础设施条件，是浙江省特色小镇持续发展的保障，能够确保特色小镇建设突出自身的特色，吸引优秀企业入驻，并增强其投资规模、优化发展环境、突出产业结构调整，才能够实现自身快速的发展。增强特色小镇的基础建设功能，需要从完善功能和提高承载力两个方面入手，通过综合多种手段来促进建设一个配套设施完备、生态环境优美、适合创业居住的基础环境。目前，一是不断加大水、电、交通、燃气、通信和生态环境等基础设施建设的投入，政府持续加大财政支持力度，促进基础设施的完备。二是用生态观念来建设特色小镇，加大在生态环境方面的建设力度。特色小镇的建设是一个可持续发展的空间发展平台，需要较大的承载能力，通过建设排污系统和污水处理厂等，来确保环境建设有一个良好的保障条件。三是通过提升特色小镇的服务质量，大力发展现代服务业来提升整体的基础功能建设水平。特色小镇的建设和发展，除了要加大对基础设施的投入力度，还需要加快发展餐饮、零售等现代服务业。四是加强绿化建设，发展生态环境，推进公共服务体系的建设和完善，注重特色小镇的科、教、文、卫等事业的发展，建设适合居住的生活环境和旅游环境，为特色小镇的发展提供一个良好的保障。

7.创新产业生态环境

浙江省特色小镇建设一直是全国的先锋典范。以科技创新加快建设和发展高新技术特色小镇，发展新经济、新产业、新模式，是促进特色小镇发展的核心推动力，推动新兴产业带动浙江省特色小镇的发展，尽快打造新的创业创新空间发展平台，突出科技创新的引领催化作用。据相关资料，浙江省第一批特色小镇总共37个，吸引3400多家企业成功入驻，实际总投资额约500亿元，其中超过20亿元的特色小镇有5个。例如云栖小镇，在建设初期，就实现涉云产值近30亿元的总额，累计吸引超过300家企业入驻，其中涉云企业总数达到255家。云栖小镇的产业已经遍布大数据、云计算、互联网、物联网等多个新兴领域。总体上，浙江省特色小镇要坚持产业高端定位和引领，加快新兴产业的培育和发展，积极改进和优化传统产业，推动人工智能、大数据、云计算、消费升级等产业的快速发展，发展先进制造，坚持产业发展和生态发展相统一，不断形成独特的特色产业群。

（1）产业升级改造

对于以传统产业集聚为代表的特色小镇，实行"高端化、市场化"的产业升级改造。政府引导优化资源配置，围绕产业升级导向，实施以"腾笼换鸟、机器换人、空间换地、电商换市"为代表的"四换三名"工程，加强"低小散"企业整治，有序淘汰落后产能，规范市场经营秩序，积极培养名企、名品、名家，打造行业龙头。

（2）提升产业平台建设

重点打造以产业创新、技术转化、"互联网+"服务、人才交流、大数据分析等为代表的高端服务平台，并借助行业协会和市场的力量，举办高端论坛和贸易会议，提升产业层次和小镇知名度。

（3）强化业态塑造

浙江省特色小镇建设最终目的是形成宜居、宜游、宜业的新社区，实现就地城镇化，传承历史文化，加速浙江省产业的转型升级。因此，更应该以产业为依托，注重个性化、定制化业态培育，强化业态塑造，开发工业旅游、商贸服务等配套产业。加大优质资本和高端人才引入，创新合作模式，拓展小镇产业辐射面。通过特色小镇的建设，达到促进城乡协调发展，推动农业转型升级，增加农民收入，提高人口素质，以城带乡，加快农村经济社会发展的战略目标。

8.高效运用重大政策

和国外特色小镇相比，我国特色小镇扶持的政策过于单一，尤其是一些特色小镇的发展得不到政策的支持，产生了一些差距。因此，应充分运用政策导向来建设和发展特色小镇，加大对创新的扶持力度。当前，我国一些创新政策仍然不够明朗，没有明确哪些企业能获得创新支持。为有效落实相关政策，可以设立专门的投资基金和专项科研投入基金，对于一些重大科技领域和关键项目给予足够的政策支持。浙江省紧密结合国家科技发展计划，"一带一路""亚投行"等国际政策实施，"中国制造2025"，自贸区的有效建设，"大众创新、万众创业"的持续推进等重大政策，围绕特色小镇的特点和优势，有效融合政策导向，逐步形成特色产业群，构建国家产业链，带动当地经济和周边经济的发展。并在实践中，根据现实变化情况进行积极调整，随时应对可能变化发展的环境，通过建立协同工作机制、绩效考核体系和风险预警机制等多种方式，来确保特色小镇持续健康发展。

9.重视功能融合

特色小镇建设需要兼具多项功能的融合，随着我国"五位一体"总体布局不断推进，运用新发展理念，建设和发展特色小镇，将产业、文化、旅游和生态等功能相互融合，注重各项职能之间的交融是发展趋势。第一，以政府特色小镇基金模式，引导风险资本或者其他资本进入特定领域，通过政府的补贴，跟投，或者政府背书等形式来降低投资行为，因此得到了各大资本的大力支持。特色小镇基金和政府政策关系较大，且对于促进当地经济、当地企业的发展具有明显的成效。目前，这种方式在浙江、上海、广东等地区已经取得了显著的成效，浙江省应该在实际建设中大力发展这种模式。第二，规范特色小镇的建设，对一些消极建设特色小镇的地区进行有效的整顿，促进市场化改革，让市场化机制发挥最大作用，提高特色小镇建设的积极性。第三，通过调节和规范市场，对垄断加以管制，改善市场需要，发挥市场在资源配置中的决定作用，引进竞争机制，鼓励参与市场竞争。

10.加快智慧小镇建设

特色小镇的智慧化是顶层设计。特色小镇产业智慧化、社区服务智慧化、文化服务智慧化在互联网推动下日益提速。信息化已成为其经济增长的"倍增器"、发展方式的"转换器"以及产业升级的"助推器"。浙江省目前已有19个特色小镇被定义为信息经济小镇。作为新兴产业,在深化云计算、大数据、物联网、移动互联网、人工智能等新一代信息技术与特色小镇管理、产业、旅游、社交、文化等功能融合和迭代升级,提供智慧化的基础设施服务,实现特色小镇全域管理系统化、精细化,产业发展生态化、高端化,应用服务普惠化、便捷化方面,已成为国家信息经济示范区。特色小镇在疏通数据汇聚与流动渠道,全面采集数据、深度融合数据、专业挖掘数据、广泛应用数据,拓展治理方式,拓展产业发展格局,形成特色小镇新兴发展动能上稳步发展。智慧化的特色小镇产业智慧化是核心,体现在按需定义和共享的小镇产业互联网,弹性接入涵盖产业监测、企业上云、电子商务等功能的信息应用平台,助力提升小镇产业的综合竞争力。最终,实现特色小镇产业运行监测、企业云服务、电子商务服务等的智能化应用。另外,信息经济产业、高端装备制造产业、金融产业、旅游产业、时尚产业、环保产业、健康产业、历史经典产业等要建设个性化应用。

11.建立良性互动与统一机制

浙江省特色小镇在创新驱动发展过程中,努力实现各类创新的良性互动与统一。第一,体现树立"流量经济"新的发展理念,以"流量经济"去改变"存量经济",加快推进浙江省特色小镇创新生态系统的构建。在网络经济时代必须认识到"流"的重要性,主要是人才流、思想流、资金流、信息流、物流等重要性。浙江省由于阿里巴巴等互联网经济的发展,网络经济时代的特征特别明显,特色小镇本质上是"流"的空间集聚,特色小镇更进一步的发展必须依赖于一种"流量经济"的支持。第二,浙江省特色小镇要创建完整开放的产业功能,完善政府、空间和社区功能。浙江省特色小镇涵盖经典传统产业、新兴导入产业和功能提升产业。应围绕一个具有特色、站位高端的产业主题形成产业生态,配套商业设施、公共服务和基础设施,营造生态、文旅的创业生活空间环境。第三,主张传承历史经典文化,并紧随时代潮流,发展创新文化和时尚文化,兼具乡土文化,具有独特的文化标识。总体来看，浙江省特色小镇作为一种新的产业发展空间平台，正在逐步实现产、城、人、文相融合的创新功能。

总体上，浙江省特色小镇的建设正依据省情有序推进，同时，在国家法律政策的范围内，认真汲取西方发达国家特色小镇建设的成功经验，充分发挥其在市场配置资源中的核心作用，在长期积累的过程中推动特色小镇的城镇化发展。创新政府与市场的关系，使特色小镇建设过程中，政府主要是通过基础配套设施的提供及税收、金融等政策的扶持，发挥引导和辅助的作用；关注资源禀赋各不相同、形成路径各异的特色小镇发展；关注产业引领，不断创新，注重特色小镇独特产业在全国甚至全世界的影响力，发挥示范引导作用。

息壤 新观点

借势杭州湾 再造新宁波

钱塘江是世界三大强涌潮河流之一,"八月十八潮,壮观天下无。"这是北宋大诗人苏轼描绘的钱塘江大潮景象。诞生于钱塘江大潮的杭州湾湾区在世界经济版图中有着独特的现实价值与战略优势,宁波位于杭州湾湾区南岸的喇叭口上,如何借势杭州湾,加快发展?"建设国际港口名城、打造东方文明之都"就是别具一格的宁波版湾区经济宣言书,这必将促使宁波在全球湾区经济发展中金榜题名。

一、借湾区地理经济之势,推动国家战略落地

杭州湾湾区包括上海、杭州、苏州、宁波等9个城市,是中国第一大城市群聚集地,且各地的经济发展水平接近,基础设施、公共服务差异小,是中国最类似旧金山湾区的区域。湾区内有宁波港、洋山港两个世界级大港,浦东新区、舟山新区两个国家级新区,有复旦、交大、浙大等著名高校,可谓中国最具实力、最具潜力的"第一湾"。作为湾区城市的代表,宁波要联合区域内上海等城市,通过官方渠道反映、两会代表委员履职议政、专家研讨发表意见等多种途径,使杭州湾湾区"环湾发展"上升为国家战略。宁波在推动杭州湾湾区发展这一国家战略落地的过程中,必将"近水楼台先得月"。

二、借湾区创新引领之势,构建智能经济高地

杭州湾湾区内有很多重大创新创业资源,汇集新信息和人才,激发创新活力,催生创新机构发展,涌现出大批创新成果。如上海是全球科创中心,乌镇每年举办世界互联网大会,杭州是国际电子商务之都,等等。宁波市是首个"中国制造2025"试点示范城市,要在引进培育创业创新生态上下功夫,率先开创智能经济新局面,如策划举办智能经济高端论坛;聚焦家电等优势产业,发展智能制造;做强

做大机器人、芯片等核心产业；创建一批助力智能经济发展的创新服务载体；发展产业互联网，推动对实体经济的互联网化改造。

三、借湾区高度开放之势，打造新的"海丝起点"

湾区经济具有天然的开放属性，有专家说若将沿海比作围棋中的银边，湾区就是金角，湾区经济依附"金角银边"，从而构成开放型区域经济的高级形态。纽约湾区、旧金山湾区和北部湾区之所以能够成功，一个非常重要的前提就是开放和对外贸易。一方面，宁波要借助"一带一路"东风，着力做强做大港口，扩大对外开放，大力建设海洋经济发展示范区，成为"一带一路"特别是21世纪海上丝绸之路建设的排头兵和主力军。另一方面，在开放发展中，要荟萃世界多民族文化，吸引大量外来人口，进一步形成世界不同文化、不同文明相互融合的集合体，吸引世界各国的创新人才和企业，打造国际贸易中心城市。

四、借湾区协同竞合之势，实现错位高端发展

协同发展是湾区经济发展的客观要求，如港口城市和湾区腹地形成紧密依存、共同发展的良好关系。杭州湾湾区拥有整个长江流域作为腹地，发展条件得天独厚。参考分布有六个世界级港口的北部湾区发展，可以在宁波舟山港和上海洋山港之间实现协调合作。可研究宁波各区县（市）产业定位，发挥宁波在装备制造业、医药制造业、休闲农业、都市农业等方面的优势。在市内外建立区域利益共享机制，以"飞地经济"模式有效利用杭州湾湾区广大的市场，在更大范围内经营宁波的产业资源，以智能制造业与上海的金融业形成协同配合。要着重探索创新圈建设，更加注重高校知识经济圈的形成。在港口城市发展之初，港口是主要动力，但随着持续发展，必须从要素推动向创新推动转变，否则将陷入高雄式的衰退。硅谷发展的经验表明，高校是形成创新经济圈至关重要的因素。缺乏有影响力的一流高校是宁波发展的重大瓶颈，应加大对本市唯一一个一本院校宁波大学的支持力度，推动其做大做强。发挥宁波诺丁汉大学作为中外合作大学的优势，引进海外先进的高等教育经验和人才。同时建设好一批职业技术学院，利用宁波制造业的相对优

势，引领中国职业教育风气之先。

五、借湾区宜居宜业之势，建设优越生活环境

比较研究发现，湾区经济例如旧金山湾崛起的决定性因素之一，就是湾区城市更加宜居宜业的环境优势。澳大利亚悉尼湾，充分体现"以人为本"的原则，将湾区城市空间建设成步行者的天堂；日本鹿儿岛湾，非常注重湾区生态环境保护和治理，以"让美丽的鹿儿岛湾世代相传"为基本理念，制定了"鹿儿岛湾蓝色计划"。宁波在建设宜居城市方面，已成为全国生态文明先行示范区建设地区、国家低碳城市和海绵城市建设试点城市、十大旅游休闲示范城市。下一步应该坚持"绿水青山就是金山银山"的发展理念，通过促进生产空间集约高效以及合理规划，加快生产方式和生活方式绿色化，努力把宁波打造成独具魅力的生态宜居、山海宜游、现代宜业之城。同时着力推进地方治理体系和治理能力现代化，打造一流的城市品质。

打造慈溪"创新引擎"赋能宁波前湾新区

区域创新体系建设，既是国家创新体系的基础和支撑，也是区域竞争的生命线所在。在如火如荼的杭州湾大湾区建设热潮中，慈溪市杭州湾创新经济区作为宁波前湾新区的重要组成部分，打造慈溪区域发展转型升级的"创新引擎"，并赋予宁波前湾新区强大的创新能量。

一、创新与区域创新体系

从20世纪初熊彼得第一个从经济学角度系统提出创新概念，认为"创新是一种生产函数的变动"开始，有关创新理论的研究在不同国家和不同时期的背景下不断地被赋予新的特点，其中最具代表性的是弗里曼、库克和魏格。英国专家弗里曼研究并提出了"国家创新体系"这个全新的概念，他在研究日本的产业政策、创新效率和经济发展的关系后发现日本以技术创新为主导，辅以组织创新和制度创新，

只用了几十年的时间，就使国家的经济出现了强劲的发展势头。在国家创新体系研究的基础上，顺应经济全球化发展的大趋势，英国加的夫大学的库克提出了区域创新系统的概念，并对其进行了较全面的理论及实证研究，得出区域创新系统主要是由在地理上相互分工与关联的生产企业、研究机构和高等教育机构等构成的区域性组织体系，而这种系统支持并产生创新。挪威人魏格提出了更具体的区域创新系统，认为广义的区域创新系统由五方面组成：①进行创新产品生产供应的生产企业群；②进行创新人才培养的教育机构；③进行创新知识与技术生产的研究机构；④对创新活动进行金融、政策法规约束与支持的政府机构；⑤金融、商业等创新服务机构。

区域创新体系是指在一定区域范围内，为实现预定的创新发展目标，通过人才、资金、技术等资源的投入，推动制度、科技、管理等内容的创新，不断优化环境、创新产品、提升产业而形成的创新主体相互转换、创新内容相互作用、创新投入相互支撑的系统。区域创新系统包括四大子系统，每个子系统中包括三大要素。①三大主体要素：政府、企业、科研院校；②三大投入要素：人才、资金、技术；③三大内容要素：技术、制度、管理；④三大产出要素：产品、产业、环境。

二、国内外创新实践

1.美国硅谷：市场牵引型区域创新体系

美国硅谷是创新型湾区的典型代表，是美国高新技术创新的集中地、信息产业的集中地。硅谷的区域创新体系完全以市场为主导。这种创新网络的形成又以市场为核心，主要通过三种模式：一是企业主导型的创新模式，主要以区域内产业链上各节点企业联结成创新合作网络；二是产学研合作型创新模式，大学及科研机构与企业合作，或大学、科研人员与风险投资家合作创办企业，实现产学研的有效结合，使科技迅速转化为生产力；三是中介服务模式，硅谷有着非常发达的中介服务产业，能够将资金、技术、人力资源等生产要素迅速整合。政府在区域创新体系只是发挥辅助、协调和监管的间接作用。弱干预是硅谷所在的旧金山湾区政府的主要行为特点，也是硅谷创新发展的重要组成部分。

2. 日本筑波科学城：研发驱动型区域创新体系

筑波科学城的建立与发展得益于日本实施了"技术立国"的国家战略，致力于发展研发主导型的区域创新体系。相对宽松的国际技术交流与转移的背景下进行生产技术的模仿创新是日本筑波科学城发展的主线，然而其在建设发展的过程中也表现出并非完全照搬发达国家模式的特征，总体表现为：①十分强调政府的协调与规划作用，从而保持了创新区域发展的宏观及过程的有序性；②高效配置研发资源，在市场与政府的双重作用下，科技创新资源向科技研发方向倾斜，科技投入结构趋于优化；③注重技术的开发与产业化；④开始注意加大对基础研究与开发活动的力度，旨在通过模仿实现超越；⑤集成创新推动技术聚变，就是将多种技术结合在一起产生的杂交技术。

3. 韩国大德创新城：政府主导型区域创新体系

韩国大德创新城历经40多年发展，已成为推动韩国经济成长的加速器，也是全球性的创新集群，经常被称为"亚洲硅谷"。大德创新城采取的是典型的政府主导型的发展模式。韩国大德创新城的成功，在于几方面的共同作用。首先，政府重视科技创新，确立"科技立国"战略，定期举行科技振兴大会。除了战略上的支持，政府提供具体的政策及资金支持强化企业集聚能力，设立研发中心鼓励研究开发、成果转化和贡献奖励。其次，政府鼓励引进、消化、吸收的技术创新战略。政府出台了一系列政策鼓励高新技术产业吸引外资、引进技术。通过调整引进技术的项目结构、重视引进知识产权等逐步帮助企业建立技术研究所，加强对新技术、核心技术的独立研发。再次，政府主导官、产、学、研四者之间的协同合作。重大科研项目由政府牵头，通过制定一系列法律和优惠政策鼓励产学研的有效合作，如建立以大学为中心的官产学研合作研究园区、设立科学工程地方合作研究中心、建立地区合作开发支援团等。

4. 上海张江高科技园区：全面综合协调型区域创新体系

上海张江高科技园区的区域创新体系属于全面综合协调型，主要表现为谋全、谋人、谋稳的特色。总体上而言，结构功能完整，运行机制完善，重视官产学研协同合作，推动多种创新齐头并进，被称为中国的硅谷、药谷。上海张江高科技园区的创新体系包括组织体系、社会支撑服务体系、宏观管理体系以及技术体系，其运行机制是以技术创新为主体，知识创新为动力，环境创新为保障，服务创新为基础。通过整合各种开发资源服务体系，如风险投资、金融服务机构、工商注册代理、一站式审批服务等，使政府之手和市场之手形成开发合力，形成了以研发创新、孵化创业、转化辐射为主体功能的产学研创新机制。

5.深圳南山区：企业主体主导型区域创新体系

深圳南山区的区域创新体系是深圳模式的典型代表，主要表现为"求专、求效、求快"的特色。其主要特征是：政府职能由决策主导型向服务主导型转换；企业是自主创新的主体；特别着重于科技成果的转化。深圳南山区政府对科技创新的支持力度很大，但是不直接参与投资，而是通过政策扶持、风险投资以及举办交易会等形式为创新提供支持。深圳南山区的区域创新体系由五个部分组成。①区域科技创新体系：全社会投入、核心技术突破、高端创新载体建设、科技型中小企业重点培育引进和培育高层次创新人才集团、技术转移及成果产业化。②区域协同创新体系：以企业为主导发展产业技术创新联盟；促进科技创新资源共享；国际与深港合作。③区域科技投融资体系：投融资，科技与金融资源有效对接，拓展中小科技企业贷款渠道，汇聚国内外创投资源。④区域科技创新服务体系：创新科技管理服务机制，深入实施"大孵化器"战略，实施知识产权和标准战略，加快发展科技服务业，完善科技专家决策咨询机制。⑤区域科技创新产业空间拓展体系：建设战略性新兴产业基地、试点建设国际知识创新村、构建多层次专业产业园。

6.杭州城西科创大走廊：政府推动主导型区域创新体系

杭州城西科创大走廊以知名高校、科技企业、风险投资为基础，构建创新文化氛围，打造创业服务体系，使产学研深度融合协作，各种创新要素在城西大走廊范围内自由流动、聚合裂变。城西科创大走廊强化需求导向的创新链，强化浙江大学创新引领作用推进多主体协同创新：特色小镇孵化、平台服务、高校院所科技攻关、龙头企业；通过科技创新引领高端、青年、产业相关创新创业人才的集聚；完善自主创新政策机制。政府对于杭州城西科创大走廊创新体系构建的作用主要体现在致力于完善创新发展的保障机制。①创新体制机制：建立协同管理机制"三统三分"，即统规划、统重大基础设施、统重大产业政策和人才政策，分别建设、分别招商、分别财政管理，以及多规合一、创新审批等。②统筹招商引智，包括统一招商品牌，统筹项目安排等。③完善科创环境，特别是优化企业运营环境，加强知识产权保护等。④出台扶持性政策，如优化人才、资金、土地等方面的具体政策。

三、息壤环创创新发展的SWOT分析

息壤环创经济区自成立以来，在市委市政府正确领导与高度重视以及各部门、乡镇、街道的大力支持下，围绕"描绘新愿景、培育新经济、建设新城市"的发展目标，积极进取，勇于开拓，在区域经济社会建设取得显著成绩的同时，区域创新体系建设也有许多新进展、新变化，但也面临着不少新机遇、新挑战。

1. 优势（S）

（1）创新主体加快集聚。自筹建以来，入驻企业数从400多家增长到至今的1675家，商务楼宇利用率达到可使用部分的80%，引进了几家重要的科技创新企业，宁波数梦工场、八戒国际创意园、浙大3D产业园、消防云、上林英才创业园、阿里巴巴LBS、邮政跨境电商园、物联网品牌孵化园、创客码头、美年大健康宁波总部、赛和轴承网、瑞士生命健康中心、华阳口腔医院等项目已入驻；大学方面，总投资为32亿元、占地800亩的宁波大学科学技术学院整体迁建PPP项目于2017年5月开工建设，学院整体于2019年9月迁入；科研机构方面，总投资3.2亿元、占地92亩的中国科学院两大平台项目（中国科学院慈溪应用技术研究与产业化中心和中国科学院宁波工业技术研究院慈溪生物医学工程研究所）已于2016年11月开工建设，于2018年底建成投用。

（2）创新网络基本形成。在孵化平台方面，现已集聚了包括创客码头、智多星经济舱在内的多个创业孵化平台，全市五个主要创业孵化平台中，环创中心独占四席；金融支持方面基于"杭湾金融港"的建设，目前已成立产业金融服务中心，设计区域金融征信监管系统，确立金融大厦和产融大厦合作机制，召开相关论坛，筹

建系列基金，现集聚银行4家、证券1家、保险11家以及其他金融类企业38家；交易平台方面，由征途基金、宁波福尔达、蓝源资本、宁波华翔、大日光集团5家企业发起的"众车联"汽车全产业链整合服务共享平台启动仪式举行，由宁波赛和网络科技有限公司主持运营的"赛和轴承网（全球）"PC端中文版正式在慈溪上线；2016年成功创建省级广告产业园，2018年国家级电子商务产业示范基地申报创建。

（3）创新环境显著改善。政策环境方面，第一轮企业扶持政策顺利实施，升级版政策正在制定；基础设施环境方面，主要道路建设基本完成，中央广场停车场建成开放，原有停车场地运营逐渐规范化，全区域大物业管理常态化，公共自行车停放点和新的公交站设置完成，公共食堂服务圈正在建设，一卡通方案确定实施，区域保障性住房装修工程准备施工；宜居宜业环境方面，大剧院、科博文化中心、中央公园和明月湖夜景亮化工程建设完成对外开放，包括祥生、中交、悦湖、花样年、中海在内的占地约500亩的明月湖住宅区开始建设，万亩畈生态公园建成投用；文化环境方面，一批由中国美院设计的体现创业创新精神的公共艺术方案建设完成，举办了湖畔音乐汇、创意中韩论坛、余慈跨境电商峰会、杭州湾湾区论坛、息壤观察和"为创新奔跑"迷你马拉松等活动，"思享+论坛"至今已举办8期。

2. 劣势（W）

（1）创新空间尚不充足。环创中心四大板块中，文化商务区规划用地2008亩，已供已批用地1378亩，剔除公共设施用地，剩余可开发用地109亩；明月湖板块规划用地1837亩，已出让用地690亩，剩余194亩；万亩畈生态园规划用地3585亩，用途为城市公共开放式绿地；科教园区规划用地4741亩，用途为高等教育和科研院所等功能用地。目前形势下，亟须通过进一步的空间扩容方能吸引和容纳新的产业集群和配套区块，从而形成区域创新的规模效应。

（2）创新氛围尚不浓厚。慈溪的传统特色优势产业家电、轴承、汽车及零部件、轻纺化纤四大产业，转型升级仍旧面临诸多阻力，诸多中小型家族企业、乡镇企业对创新的重视程度不足、投入不大，很多满足于贴牌生产，自主知识产权缺乏，缺乏知名品牌，龙头企业数量不足。与此同时，区域新兴产业规模不大，种类虽多却缺乏特色，明显的新兴产业集群有待形成。科研机构的数量不足，创新人才不够。

（3）创新管理有待改善。环创中心体制特殊，没有法律授予的相关职权，许多事项的推进需要与各有关部门和相关街道进行个别沟通协调，办事效率大打折扣，严重制约了环创中心发挥政府作为创新主体的作用。考核指标和政策导向都偏向于传统工业投资而非新兴投资方式，对创新型企业"轻资产"的特色考虑不足，扶持政策配套性不强。城市对创新企业和创新人才的吸引力也存在严重不足的问题，作为四线城市，城市知名度、创业氛围、配套设施的不健全都制约了企业和人才的集聚，在新一轮的"人才大战"中，并没有推出具有特色的吸引人才集聚的政策。

3. 机遇（O）

（1）"一带一路"、长三角城市群建设、湾区经济等国家、省、市战略为环创创新发展提供历史机遇。周边区域内集聚的一大批出口型企业可以把共建"一带一路"国家特别是中东欧国家市场视为新的业务拓展路径。在《长江三角洲城市群发展规划》中，慈溪被定位为中等城市，应立足自身基础设施、市场联系等优势基础，率先探索服务宁波，加快谋划全方位接轨上海，力促成为长三角城市群中的重要节点与枢纽城市。根据省大湾区建设总体部署，全省将集中力量建设四大高能级平台，其中前湾新区主要包括余慈地区，慈溪在环杭州湾大湾区中的核心区位优势将得到凸显。

（2）周边区域的溢出效应突出了慈溪的相对区位优势，能够为发展提供创新特质性资源。周边创新区域，特别是上海，正在积极谋划建设全球城市带来的关键性机遇。《上海市城市总体规划（2016—2035）》明确了疏解全球城市非核心功能以及核心功能非关键环节等系列举措。在沪甬跨海高铁规划推进、杭甬高速复线开工的背景下，慈溪谋划融入上海，应在承接溢出效应的基础上谋求同城效应。

（3）宁波成为"中国制造2025"示范城市、保险创新综合示范区以及"互联网+"大潮是慈溪制造业升级的机遇。作为慈溪的先发优势与二次腾飞的关键，慈溪的制造业曾经取得过优异的成绩。应抓住"中国制造2025"首个试点示范城市花落宁波的历史性机遇,把制造业转型和发展作为慈溪创新转型发展的战略举措。宁波市获批成为全国首个"省市共建"的保险创新综合示范区,也成为国家落实保险新"国十条"的先行区,带来了一系列在国内有影响的保险创新示范项目,能够为转型升级带来资金上的支持。在信息化、网络化、智能化的大潮前,慈溪制造应以"互联网+工业"的创新思路,以科技创新、管理创新的超前理念,构建产业互联网平台。

4. 威胁(T)

(1)周边科创区的资源争夺。周边科创区的建设使创新资源争夺激烈,特别是上海、杭州、宁波等大城市对创新人才的吸引力更强。纵观全局,环创在创新发展的过程中,各种创新资源的集聚将起到关键作用,但随着周边区域整体发展的加速和区域规划的更新,各城市争相接轨上海,推动创新发展,区域范围内资源要素如资金、技术和人才的流向不断发生变化,竞争格局日趋激烈,环创的核心优势和承接竞合周边大城市的能力面临着严峻的挑战。例如人才的引进受到慈溪城市能级、交通条件、产业平台和环境氛围的制约,与周边大城市相比差距较大,与同类型区域相比也不具备优势。此外,受政策待遇、个人发展、子女求学、生活保障等条件制约,新经济人才的流动性也较大,如近3年软件信息类企业离职率达到63.1%,电子商务类企业离职率达到47.1%,文创和教育类企业的离职率也分别达到了40%和37.1%。

(2)企业创新意识差、创新能力弱,企业创新氛围普遍不足,创新文化有待进一步培育。从区域内企业的走访和调查结果中发现,多数企业并没有创新研发部门或者只有基本的创新研发功能。这主要是因为创新动力存在不足,创新主体合作缺失,市场创新机制并未形成。有些企业顶着创新之名,却无创新之实,而仅仅将创新作为宣传的噱头。有些企业确实在追求创新,投入资金努力学习应用大数据、云计算、机器人、互联网+等创新事物,但不得其门而入,鲜有成果,投入与产出不成比例,导致企业的创新积极性受挫。相比突破式的创新,亟需更多地推广渐进式的创新:源自内在动力,在原有技术水平上,通过不断的、渐进的、连续的小创新，进而实现产品品质的提升、成本的降低，使企业达到提高核心竞争力和利润水平的目的。

四、息壤环创区域创新体系的未来

1. 创新体系基本要求

以习近平新时代中国特色社会主义思想为指导，坚持创新、协调、绿色、开放、共享的新发展理念，进一步解放思想，务实开拓，紧紧围绕杭州湾大湾区建设纲要，以办事业的精神积极探索区域城市建设、管理与发展领域的体制机制创新，建设新城市，培育新经济，在创新要素高效配置、集聚效应大幅激发、协同优势充分发挥上狠下功夫，着力建设政府主导、企业主体的"创新经济功能区"，力争区域创新"三年出功能，五年出品牌"，为使环创中心成为宁波前湾新区核心区和省杭州湾大湾区建设重要支点奠定坚实基础，为慈溪成为长三角区域性中心城市多做贡献。未来主要目标：

（1）创业创新要素扩量提质。入驻企业达到10000家以上，其中总部型企业200家以上，新培育高新技术企业500家以上、宁波市级以上创新团队100个以上，培育上市挂牌企业50家；建立省级以上实验室10个以上，研究机构20个以上，高校3个以上，高层次人才1000个以上，高层次产业创新创业团队达到100个，公民具备基本科学素质显著提升。

（2）创业创新关系顺畅有序。市级以上孵化器达到50家以上，众创空间达到20家以上，技术创新联盟20个以上，永久性会址论坛2个以上，建成辐射华东地区的宁波大数据云基地，建成国家级高新技术园区、电子商务示范基地、文化创意产业园区以及省级现代服务业示范区、省级特色小镇。

（3）创业创新功能显著增强。全社会研发经费支出占GDP比重达到3%以上，万人发明专利（应该以实用性专利、发明专利为主）拥有量达到10000件以上，科技进步贡献率达到65%，规模以上工业企业研发投入占主营业务收入的比例达到50%以上。

2.创新体系发展路径

（1）坚持创新要素的有效融合。创新要素融合，不仅包括生产要素融合、区域融合、产业融合、城乡融合等传统意义上的物质和地域上的融合，而且还包括创新发展与城市生态、城市精神与现代人文等更高形态的相互叠加。正是基于这种全方位、立体化的融合理念与努力，才能够真正推动形成以交通网络为基础，全面打通打破行政区划、产业边界和城乡边界的区域创新体系，才能够带动包括资本、技术等传统科创要素与文化、符号等现代科创元素的不断汇聚，并以各类要素、元素的自由流动、自由组合，来保证共建共享区域创新体系的高效运转。

（2）坚持创新型人才的有效建设。在传统要素禀赋结构加速转换这一过程中，无论是单向度的经济增长，还是多向度的经济发展，都更多地依靠人力资本的质量以及其结构上的改善，创新型人才在发展与转型中的关键作用正在愈加凸显。在这样的背景下，当采取以空间上的走廊为依托和衔接点，进而结合以科创为核心和引领的创新发展规划与目标时，不断健全人才体制机制，在推动创新型人才总量不断增长、质量不断提升的同时，按照市场的结构化变动来优化创新型人才总体结构，以及促进人才城乡间配置结构、产业间配置结构等的不断改善，将在很大程度上决定创新发展的实际推动进程。

（3）坚持制度创新的有效供给。现代增长理论表明，当要素总量供给逐步达到上限，特别是要素总量一定时，经济增长效率的改进程度根本上取决于技术进步的贡献，也就是全要素生产率的不断提高。区域性的创新体系是推动供给侧结构性改革的重要举措，其本身也是供给侧结构性改革的一个重要载体和实现形态。在打造区域创新体系的初期，技术进步水平的提高、技术效率的改善，对完善而健全的制度体系有着高度的依附性。因此，需要以有效的创新制度供给来确保供给侧结构性改革的各项举措落地，进而以具体的改革举措吸引和汇聚各类创新要素资源，激发企业等微观经济社会主体的创新动力与活力，以此不断提高全要素生产率。

3.创新体系具体措施

（1）是强化创新要素的规划与布局，着力设计一流的创新引擎。要以杭州湾大湾区科技创新中心的主要承载区与宁波前湾新区的智能经济核心区为愿景，使环创区域创新体系成为"聚集创新人才、科技成果、创新型企业，抢占关键核心技术制高点，构建多层次创新平台体系，营造国内创新一流生态，建设富有吸引力的人居环境及创新体制机制"的以创新为主要引领和支撑的经济体系和发展模式。建议对目前环创区域要予以扩容，区域范围可为"东至樟新公路—寺马线、南至北三环—明州路、西至西三环线—周巷环城西路，北至七塘公路等交通要道所形成的创新要素集聚区域，总覆盖面积130平方公里左右"。其创新空间格局可为"一带六区多镇"；"一带"即依托中横线复合型的交通通道，连成一个产业联动、空间联结、功能贯穿的创新经济带；"六区"即文化商务区、科教园区、市场物流园区、高新区、老开发区、高铁枢纽板块；"多镇"即形成包括息壤小镇、小家电智造小镇、智慧谷等多个不同功能、各具特色的特色小镇或创业创新板块。其生态空间结构为"一山二园八江"；"一山"即胜山；"二园"即占地3850亩的城市生态园和占地2000亩左右的坎墩都市农业园；"八江"即新城河、周家路江、漾山路江、潮塘江、三塘横江、四塘横江、六塘江、七塘江。

（2）是强化创新资源的培育与引进，着力建设高水平创新载体。要遵从市场和创新规律，积极培育引进包括创新人才、高新技术企业等优势创新资源以及高等院校、科研机构、众创空间等多样性创新资源，促进多样性创新资源与优势创新资源的耦合发展。大力建设上林英才园，分类支持新建工程实验室、重点实验室、工程技术研究中心、企业技术中心、制造业创新中心等市级以上重大创新载体。支持各类创新载体承担国家科技计划（专项）项目，按上级有关规定给予配套支持。市级有关基金优先支持培育发展特色小镇、众创空间、科技园、公共技术服务平台和科技型中小微企业。大力吸引研发中心集聚，鼓励市外高等学校、科研院所、央企等大型企业共建研发机构、实验室、中试基地、科技合作基地，联合开展产业链核心技术攻关，支持其参与承担政府科技计划；支持宁波大学科技学院等高校全面参与区域创新体系建设，加快规划建设高铁枢纽板块、杭湾金融港、沿潮塘江文创走廊等创新载体。

（3）是强化创新机制的构建与完善，着力形成持久的创新动能。机制创新具体要求体现在：一是健全决策协调机制，如进一步完善议事规则、决策程序，提高议事决策效率；又如建立快速协调联系机制，为使决策事项尽快落实，高效推进重大项目、重点工作，还可建立由有关领导小组组成单位负责同志组成的联席会议制度；建立重大项目协调小组，凡入驻的有重大影响的重点产业项目，都要建立项目推进领导协调小组，组成人员根据项目性质由市政府领导和相关部门组成，项目协调小组全权负责项目各项事务的具体落实。二是创新开发建设模式。要坚持"政府做地、企业做房"的理念，探索实施"PPP+XOD"等复合型开发新模式。建立土地储备机制，成立环创中心土地储备中心，充分利用有利条件，对区域内的闲置土地及搁置项目，尽可能参与法院竞拍和协商回购，作为土地收储；同时，对老开发区、新潮塘江等板块开发留用土地进行收储。充分利用环创中心目前各种利好因素，适当控制土地开发建设节奏，坚持长远可持续发展。三是要着重研究区域产业扶持政策的创新问题，如建议实行有效的财政激励机制，探索高新企业股权激励暂免个税政策；如要改革横向科研项目经费管理机制，完善高等学校、科研院所成果转化激励机制；如要强化金融对科技创新的服务支持，鼓励银行金融机构加强差异化信贷管理，适当放宽对创新型中小微企业不良贷款容忍度，加大知识产权质押贷款、信用贷款等支持力度；如完善科技企业孵化器与创新型产业用地政策，对利用原有工业用地提高容积率兴办创新型企业的，可实行继续按原用途和土地权利类型使用土地的过渡期政策；对利用原有工业用地建设标准厂房用于孵化器或众创空间的，在符合规划的前提下，其载体房屋可以幢、层等有固定界限的部分为基本单元进行产权登记并出租或转让，按规定补缴土地出让金；改进产业用地使用方式，大力推动高新技术产业、战略性新兴产业重大科技成果转化项目产业用地使用权实行长期租赁的供应方式。

（4）强化创新环境的改善与优化，着力促进创新的有效扩散。一方面要进一步优化营商环境，如近期内加快建成以新商业中心为目标的商圈；建立包括集中便民高效的行政审批受理中心在内的党群服务中心及创业创新服务中心，实现"一卡通"工程服务创客的生产生活所需；加强智慧城市建设，学习借鉴杭州做法设计实施"新城大脑"，落实城管警务体制机制调整，适时成立区域派出所；谋划实施沿潮塘江、沿四灶浦江两岸开发建设，打造4A以上城市生态景区；推进新一轮基础设施建设，建设高铁、轻轨等立体交通，推进区域内外互通互联。另一方面，要注重研究并落实促进创新扩散的理念与规则，着力营造创新氛围，如建设体现创业创新的公共艺术、树立创业创新典型、举办高端论坛等，从而进一步推动包括党政机关人员在内的更多市民解放思想、开拓进取，进一步推动更多新生事物的推广与接纳，使区域创新体系建设向纵深发展。

（5）强化创新组织的支撑与保障，着力构建经济功能区体制。建立经济功能区与行政管理区有机结合的区域管委会体制，即所辖区域包括产业规划、招商引智、土地管理、财政经营等在内的经济权限由管委会直接管理，其他诸如企业管理、社会事业、公共安全等在内的社会管理以及党建、精神文明建设均由属地乡镇街道管辖；在税收地方留成收益上妥善处理好市级、管委会与乡镇街道三者关系，以充分调动各方积极性；管委会与所在乡镇街道为隶属管理关系；完善管委会机构设置与高素质专业人员配备，税务、国土、规划、市场监管等主要经济管理部门在环创中心设立专门派出机构，强化服务保障；鉴于管委会升级为宁波前湾新区核心区的可能性与必要性，建议管委会主要领导由市委市政府主要领导担任。同时建立市级推进环创区域创新体系建设联席会议制度，在联席会议框架内建立统分结合、迭代推进、综合集成的工作机制，统筹空间规划，推进重大项目建设，加强督促检查与考核评价，及时消除制约创新要素跨区域流动的制度障碍，协调解决区域创新体系建设的新情况、新问题。

激发地校互动"化学反应" 服务市域高质量发展

习近平总书记指出，高等教育发展水平是一个国家发展水平和发展潜力的重要标志。实现中华民族伟大复兴，教育的地位和作用不可忽视。我们对高等教育的需要比以往任何时候都更加迫切，对科学知识和卓越人才的渴求比以往任何时候都更加强烈。地方高校是高等教育体系的重要组成部分，为此，联系宁波大学科技学院（以下简称宁大科院）于2019年9月正式迁入慈溪的实际，着重研究如何进一步重视与发挥高校对地方发展的重要作用,激发地校互动"化学反应",推动地方与大学之间合作交流向纵深发展,更好地服务市域高质量发展,为创新活力之城美丽幸福慈溪多作贡献。

一、地校协同发展的逻辑与借鉴

(一)基本理论

赫希曼的产业关联效应理论,研究大学对城市经济、社会、文化等其他产业的前向与后向关联效应,可以形象地看作是大学对城市经济的拉动作用和推动作用。

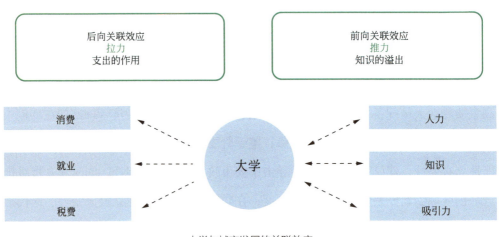

大学与城市发展的关联效应

1.前向关联效应

大学与城市经济的前向关联效应可以解释为通过履行大学本身的职能,即教学和培养高素质人才、科研和知识的转化及服务于文化发展的职能,实现对当地经济的溢出效应。一是有助于积累高级人力资本。大学不仅提供多种学科的高素质人力资源,而且也会雇佣多种学科的高端人才,这种专业人才的集聚,对地方经济可能产生极为有利的影响。二是有助于积累地方经济所需的知识资本。知识的外溢范围是影响集群发展的重要因素,这也是大学周边产业集群形成的最重要原因。一些在校生或大学毕业生和教师多选择在大学周边创业,新企业的衍生带来了新知识外溢。三是有助于加强该地区的文化与经济吸引力。大学是一个开放的社区,是一个提倡多元文化的场所，具有开放的思想、能包容不同的人及行为，大学无论从道德文化，还是从经济社会等方面都是产生多样性的源泉。

2. 后向关联效应

大学与城市经济的后向关联效应可以解释为通过私人与公共部门提供的广泛服务活动以实现其对当地产出品的需求，产生于大学的运行、学习、投资过程。一是对消费的直接带动。从对社会总需求的影响看，按1万学生规模的大学粗略地估算，全年消费就是1.8亿元；再加上学校一年的运行经费，这些消费基本上会发生在所在的城市。由此可带来对城市的GDP和财政的贡献。据中国教育统计年鉴（2017）统计数据表明，城乡居民年均消费额为21228元，每个高校生的机会成本和学生有关生活支出总额、学生对相应部门的最终需求总额、最终需求总额导致的总产出增量总额、每万名高校生新增基建所带动的各部门产出总额分别是11872.5元、11798元、27081元和10.74246亿元。二是对就业的直接带动。从解决就业角度看，根据有关研究和测算，大学每增加1万人，就需要增加2500个为学校提供各种配套服务的岗位。三是对税收的直接带动。从向所在城市缴纳税费角度看，一所万人大学每年一般情况下在200万元左右，多的达到500万元。

（二）校地互动实践

1. 浙江工业大学之江学院

与绍兴的"发展对话"。浙江工业大学之江学院是经教育部批准、浙江工业大学举办的独立学院，办学规模8800人，新校区总用地约800亩。学院目前设有8个分院1个系1个教学部，34个本科专业，涉及工、理、文、法、管理、经济、艺术七大学科门类；学院教职工500余人，专任教师340余人，其中，博士53人，硕士249人。地校互动发展情况如下：一是注重办学特色（注：前向关联效应）。根据学院自身发展和绍兴经济社会发展的需要，适当进行专业结构调整，新设置纺织材料、服装设计等相关专业，积极利用国内外资源，已与意大利时尚创意学院、美国布里奇波特大学达成合作，提升各专业的办学层次和水平，争取把柯桥打造成东方的"米兰之都"。二是创新培养方式（注：前向关联效应）。实施"2+2"培养模式，学生在校内学习两年基础和专业基础课程，第三、四年根据学生的发展志向，可选择考研深造、出国留学、创新创业或到企业参加"真刀真枪"的技术攻关。三是促进城市消费（注：后向关联效应）。之江学院迁建柯桥，带来大批生源及其亲朋好友，拉动城市餐饮、娱乐、房地产等城市产业发展。四是形成人文地标（注：前向关联效应）。学院图书馆、体育馆、运动场等文体设施以及各种文化讲座、演出等既丰富市民业余生活，又为城市营造浓浓的人文书香氛围。

2.义乌工商职业技术学院

与义乌共生共荣。 学校前身是创办于1993年的杭州大学义乌分校，占地面积1000余亩，目前有中外学生约9600人。学校是浙江省优质高职院校、首批创业型大学建设试点校，下设9个教学单位32个专业，并办有成人教育（自考）学院、北京邮电大学远程教育中心等。现有正式在编教师518人，高级职称170人，其中，博士23人，硕士408人。地校互动发展情况如下：一是创业教育带动区域创业（注：后向关联效应）。2008年学校在全省率先成立创业学院，设置独立运行的大学生创业园，推行学分替代、创业标准认定等一系列改革举措。学校以创业带动高质量就业，应届毕业生自主创业率稳定在10%以上，位居全省高校首位。学校为区域电商产业发展、电商人才培训提供精准服务，有力地推动义乌"淘宝村"的规模化、集群化发展，其中最典型的就是被李克强总理称为"网店第一村"的青岩刘村。二是创意教育带动创意产业（注：后向关联效应）。义乌是小商品集散地，为提升小商品的附加值，学校联合政府、企业、行业协会成立全国首个以"小商品创新设计"为研发方向的创意产业园区，创意产值累计近4亿元。三是国际教育带动跨国贸易（注：后向关联效应）。义乌是开放度很高的城市，常住境外人口有1.5万人。2007年学校开始招收培养外国留学生，累计培养知华友华、具备较好国际商贸技能的留学生8000多人，其中80%以上的留学生毕业后从事跨国贸易。目前，学校有留学生1250人，规模位居全国同类院校首位，生源80%来自"一带一路"42个国家和地区。

二、地校协同背景下的SWOT分析

宁波大学科学技术学院是一所由宁波大学与宁波前瞻教育科技发展总公司共同

举办，并经浙江省人民政府批准、教育部确认的具有独立法人资格的全日制本科独立学院；成立于1999年4月，是浙江省首家进行高校体制改革试点的国有民办二级学院；2004年11月，经教育部确认为浙江省首批独立学院；2015年，被列为浙江省应用型建设试点本科院校。2015年8月7日，宁波大学科学技术学院正式签约落户慈溪。2019年9月，宁波大学科学技术学院整体迁入慈溪并投用开学。

（一）优势（S）

1. 学科专业比较齐全

根据现代科学技术发展趋势和地方经济社会发展需求设置专业，涵盖经济学、法学、教育学、文学、管理学、理学、工学、医学等学科，基本形成了门类齐全、结构合理、优势互补的学科专业体系，设有8个下属二级学院、50个本科专业。面向全国招生，现有全日制在校生10568名。（前向联动效应）

2. 师资结构比较优化

教职工460人，其中专任教师308人，中高级以上职称的教师比例为80.8%，具有博士、硕士学位比例为93.2%，此外还有一定规模的柔性人才队伍，包括外籍专家、企业骨干等专业技术人才作为外聘教师、客座教授，指导学院学科专业发展，指导青年教师教学科研，增强师资队伍应用能力建设。目前师资队伍结构优化、业务精良、富有活力、勇于创新，已有2位国家"千人计划"专家、1名宁波市"3315"创新人才加盟学院，近3年来引进学科带头人5人，学术骨干17人。（前向联动效应）

3. 双创成果比较丰富

近年来，毕业生年均创业率约7%，孵化企业和创业团队225家。在各类创新创业大赛中屡创佳绩：2018年浙江省学科竞赛总分第一；连续三届在"挑战杯""创青春"全国大学生创业大赛上获奖，斩获两金一银；2018年第四届中国"互联网+"大学生创新创业大赛国赛中获得两金一银，全国独立学院排名第一。（前、后向联动效应）

4.提前对接比较有效

宁大科院在正式迁建慈溪之前，就提前介入与当地各领域的对接。2017年6月，在原慈溪中学校址建立创新创业基地，主持参与了慈溪"三雪"电器品牌设计全案、慈溪逍林汽贸大道改造设计、慈溪岗墩村大风车设计等项目。委托宁大科院管理的市大学生创业园荣获宁波市创业孵化基地。2017年10月与环创中心合作共建宁波湾区经济研究院，先后承担了企业财富变化调查、区域人才高地建设等课题，并连续组织举办了四届杭州湾湾区论坛。2019年与慈星股份、公牛集团合作共建了慈星智能产业学院、公牛学院，积极对接地方支柱产业、新兴产业，推动高校深度转型、产教融合。（前向联动效应）

（二）劣势（W）

1.带动地方资源能力有限

目前只有本科教学（专升本、高起本），没有研究生教学，相应的科研和地方服务能力层次不高，能力不强；办学资源主要靠学生学费，没有政府日常资助或补贴；对人才结构、科技转化、产业集聚、文化辐射、城市竞争力提升的带动作用有限。（后向联动效应）

2.学校迁建需要调整适应

教师资源短缺（以前由宁波大学补给），配套设施和服务欠完善（以前由宁波大学后勤公司提供）。而今离开宁波大学，迁入慈溪这个全新环境，需要较长时间适应和建设，管理机构和人员设置上需要相当程度的调整。（前向联动效应）

3.科技转化生产能力不足

提供科技支撑是大学促进地方企业和社会经济发展的重要内容，但和其他大学院校一样，宁大科院也存在重学术、轻实际的问题，科研成果偏重理论，学科、专业尚未与慈溪产业发展高度匹配，无法很好地将科研成果转化为地方上的生产力进步，学校科研的考核机制也是以理论成果发表为主，忽略了"市场价值"，缺少激励机制，需要根据地校合作的需求进行一定的调整。（前向关联效应）

(三)机遇(O)

1.区位优势的机遇

在《长江三角洲城市群发展规划》中,慈溪被定位为中等城市,有望成为长三角城市群中的重要节点与枢纽城市。根据省大湾区建设总体部署,前湾新区主要包括余慈地区,通过有效对接上海地区,在沪甬跨海高铁规划推进、杭甬高速复线开工的背景下,慈溪在杭州湾大湾区中的核心区位优势将得到凸显。宁大科院在慈溪办学,有利于更好对接上海并承接上海溢出的人才资源,和整个湾区经济发展建立更紧密的联系。

2.产业升级的机遇

为牢牢把握新一轮科技革命和产业变革的机遇,推动制造业高质量发展,慈溪正加快培育"123"千百亿级产业集群(以下简称"123"产业集群),力争到2025年,在全市培育形成智能家电1个具有国际影响力的千亿级产业集群,关键基础件、汽车2个国内领先的五百亿级产业集群,生命健康、高端装备、新材料3个具有全国影响力的百亿级产业集群。宁大科院迁入慈溪后,有利于更好服务市域产业转型升级的需求,和生产企业建立更紧密的联系。

(四)威胁(T)

随着各地对于高等教育发展的重视,近年来都建立了一批高等院校,周边高校的建设使人才的争夺激烈,特别是上海、杭州、宁波等大城市对人才的吸引力更强,加上适应调整期"水土不服"的可能,在根本性的生源和教师问题上,宁大科院面临着较大的威胁。

三、慈溪与宁大科院协同发展的总体考虑

综上所述,城市与大学互为支撑,息息相关。城市发展史和大学发展史表明"城市因大学而名,大学因城市而兴"。为此,慈溪与宁波大学科学技术学院协同发展的总体考虑建议:

1.总体要求

以习近平新时代中国特色社会主义思想为指导，紧紧围绕上级决策部署及新一轮慈溪发展规划要求，认真落实关于高等教育有关文件精神，坚持地方特色办学理念，在应用型大学建设、服务区域产业发展和社会服务创新上狠下功夫，努力构建高校知识经济圈，促进高校与地方互动共赢，为创新活力之城美丽幸福慈溪建设以及宁波前湾新区建设提供坚强支撑与有力保障。

2.具体措施

为促进慈溪与宁波大学科学技术学院协同发展，要切实做好"五个强化，五个着力"：

（1）强化教育内涵建设，着力彰显更有地方属性的办学特色。从前向关联效应的角度看，高校有助于积累地方经济所需的知识资本，促进周边产业集群的形成。政府有关部门可在如下方面会同宁大科院开展工作：一是建设有地方特色的专业群。可围绕地方经济产业结构特点（注：我市以智能家电、高端机械基础件、汽车零部件以及智能装备、新材料、生命健康为主的"3+3"产业体系）与历史文化资源，采取"扬优、支重、改老、扶新"的方式积极进行专业调整改造，是否可考虑建设智能制造、家电等优势学科和独特专业，形成地方特色鲜明、具有市场发展潜力的骨干专业群。二是组建特色产业学院。根据慈溪家电、轴承、汽配、新材料等产业群建设的发展方向，要在着力抓实抓好公牛学院、慈星智能产业学院、新海学院的基础上，组织协调每个分院组建特色产业学院一个以上，促进学科群与产业群紧密结合，实施"学科群与产业群对接"专项行动。三是转变创新教育方式。协助宁大科院通过聘用客座教授等形式邀请一线的企业家、专家或乡贤到宁大科院共同论证或参与教学计划，促进宁大科院对仿真实训与生产现场顶岗实习的积极探索。

（2）强化应用型人才培养，着力推动区域人才工作再上台阶。依据前向关联效应，地方高校是人才集聚地，也是人才再生产之地。宁大科院迁建之后，地校双方要致力于形成应用型人才培养"需—产—销"的良性循环，可着力做好以下事宜：一是与国内外高校合作共建研究院。引进国内外其他大学的研究院、研究团队与相关人才（注：目前正与西北工大、吉林大学等对接洽谈），作为其他高校与宁大科院的联合研究院，借助高校引进的学科带头人和高层次拔尖人才，建立强有力的人才种群凝聚核，以迅速吸引大批同类人才、促进慈溪人才结构的优化升级。二是依托宁大科院加强各类人才培训。实施各类人才订单式培训，最大限度地发挥大学教育资源的使用效率，拓展继续教育、成人教育、职业技能培训领域，突出开发一批紧扣慈溪经济社会发展需求的教育培训产品。三是举行宁大科院毕业生就业专场。通过毕业生见面会、校园招聘会、订单式委培以及多维度的就业创业指导等多种引智渠道，为增强人才工作黏性、改善市域人才供需积极创造条件，从而引进、集聚、储备各类优秀高校毕业生，促进地校、校企深度人才交流合作。

（3）强化双创生态建设，着力提高区域产业发展水平。地方企业是创业创新的主体，地方高校是科技创新的引擎，要促进地方高校与地方企业"联姻"，实现产学研的密切结合。为此，一是实施校企对接系列活动（注：前向关联效应）。组织高校与企业之间加强交流合作，通过区域性校企合作联盟组建、供需洽谈会、信息发布会、成果展示会、专利转让推介会、参与工程技术中心建设等形式为校企沟通搭建桥梁，构建校企产学研合作的长效机制，充分发挥在政策落实、信息沟通、传达需求、解决研发问题中的重要作用。二是建设大学产业园（注：后向关联效应）。既要巩固提升与环创共建的老慈溪中学创业创新基地及大学生创业园，又要进一步拓展产业园建设领域，在原经济技术开发区改造更新过程中，充分发挥宁大科院创新资源及社会资源优势，打造3～5个有特色的科技园或文创基地。三是举办一系列创业创新大赛（注：前向关联效应）。紧紧围绕宁大科院学科特点及地方产业特点，进一步营造区域"双创"氛围。四是加快服务大学的新商圈建设（注：后向关联效应）。要加快推进以爱琴海购物公园为核心，以海伦堡商业、创意水街、潮塘江新业坊为补充的环明月湖商业板块建设；要在大学校园周边有序开发建设社区商业，使之形成购物便捷、时尚休闲的消费好去处。

（4）强化人文交流合作，着力拓展城市软实力影响力。"高校是城市学术文化和精神文化建设的主阵地，不仅是文化中心，对所生存城市社会的文化有潜移默化的辐射作用；而且更作为义化的生成中心，对所生存城市社会的文化具有引领提升的作用，能够涵养城市文化。"依据前向关联效应，大学有助于加强地区的文化与经济吸引力，可以着重做好以下几点：一是实现高校文化资源的共享（前向关联效应）。协调促进宁大科院对外开放图书馆、体育馆等设施和学术报告会、音乐会、文艺晚会、书法摄影展、绘画艺术展等活动。二是举行"地校文化交流月"活动（前向关联效应）。组织开展丰富多彩的系列活动，推动地域文化与校园文化互动、师生与市民互动；组织开展面向宁波大学科学技术学院师生的市情报告会，同时也创造条件帮助广大师生深入企业工厂、农村基层、城市社区等地熟悉了解慈溪经济社会情况。三是要探索进行多种形式的人文交流与研究合作（前向关联效应）。如谋划实施高端论坛，注重结合地域特质及产业特色，注重会议、招商与会展结合；如加强市域智库建设，充实各领域研究力量，更好地提供政策咨询、课题研究等服务。

（5）强化协同机制保障，着力构建促进地校互动共赢的顶层设计。要加强地校协同发展，关键在于从以下几方面进行顶层设计：一是成立地校协同发展领导小组。建议由地校主要领导任组长、地校分管领导任副组长、相关部门负责人为成员，每年定期召开，负责统筹协调、审议和决定重大事项；领导小组下设办公室，分设在市府办和宁波大学科学技术学院地方服务部，负责相关内容的执行与落实。二是拟出台《关于促进慈溪与宁波大学科学技术学院协同发展的实施意见》。着重对地校协同发展的总体要求、指导原则、主要任务、具体机制等问题予以研究并明确，再适时按程序提请市委市政府同意并发文实施。三是研究制定地校协同发展规划。与政府五年规划同研究同部署，届时政府有关部门将其分解纳入年度工作计划，配合宁波大学科学技术学院的服务地方发展计划。

权威观点

共同富裕：科学合理的城镇化格局有利于共同富裕

中国社会科学院农村发展研究所所长 魏后凯
《北京日报》2021年11月8日

当前的重要任务是在高质量发展中逐步实现共同富裕。因为共同富裕是社会主义的本质要求，也是全面建设社会主义现代化国家的根本目标。

一、是否有利于共同富裕，是构建城镇化规模格局的重要度量标准

我以为，是否有利于共同富裕，对推进城镇化和构建城镇规模格局而言，是一个重要的度量标准。前些年，中国的城镇规模增长曾经出现两极化趋势：一方面超大特大城市急剧扩张，规模不断膨胀；另一方面部分中小城市，尤其小城市、小城镇出现了萎缩。到目前为止，虽然我国全面建成了小康社会，但这种趋势并没有从根本上得到扭转。我个人认为，这种两极化的趋势将不利于共同富裕目标的实现。也就是说，在共同富裕的目标下，无论是超大城市、特大城市还是广大的中小城市和小城镇都要实现高水平、高质量的协调发展，我们不能说超大特大城市要实现富裕，中小城市和小城镇不实现富裕，而应该是包括不同规模的所有城镇都要逐步实现共同富裕。如果大中小城市和小城镇不能实现协调发展，就不能建立一个科学合理的城镇化规模格局，就不可能最终实现共同富裕的目标。

怎么逐步缩小常住人口城市化率和户籍人口城市化率的差距，是需要深入探讨的一个现实问题。

当前中央已经明确，到2035年要基本实现新"四化"，即新型工业化、信息化、城镇化、农业现代化，这里就包括基本实现城镇化。2035年要基本实现城镇化，我们怎么来进行考量？主要是从两方面来考虑：一是基本实现，我以为城镇化的实

现程度达到80%左右，就可以算是基本实现；二是城镇化包括数量也包括质量，二者都要满足基本实现的要求。

从常住人口城镇化率来看，2020年我国常住人口城镇化率是63.89%。我们课题组对2021~2035年中国城镇化率做了一个预测，根据我们的预测结果，到2025年，按新的七普数据，我国常住人口城镇化率有可能达到67.9%，到2035年有可能达到74.4%。按照国家"十四五"规划，2025年我国常住人口城镇化率的目标是65%。当然这是按照未修订的2019年数据来测算的。按照七普修订后的数据，2019年我国城镇化率比原数据增加了3.3个百分点，据此预测的城镇化率当然就更高一些。这样2035年常住人口城镇化率将达到74%左右，过去我们曾经做过研究，中国城镇化率的天花板可能在85%左右，那样我国常住人口城镇化率的实现程度已经达到了87.5%，基本实现城镇化，从数量上来看，或者从常住人口城镇化率来看，一点问题都没有。

问题在于，从户籍人口城镇化率看，要基本实现城镇化难度较大。根据七普修订数据，常住人口城镇化率和户籍人口城镇化率的差距在"十三五"期间不但没有缩小反而在不断地扩大。2015年，中国户籍人口城镇化率为39.9%，比常住人口城镇化率低了17.4个百分点；到2020年，户籍人口城镇化率也在不断地增加，达到了45.4%，但它比常住人口城镇化率低了18.5个百分点，也就是说，"十三五"期间，两率差距不断缩小的目标并没有实现，这期间两率差距反而扩大了1.1个百分点。正是由于这种两率差距，目前中国城镇常住人口中尚有2.61亿农业户籍人口。怎么来逐步缩小两率差距，这是未来需要深入探讨的一个重大现实问题。

2035年，要基本实现城镇化重点难点在质量。首先，要实现两率的并轨，最终实现市民化与城镇化的同步，最关键的是户籍人口城镇化率提高的幅度要大于常住人口城镇化率提高的幅度。其次，要对城镇化的规模结构进行优化，实现大中小城市和小城镇的协调发展。最后，要加快基本公共服务的均等化，全面维护进城农民的各项权利。可以说，推动基本服务均等化，是加快农业转移人口市民化的治本之策。

超大城市急剧扩张是当前城镇化格局演变的主要特征。

我想重点谈一下2035年的城镇化规模格局。根据我们课题组的研究，到2035年，城区人口1000万以上的超大城市数量在现有增长的基础上将会继续增加，50万~100万的中等城市将成为突出的短板，小城市和小城镇将成为吸纳城镇人口的核心载体。我们做了一个模拟预测，如果按照现有的趋势发展下去，对超大特大城市扩张不加限制，到2035年我国超大城市数量将达到12个；其城区人口占全部城镇（1万人以上）人口比重将达到14.7%。中等城市，虽然有115个，但其人口比重只有7.9%，而小城市和小城镇（1万~50万）有1.6万多个，它吸纳的城镇人口比重在55%左右，超过了一半。当然，这里只是一个初步的模拟预测。

按照七普的数据，2020年我国超大城市一共是七座，包括上海、北京、深圳、重庆、广州、成都、天津，它们的城区人口都超过了1000万，根据我们的模拟，到2035年，如果按照这种态势发展下去，超大城市还有可能会增加5座达到12座。这些年来我国超大城市扩张得很快，2000年的时候1座都没有，2010年是3座，2020年七普的数据是7座，我们预计到2035年可能达到12座。再从超大城市城区人口占全国总城镇人口的比重来看，2000年是0，2010年是6.5%，2020年是12.3%。

二、优化都市圈空间结构，大力发展城郊和县城经济

未来我国超大特大城市应该向现代化都市圈方向发展。中央已经明确，要加快城市群和都市圈轨道交通网络化，建设现代化都市圈。为此，应采取多方面措施优化都市圈的空间结构。根据我们的研究，未来中国应建设34个高品质的国家级都市圈。如何优化都市圈空间结构？一是要严格控制县改区，防止超大、特大城市摊大饼式无序蔓延；二是推进中心区功能和产业扩散；三是要大力发展现代城郊经济。当前，城郊经济正在从分化走向协调发展。现代城郊经济具有高度融合、高度一体化等特点。但是它现在面临的困境是城郊经济在不断地分化，应采取有效措施促进城郊经济协调发展，实现大都市圈共同繁荣。当然，这里面有三个着力点：一要做好产业的选择，发挥能人效应；二要做好政府的规划引导和扶持；三要构建多层次、多领域、多形式的发展共同体。

在中小城市和小城镇中，一定要加快推进县城的发展。目前我国的县城虽然仍存在诸多的短板，但我认为，未来的发展潜力巨大。现在县城的短板在哪儿？主要体现在基础设施落后，公共服务差距大；产业支撑不足，就业岗位缺乏；农民落户意愿比较低；因为区位和资源禀赋不同，县域分化明显加快。

如何加快推进县城的发展？一是要实行差别化战略，重点是加快撤县设市的步伐，并按照现代小城市的标准来推进县城的建设。二是要强化县城的中心功能，重点是加强基础设施建设，提高公共服务水平和质量，增强县城的中心功能和综合服务能力，辐射带动小城镇和乡村发展。三是要赋予县城更多的资源整合使用的自主权，还要防止资源过度地集中，产生"虹吸"效应。当然，也不能把资源都投到县城里，其他的建制镇同样需要协同发展。四是增强产业支撑能力，建立各具特色、符合主体功能定位的现代产业体系。五是提高县城的人口吸纳能力和吸引力。

共同富裕：走中国特色区域协调发展道路

中国社会科学院农村发展研究所所长　魏后凯

《经济日报》2018年10月11日

区域差异大、发展不平衡是我国的基本国情。推动区域协调发展，是建设现代化经济体系、推动经济高质量发展的重要任务。改革开放以来，经过长期不懈的努力，我国已经逐步探索出一条具有中国特色的区域协调发展之路：一是对区域发展道路进行顶层设计；二是实行多层次的区域发展战略；三是实行分类管理的差别化区域政策。这条多元化、渐进式的区域协调发展道路，有力地推动了区域经济协调发展，进而有力支撑了整体国民经济持续健康发展。

我国幅员辽阔、人口众多，各地发展基础和条件各异，协调区域发展是我国现代化进程中必须面对的重大课题。改革开放以来，在对国内外经验教训进行认真总结的基础上，我国从自身的国情出发，采取了依靠梯度推进方式实现区域协调发展的战略路径，并且较好地实现了由早期的不平衡发展到随后的区域协调发展的战略转变。实现这种由不平衡发展到协调发展的战略转变，虽经历了漫长的历史过程，但成效显著。它不仅推动我国经济实现多年的高速增长，而且促进了各地区经济普遍发展，地区发展差距已经开始全方位缩小。可以说，经过长期不懈的积极努力，我国已经逐步探索出一条具有中国特色的区域协调发展之路。

这一中国特色区域协调发展之路，具有三个重要特征：一是对区域发展道路进行顶层设计。二是实行多层次的区域发展战略，从不同层面共同推进区域经济协调发展。三是实行分类管理的差别化区域政策。针对不同的经济功能区、主体功能区和特殊类型区，实行分类管理的差别化区域政策，既较好地体现了区别对待、分类指导的原则，又有利于提高政策的实施效果。

分析起来，改革开放以来我国区域经济协调发展之所以能够取得显著成效，主要有以下几方面的重要经验：一是党和政府一贯高度重视区域协调发展，并把它作为应长期坚持的基本方针，保持政策的连续性和稳定性；二是充分发挥中国特色社会主义制度优势，调动全社会资源，组织开展对口支援和扶贫攻坚等，为区域协调发展提供了坚强的组织保障；三是发挥财政、金融、产业、区域等经济政策的协同作用，推动地区间要素合理流动和均衡配置，促进各地区合理分工和协调发展；四是加大对革命老区、民族地区、边疆地区、贫困地区等转移支付力度，区域政策的目标逐步从早期的注重效率向更加注重公平转变；五是通过制定实施不同层次的区域性规划，设立各种类型的经济功能区，充分调动各地积极性，积极培育发展新动能和新增长极。

对区域协调发展道路的顶层设计

改革开放初期，邓小平同志曾在不同场合多次提出要让一部分人先富起来，先富带动后富，最终实现共同富裕。20世纪80年代，邓小平同志又提出了以东部支持西部、先富帮后富、最终实现共同富裕的"两个大局"战略构想。改革开放以来，我国区域经济的发展基本上是按照这一构想有序推进的。从重点支持发展条件较好的东部地区率先发展，到提出了区域协调发展的总方针，再到先后实施西部大开发、东北地区等老工业基地振兴、促进中部崛起战略，同时加大了对贫困地区、革命老区、民族地区等的支持力度，由此改变了长期以来区域差距尤其是东西差距不断扩大的局面，促使区域经济逐步向协调发展的方向转变。可以说，"先富带动后富、最终实现共同富裕"和"两个大局"构想既是中国特色区域协调发展道路的重要理论基础，也是其顶层设计。从区域经济发展的角度看，这一构想就是设想通过"先富后富"这样一种梯度推进方式或者非均衡增长的途径，来实现各地区"共同富裕"、区域经济协调发展这样一个长远发展目标。

需要指出的是，随着发展观念的变化，人们对区域协调发展的理解也在不断深化。最初，人们往往从平衡发展或空间均衡的角度来理解区域协调发展。但这种单纯从生产或产出角度的考察，具有较大的局限性。因为在市场经济中，经济生产和产业活动分布本身就是空间不均衡的。有鉴于此，后来人们逐步把着眼点扩大到社会发展、生态环境和人的全面发展等方面。当前，我国经济已由高速增长阶段转向高质量发展阶段，推动区域协调发展不单纯是强调经济的协调发展，追求经济发展差距的缩小，而是强调经济社会的全面协调发展，是兼顾当前利益与长远利益、经济发展与生态环境保护有机融合的可持续协调发展。

构建多层次的区域发展战略体系

为促进区域协调发展，改革开放以来，我国针对不同地区的实际情况，先后制定实施了以"四大板块"为地理单元、各有侧重的区域发展战略，这就是西部开发、东北振兴、中部崛起、东部率先的区域发展总体战略。区域发展总体战略的有效实施和不断完善，有力地推动了我国区域经济协调发展。在区域发展总体战略的基础上，近年来国家又推动实施了京津冀协同发展、长江经济带发展、"一带一路"建设三大战略，由此形成了"四大板块+三大战略"的区域发展战略体系。在这一区域发展战略体系中，"四大板块"战略是全覆盖的，是从国家战略层面对全国区域协调发展的统筹安排和总体部署；而三大战略聚焦国际国内合作和协同发展，它在区域发展战略体系中起着引领、支撑和桥梁的作用。实行"四大板块"与三大战略相结合，将会产生叠加效应、协同效应和融合效应，这将激发区域发展的内生活力，推动形成一批新的增长点、增长极和经济轴带，由此拓展经济发展的新空间，提高我国经济的潜在增长率。

在"四大板块+三大战略"的基础上，党的十九大报告又明确提出，实施区域协调发展战略，并将加大力度支持革命老区、民族地区、边疆地区、贫困地区加快发展，以城市群为主体构建大中小城市和小城镇协调发展的城镇格局以及支持资源型地区经济转型发展等内容纳入进来，由此进一步丰富了区域协调发展战略的内涵，逐步形成了多层次的区域发展战略体系。《全国国土规划纲要（2016—2030年）》明确提出构建多中心网络型开发格局，力争"到2030年，城市化战略格局进一步完善，重要轴带开发集聚能力大幅提升，多中心网络型国土空间开发新格局基本形成"。这种多中心网络型国土空间开发新格局的形成，将会有力地推动我国经济的适度空间均衡和区域经济的全面协调发展，从而为实现高质量发展奠定坚实的基础。

实行分类管理的差别化区域政策

我国国土面积辽阔，地区差异较大，各地区的自然条件和经济社会特点千差万别。无论是国家宏观调控还是区域政策制定，如果忽视这种地域差异性，单纯采取"一刀切"的办法，再好的政策也难以取得较好的效果。为避免"一刀切"现象，切实提高政策的有效性、精准性和可持续性，我国在40年改革开放实践中，逐步探索出了按照经济功能区、主体功能区和特殊类型区等，实行分类管理的差别化区域政策。

一是针对经济功能区的优惠政策。改革开放以来，我国先后设立了一大批不同类型的经济功能区，从早期的经济特区、沿海经济开放区、经济技术开发区等，到随后的保税港区、综合配套改革试验区、自主创新示范区、自由贸易试验区等，国家在赋予其明确的功能定位基础上，均给予了相应的优惠政策，支持这些地区加快开放开发，全面深化改革。各种经济功能区布局从沿海向内陆地区的有序推进，加快了区域协调发展的进程。

二是针对主体功能区的调控政策。自2005年以来，我国积极推进主体功能区的规划建设。2010年12月，国务院颁布了《全国主体功能区规划》，按照资源环境承载能力、现有开发密度和发展潜力，将国土空间划分为优化开发、重点开发、限制开发和禁止开发四类主体功能区，以规范空间开发秩序，优化空间结构，促进人与自然和谐发展。对于不同类型的主体功能区，国家明确了其主体功能定位和发展导向，并在财政、投资、人口、环境等方面实行分类管理的区域政策，建立各有侧重的差别化绩效考核评价办法，推动形成人口、经济、资源环境相协调的国土空间开发格局。

三是针对特殊类型区的援助政策。从国际经验看，各国的区域政策大都针对各类问题区域展开。改革开放以来，特别是党的十八大以来，党中央采取一系列举措，推动贫困地区脱贫攻坚，支持革命老区开发建设，促进民族地区健康发展，推进边疆地区开发开放，老少边穷地区面貌发生前所未有的变化。

从发展的眼光看，随着发展阶段和经济形势的变化，区域政策也应当进行相应调整和优化。一方面，随着经济发展水平的提高和全方位开放格局的形成，国家对各类经济功能区的优惠政策应逐步弱化，今后重点是鼓励其进行体制机制创新，实现高质量发展。另一方面，区域援助政策应主要针对关键问题区域展开，切实帮助各种问题区域解决发展中面临的困难，增强其自我发展能力和可持续发展能力，从而更好推动整体区域协调发展。

附录

息壤促新"19条" 新经济新引擎再加速

为认真贯彻落实宁波前湾新区规划建设要求和市委、市政府《关于强化环杭州湾创新经济区创新体系建设的决定》精神,推动市环杭州湾创新经济区(以下简称环创)区域创新体系建设,进一步使之成为我市新经济发展示范区、宁波前湾新区重要创新引擎,特制定政策意见如下:

一、促进经济资源共建共享

(一)对经各镇(街道)、产业平台引荐并落户入驻环创的市外企业,除分享招商奖励及考核指标外,各镇(街道)、产业平台可与环创按3:7比例分享其年度区域地方贡献扣除企业政策兑现后实得部分。

(二)对年销售额在2000万元及以上且税收贡献在20万元以上的市内企业,经原入驻地主管部门引荐并迁入落户环创的,除原地方贡献部分基数归各镇(街道)、产业平台外,可与环创按7:3比例分享其年度地方贡献比上一年新增且扣除企业政策兑现之后的实得部分。

二、提升商务楼宇经济品质

(三)商务楼宇转让原则上按投资协议书约定条款执行;开发企业转让自持部分房屋产权的,在符合土地规划功能和权属单元分割的基本条件前提下,需按规定缴纳整幢物业专项维修基金、补缴相应土地出让金差额、配置符合规定要求的物业管理办公用房,其中商务楼宇转让部分的计税应按公允价格确定缴纳相关税费。

(四)鼓励楼宇规范化管理、优化营商环境。对建立业主管理机制、引入物业服务信用等级B级以上服务团队的楼宇业主管理机构予以激励,每年安排50万元用于楼宇管理考核;建立健全包括楼宇入驻企业服务、楼宇经济统计、运行监测、人才联络等在内的"楼宇经理制",每年安排200万元用于楼宇经济服务。

(五)加大"亿元楼宇"创建力度,对入驻企业年税收贡献总额3000万元及以上的商务楼宇,给予楼宇业主管理机构一次性10万元奖励,在此基础上税收贡献总额每增加300万元再奖励2万元,奖励总额最高不超过60万元。

三、鼓励入驻企业做新做强

（六）入驻企业软件开发、技术研发等科技投入在100万元以上的，对当年税务加计扣除的研发费占主营业务收入比例高于5%的，予以核定研发费用3%的奖励，最高不超过50万元/年；对入驻企业经合同登记认定的与高校研究院技术开发、成果转化等产学研合作项目，按市科技创新券或宁波市级科技项目奖励额度的1：0.5配套奖励，最高不超过50万元/年。

（七）对评上宁波市级以上创业创新团队、评上高新技术企业、建立省级重点实验室（研发机构）的入驻企业，给予10万元的一次性配套奖励。

（八）对入驻企业建立功能性展示区面积在200平方米以上，且投资额在100万元以上的，按其投入额的30%给予一次性奖励，最高不超过50万元。

（九）对市级部门认定的互联网经济平台企业，入驻当年起三年内予以办公上限面积700平方米、最高不超过25万元/年的运营补贴。对享受数字经济类市级奖励的入驻企业予以市级奖励额50%的一次性配套奖励，上限100万元。

（十）对入驻在环创区域老工业开发区的文化创意、信息科技、时尚商业、高端智能制造研发平台等新经济企业，且租用面积在2000平方米及以上，按年销售额1500万元及以上给予运营期间三年内租金10元/（月·平方米）的补贴，最高不超过100万元。

（十一）对入驻企业利用自有资金或引进风投、创投资金追加投资的给予一定激励。实到注册资金5000万元人民币以上（不含房产等企业），且每增加1000万元人民币的，给予增资部分0.2%的奖励，最高不超过20万元；对新注册且实际到位外资和新增外资到位的按市级相关政策1：1配套奖励。

（十二）对入驻企业当年度税收贡献30万元及以上且同比增长20%、50%、100%以上的，给予3万元、5万元、15万元的增速配套奖励，其中当年度税收贡献比上一年增加值达到50万~100万元（含）、100万~200万元（含）、200万~500万元（含）、500万元以上的，按照其对环创财政贡献增量部分的60%、70%、80%、90%再予以奖励；对市外引进或制造业分离的当年度增值税、企业所得缴纳税金

150万元以上或会计年度纳税销售额1亿元以上的入驻商贸企业，按上年度缴纳的增值税、企业所得税地方贡献部分为基础，基数内部分按80%比例进行奖励，超出基数部分按90%比例进行奖励；税收2000万元以上的，基数部分再增加5个百分点进行奖励。以上政策从高择一享受。

（十三）对年度税收贡献额500元/平方米以上的入驻企业，予以10元/（月·平方米）的运营补贴，上限面积700平方米。

（十四）对限上批发的入驻企业，当年销售额（含税，下同）达到1亿元及以上、5亿元及以上、10亿元及以上的且与去年同期销售额增速未出现负增长的，分别给予一次性5万元、10万元、15万元的奖励，限上零售企业条件减半，奖励同上；对限上服务业（含其他服务业和住宿餐饮业）的入驻企业，与上年同期营业额增速比达到市级相关考核标准、限上批发零售企业达到市级年度平均增速的，每年给予一次性奖励3万元/家；对自营进出口外贸限上的入驻企业，当年进出口销售额增速达到慈溪市级平均增速的，给予一次性奖励3万元/家（上述几项政策若同家企业则从高奖励，不可同时享受）。

（十五）对市外引进的从事外贸进出口业务当年实绩3000万元及以上的入驻企业，按市级相关政策1∶1配套奖励，同时在市财政出口信用保险政策基础上再给予保费5%的补助。对备案的销售上规的跨境电商入驻企业予以市级奖励1∶1配套奖励。

四、优化区域创业创新生态

（十六）对市级及以上部门认定的特色产业园区，创建成功当年起三年内且通过年度考核，予以每年房租总额90%的补助，最高不超过150万元。对经认定的宁波市级及以上的众创空间和特色产业园区，给予上级补助额50%的一次性配套奖励，最高不超过150万元。

（十七）实施"创客一卡通"工程，完善区域内配套生活服务，每年安排300万元专项资金用于入围供应商专项补助。

（十八）为完善区域新商业布局，对环创区域内引进市域"首店经济"商业品牌的项目，予以市级奖励的1∶1配套奖励，同时予以入驻当年起三年房租补贴，补助面积按当年销售额每100万元补助100平方米标准执行，上限补助700平方米，最高补助金额不超过30万元。

五、扶持培育重大产业项目

（十九）对总部型、税源型、互联网平台及外贸平台型企业等引领新经济发展的重大项目，实行"一事一议"并按相应程序执行。已列入"一事一议"项目实施的企业不再享受本政策意见的上述其他条款。

参考文献

[1] 傅俊尧. 小城镇发展的浙江样本：对特色小镇发展的理论思考[C]//中国城市规划学会, 东莞市人民政府. 持续发展理性规划——2017中国城市规划年会论文集（19小城镇规划），2017：10.

[2] 沈何刚. 浙江特色小镇建设现状及良渚梦栖小镇和百丈"好竹意"小镇案例研究[D]. 杭州：浙江大学，2017.

[3] 张翔宇. 新型城镇化背景下浙江省特色小镇构建研究[D]. 金华：浙江师范大学，2017.

[4] 郭娇. 新型城镇化背景下西藏特色小城镇建设的思考[C]//《决策与信息》杂志社, 北京大学经济管理学院. "决策论坛——决策科学化与民主化学术研讨会"论文集（上），2017：2.

[5] 张鎏. 新型城镇化背景下的特色小镇规划策略研究[Z]. 中国城市规划学会, 沈阳市人民政府，2016.

[6] 周旭霞. 特色小镇的建构路径[J]. 浙江经济，2015(06)：25，26.

[7] 曾江，慈锋. 新型城镇化背景下特色小镇建设[J]. 宏观经济管理，2016(12)：51-56.

[8] 王小章. 特色小镇的"特色"与"一般"[J]. 浙江社会科学，2016(03)：48，49.

[9] 李浩. 浙江省特色小镇建设的历程存在的问题及对策研究[D]. 济南：山东大学，2018.

[10] 李慧君. 浙江省信息经济类特色小镇文化产业开发的三种模式[D]. 广州：暨南大学，2018.

[11] "第一轮全国特色小镇典型经验"总结推广[EB/OL]，2019-07-02. 发展战略和规划司子站. http://www.ndrc.gov.cn/fzgggz/fzgh/zhdt/201907/t20190702_940833.html.

[12] 魏后凯. 科学合理的城镇化格局有利于共同富裕[N]. 北京日报，2021-11-8.

[13] 魏后凯. 走中国特色区域协调发展道路[N]. 经济日报，2018-10-11.